रात्रिया

इनफ़िनिथीज़्म (अनंत) का प्रतीक रात्रिया,
जीवन की निरंतरता,
स्थायित्व व अनंत विकास का प्रतीक है।
रात्रिया उच्चतम, गहनतम व कहीं परे
विकसित होने की मांग का भी प्रतीक है।

विश्व की महान क्षुधा का अनुभव करते हुए,
जीवन की एक नई शैली की ओर

महात्रया रा

ने दिव्यता से पूर्ण

इनफ़िनिथीज़्म

को दैवीय रूप में प्रस्तुत किया है जो ऐसे किसी भी व्यक्ति का
पथ हो सकता है जिसे वास्तव में अधिकतम से भी
अधिक पाने की इच्छा हो ...

www.twitter.com/mahatria

इनफ़िनिथीज़्म

एक ऐसा पथ है जो किसी भी ऐसे व्यक्ति के लिए
महत्त्वपूर्ण खोज बन सकता है, जो मानव प्रयत्नों
के किसी भी पहलू –
आध्यात्मिक, भावात्मक तथा भौतिक – में प्रबल रूप
से अधिकतम से भी अधिक पाने की
इच्छा रखता हो। यह मनुष्य की आत्मा का
इस प्रकार कायाकल्प कर देता है कि वह अपनी विशाल
व अनंत संभावना में विश्वास रखने लगती है।

www.facebook.com/infinitheism

www.infinitheism.com

अधिकतम से भी अधिक

महात्रया रा

अनुवाद : रचना भोला 'यामिनी'

MANJUL
मंजुल पब्लिशिंग हाउस

MANJUL

मंजुल पब्लिशिंग हाउस

कॉरपोरेट एवं संपादकीय कार्यालय

• द्वितीय तल, उषा प्रीत कॉम्प्लेक्स, 42 मालवीय नगर, भोपाल-462003

विक्रय एवं विपणन कार्यालय

• सी-16, सेक्टर 3, नोएडा, उत्तर प्रदेश - 201301, इंडिया

वेबसाइट : www.manjulindia.com

वितरण केन्द्र

अहमदाबाद, बेंगलुरू, भोपाल, कोलकाता, चेन्नई,
हैदराबाद, मुम्बई, नई दिल्ली, पुणे

महात्रया रा द्वारा लिखित मूल अंग्रेजी पुस्तक
मोस्ट ऐंड मोर का हिन्दी अनुवाद

यह हिन्दी संस्करण 2014 में पहली बार प्रकाशित
5वीं आवृत्ति 2022

ISBN 978-81-8322-430-7

अनुवाद : रचना भोला 'यामिनी'

मुद्रण व जिल्दसाज़ी : पार्कसन्स ग्राफ़िक्स प्रा.लि.

• • •

इस अनंत समय व अंतरिक्ष के बीच, यह बहुत बड़ा सौभाग्य है कि मैंने आपको और आपने मुझे पा लिया है। आपने मुझे थाम रखा है, उसका सबसे बड़ा तथ्य यही है कि आप एक महत्त्वपूर्ण खोज की दहलीज़ पर हैं।

मैं कहानियों के मेल से बना हूँ और मैं स्वयं को 'अव्यक्त' के रूप में व्यक्त करता हूँ अर्थात् जिसे प्रकट न किया जा सके। यद्यपि, मेरी कहानियों में, अव्यक्त अनेक अवतारों में प्रकट होता है ताकि आपको इतना सशक्त बना दे कि आप अपने लिए संपूर्ण प्रचुरता की नियति रच सकें।

मेरे माध्यम से वह ब्रह्माण्डीय उपस्थिति, उन सभी अंतर्दृष्टियों के बीच प्रकाशित हो, जिन्हें आप सच्चे अर्थों में पाने का अधिकार रखते हैं। मुझे अपने जीवन में प्रवेश करने दें...

मेरा नाम है

अधिकतम से भी अधिक

यह उस प्रत्येक आत्मा को समर्पित है, जो अपने-आप को ऊँचा उठाने के लिए संघर्षरत है और साथ ही इस संसार को भी ऊँचा उठाना चाहती है।

महात्रया रा

विषय-सूची

• • •

आप क्या बनना चाहते हैं? कोई ख़ास या कोई आम इंसान?

यह निर्णय आपको अभी लेना है। आप जीवन में किसी भी आम इंसान की तरह बनना चाहते हो, या जीवन में कोई ख़ास इंसान बनना चाहते हो? अगर आप जीवन में एक साधारण मनुष्य बनना चाहते हो, तो भीड़ का हिस्सा बन जाओ। भीड़ में ही खो जाओ। यद्यपि, अगर आप जीवन में कुछ बनना चाहते हो तो भीड़ से परे हट कर खड़े होने का साहस दिखाओ। अगर आप सब लोगों की तरह जियोगे, तो उन लोगों जैसे ही बन जाओगे। अगर आप सब लोगों जैसा नहीं बनना चाहते, तो आपको वह करना होगा, जो किसी ने नहीं किया। एक अलग रास्ते पर चलो और आप अपने लिए एक नई मंज़िल पा लोगे।

वह अपने चेहरे पर खिल रही मुस्कुराहट को रोक नहीं पा रहा था। जैसे उसकी खुशी संभाले न संभल रही हो। अब से दो घंटे बाद के वे क्षण, उसके लिए कितने विशेष होंगे। हवा में जैसे उन्हीं आने वाले पलों की महक थी। अव्यक्त चेन्नई से उड़ान भर रहा था। वह अब से दो घंटे बाद पुणे में, एक ऐसे व्यक्ति से मिलेगा, जो उसके जीवन में गहरा प्रभाव डालने वाले व्यक्तियों में से एक रहा है।

'पहली बार' की यादें तो हमेशा ही ख़ास होती हैं और वे हमारे दिल में एक ख़ास जगह भी रखती हैं। अव्यक्त को पुणे में ही घर से बाहर

रहने का पहला अनुभव मिला। पुणे में ही उसे अपनी पहली नौकरी मिली। उसने अपना पहला वेतन पुणे में ही कमाया। उसने अपने माता-पिता व भाई के लिए पहला उपहार भी पुणे से ही ख़रीदा था। पुणे ने ही वे द्वार खोले, जो अंततः अव्यक्त के लिए प्रख्यात करियर बने। पुणे के साथ अव्यक्त की बहुत-सी 'पहली यादें' जुड़ी थीं। कई तरह से, पुणे अव्यक्त के लिए घर से दूर, एक घर की तरह ही था। अव्यक्त उड़ान भरते समय बहुत प्रसन्न था; ऐसा बिल्कुल नहीं लगा कि वह किसी दूसरे शहर में जा रहा था। ऐसा लग रहा था मानो उसे स्वर्ग में बार-बार जाने के लिए, वीज़ा देने के साथ ही सभी टिकटों का भुगतान भी कर दिया गया हो।

अव्यक्त यही सोचने लगा कि वह कहाँ से कहाँ आ गया था। वह अपनी पहली पुणे यात्रा याद करने लगा, जो उसने रेलगाड़ी के दूसरे दर्जे में की थी। जब वह पहली बार पुणे आया तो टिकट के लिए अस्सी रुपए देने के बाद, उसकी जेब में केवल बीस रुपए बचे थे। उसके पास तीन जोड़ी कपड़ों के अलावा बड़े माप के जूते थे जो रिश्ते के एक भाई से उधार लिए गए थे, जिन्हें पहनते समय आगे की ओर पुराने अख़बार ठूँसने पड़ते थे। अव्यक्त का परिवार बदतर हालात से गुज़र रहा था और परिवार का बड़ा बेटा होने के नाते अव्यक्त ने निर्णय लिया कि वह अपने परिवार का दायित्व अपने सिर ले लेगा, जबकि उसकी आयु मात्र उन्नीस वर्ष थी और वह स्नातक के अंतिम वर्ष का छात्र था। वह एक सॉफ़्टवेयर प्रशिक्षण संस्थान में नौकरी करने जा रहा था।

और आज वह एक दशक बाद, एक हवाई जहाज़ में उड़ान भर रहा था, जिसका किराया ही उस दौरान मिलने वाले सालाना वेतन से कहीं अधिक था। कितना कुछ बदल गया था। दरअसल, सब कुछ ही बदल गया था। अव्यक्त पुणे में जिस इंसान से मिलने जा रहा है, वह उसके लिए इतने मायने क्यों रखता है? पीटर अव्यक्त का

पहला बॉस था। अव्यक्त अक्सर अपने दोस्तों से कहता, "मैं जब पुणे गया तो एक लड़का था और पीटर ने मुझे सही मायनों एक पुरुष बना दिया। जब मैं पहली बार पीटर से मिला, तो मैं एक अनुभवहीन, अप्रभावशाली और अव्यवस्थित कर्मचारी था। उन्होंने मुझे एक अनुभवी, प्रभावशाली, व्यवस्थित, संगठित व परिपक्व व्यवसायी बना दिया। मैं जो भी हूँ, वह पीटर की वजह से हूँ।"

अव्यक्त ने जब अपने करियर की शुरुआत की तो वह अभी एक किशोर ही था। संस्थान की कक्षाओं में आने वाली लड़कियों को देखते ही, अक्सर उसका ध्यान भटक जाता। वह प्रायः ऑफ़िस में गच्चा दे कर फिल्में देखने जाता। उसके पास हमेशा अपने काम से किए गए समझौतों के लिए बहाने और सफ़ाइयाँ होतीं। वह जीवन से नाराज़ था, क्योंकि उसका मानना था कि ज़िंदगी ने उसके किशोर कंधों पर इतनी ज़िम्मेवारियाँ डाल दीं कि वह अपनी किशोरावस्था का आनंद तक नहीं ले सका। वह कुंठित था कि उससे जवानी की मौज-मस्ती छीन ली गई थी। हालात ने उसे एक नौकरी करने पर मजबूर कर दिया था पर उसका दिल हमेशा इसके ख़िलाफ़ आवाज़ उठाता रहता। उसे एहसास होता कि उसे उन्नीस साल का लड़का बने रहने की इजाज़त नहीं दी गई थी।

जैसा कि भाग्य में लिखा होगा, अव्यक्त पीटर के लिए काम कर रहा था, जो कि एक सख़्त, अनुशासनप्रिय, संपूर्णवादी तथा कड़े मिज़ाज वाला प्रबंधक था। पीटर ने पंद्रह साल की उम्र से अपने परिवार का पेट पालने के लिए काम करना शुरू कर दिया था और इसलिए उसके मन में उन्नीस साल के अव्यक्त के लिए कोई सहानुभूति नहीं थी। पीटर की माँगों को पूरा न कर पाने की स्थिति में, अव्यक्त ने नौकरी से त्याग-पत्र देने व घर लौट जाने का निर्णय ले लिया।

पीटर ने उसका त्याग-पत्र अपने हाथों में ले कर कहा, "मैं तुमसे

व्यक्तिगत रूप से बातचीत किए बिना, यह त्याग-पत्र स्वीकार नहीं करूँगा। ऑफ़िस व्यक्तिगत चर्चा के लिए नहीं होते; भले ही मैं कितनी ही कोशिश क्यों न करूँ, तुम खुल कर बात नहीं करोगे। तुम मुझे एक प्रबंधक के तौर पर ही लोगे, जो किसी गूढ़ उद्देश्य के साथ तुमसे बात कर रहा है। आज शाम बोट क्लब में मिलते हैं।"

उस शाम बोट क्लब की ओर जाते समय, अव्यक्त अपने-आप से बार-बार एक ही बात कहता रहा, "पीटर को अपनी सोच पर हावी मत होने देना। अपनी बात पर अडिग रहना। हार मत मानना। अपनी बात पर अड़े रहना सीखो। अगर तुम ज़िंदगी का मज़ा लेना चाहते हो तो तुम्हें पुणे छोड़ कर घर जाना ही होगा। परिवार की माँग चाहे जो भी हो, ये तो मौज-मस्ती मारने की उम्र है, ज़िम्मेवारियों के बोझ तले दब कर अधमरे होने की नहीं है।"

हालांकि अव्यक्त उस शाम की मुलाकात के लिए मन से राज़ी नहीं था, पर पीटर ने उस शाम को अव्यक्त के जीवन का एक निर्णायक क्षण बना दिया। बोट क्लब में भेंट होने पर, वे नदी के किनारे एक बेंच पर जा बैठे और दोनों के हाथों में भेल की एक-एक प्लेट थी। पीटर ने अव्यक्त की आँखों में देखते हुए कहा, "चूँकि मेरा और तुम्हारा नाता मुश्किल से कुछ ही माह का रहा है, मेरे लिए सबसे आसान विकल्प यही होता कि मैं तुम्हें यहाँ से जाने देता। परंतु ऐसा करके मैं उस विशाल मानवीय सामर्थ्य को वह बनने से रोक देता, जो वह बनने की क्षमता रखता है। मैं समझ सकता हूँ कि एक उन्नीस वर्षीय लड़का कैसा महसूस करता है। मैंने भी अपनी जवानी के दिनों को खोया है और आज भी उन्हें याद करता हूँ। पर अव्यक्त बड़ा सवाल तो यह है कि, 'क्या तुम अनिवार्य रूप से, एक आम उन्नीस साल के लड़के की परिभाषा में ढलना चाहते हो?' फ़िल्में, पार्टियाँ, मौज-मस्ती, लड़के-लड़कियों के साथ दोस्ती और हवाख़ोरी – सभी यही तो करते हैं। तुम भीड़ में से एक क्यों बनना चाहते हो? तुम वह

'एक' क्यों नहीं बनना चाहते, जो भीड़ से हट कर खड़ा हो? कितने लोग इतने भाग्यशाली होते हैं, जिन्हें अपने करियर को इतनी छोटी उम्र से ही आरंभ करने का अवसर मिलता है? अव्यक्त तुम्हें तो जीवन में आरंभ से एक शुरुआत मिली है। तुम इसका पूरा लाभ क्यों नहीं उठाते? इस मौके को हाथ से मत जाने दो।"

तब तक उन्होंने अपनी भेल ख़त्म कर ली थी। पीटर बेंच से उठे और सैर करने का सुझाव रखा। जब वे सैर करने लगे, तो पीटर ने अपनी बाँह अव्यक्त के कंधे पर रख दी और एक उन्नीस साल के युवक के लिए यह बात बहुत मायने रखती थी। उसने अपने-आप को सम्मानित महसूस किया। उसने पीटर की उस मुद्रा में, छिपे हुए स्नेह की ऊष्मा को महसूस किया। वह भीतर ही भीतर एक अजीब-सी घबराहट भी महसूस कर रहा था। जब आप जीवन में अपने से किसी बड़े या महान व्यक्ति को एक समकालीन की तरह व्यवहार करता पाते हैं, तो इस तरह की हल्की-सी सिहरन का एहसास होता ही है। अव्यक्त भी ऐसी मनोदशा से गुज़र रहा था। जो भी हो, अव्यक्त ने यही उम्मीद की कि पीटर उसके कंधे से बाँह न हटाए। अव्यक्त के लिए, पीटर की उपस्थिति उनके शब्दों से कहीं अधिक भावुक कर देने वाली थी।

पीटर ने अपनी हौंसला देने वाली बात जारी रखी। "यह निर्णय तुम्हें अभी लेना है। क्या तुम जीवन में किसी भी आम इंसान की तरह बनना चाहते हो, या जीवन में कोई ख़ास इंसान बनना चाहते हो? अगर तुम जीवन में एक साधारण मनुष्य बनना चाहते हो, तो अपनी नौकरी छोड़ो और भेड़चाल में शामिल हो जाओ। भीड़ का हिस्सा बन जाओ। भीड़ में ही खो जाओ। यद्यपि, अगर तुम जीवन में कुछ बनना चाहते हो तो भीड़ से परे हट कर खड़े होने का साहस दिखाओ। अगर तुम सब लोगों की तरह जीयोगे, तो उन लोगों जैसे ही बन जाओगे। अगर तुम सब लोगों जैसा नहीं बनना चाहते, तो तुम्हें वह करना होगा,

जो किसी ने नहीं किया। अगर तुम उसी रास्ते पर चलोगे, जिस पर सब चल रहे हैं तो तुम भी वहीं पहुँचोगे, जहाँ वे सभी पहुँचेंगे। एक अलग रास्ते पर चलो और तुम अपने लिए एक नई मंज़िल पा लोगे। इस आसान से सवाल का जवाब दो अव्यक्त 'क्या तुम उन्नीस साल का एक आम लड़का बनना चाहते हो या उन्नीस साल का एक ऐसा लड़का बनना चाहते हो, जिसे उसी उम्र के दूसरे लड़के प्रेरणा स्त्रोत की तरह देखें'?"

पीटर ने अव्यक्त के कंधे से हाथ हटा लिया पर अब इस बात से अव्यक्त को कोई अंतर नहीं पड़ता था। उसके भीतर जैसे कोई जाग उठा था। जीवन में कुछ ऐसे पल भी आते हैं, जो बहुत ही ख़ास होते हैं और ऐसे पल पूरे जीवन के दौरान, कुछ बार ही आते हैं। यह भी ऐसा ही एक पल था।

अव्यक्त की आँखों में दृढ़ संकल्प देख कर, पीटर ने अपनी बात जारी रखी, "जीवन में केवल दो ही विकल्प हैं : 'अपनी पसंद और नापसंद को जीवन के उद्देश्य के अनुसार ढाल लो; या, जीवन के उद्देश्य को अपनी पसंद और नापसंद के अनुसार ढाल लो।' मेरे बच्चे, अगर तुम जीवन में कुछ बनना चाहते हो, अगर भीड़ से परे हट कर दिखना चाहते हो, अगर उन्नीस साल का ऐसा लड़का बनना चाहते हो, जो दूसरे उन्नीस साल के लड़कों की प्रेरणा का स्त्रोत बन सके, तो तुम्हारे लिए एक ही विकल्प बचता है।" यह कह कर, पीटर ने जेब से अव्यक्त का त्याग-पत्र निकाला, उसके कई टुकड़े किए और आगे आने वाले कूड़ेदान के हवाले कर दिए।

हवाई जहाज़ उतरने की घोषणा के साथ ही सभी यात्रियों को सीट वेल्ट बाँधने को कहा गया, तो अव्यक्त ने अपनी आँखों में उमड़ आए आँसू पोंछ लिए और अपने-आप से बुदबुदाया, "धन्यवाद पीटर। आज उनतीस साल का होने पर भी मैं खुद को लगातार याद दिलाता

रहता हूँ कि या तो मैं एक आम उनतीस साल का लड़का हो सकता हूँ या उनतीस साल का एक ऐसा लड़का बन सकता हूँ, जो इस उम्र के दूसरे लड़कों के लिए प्रेरणा का स्त्रोत होगा। निःसंदेह, ऐसा करने के लिए मेरे पास इसके सिवा कोई विकल्प नहीं था कि मैं अपनी पसंद और नापसंद को जीवन के उद्देश्य के अनुसार ढाल लूँ। पीटर, आपका बहुत–बहुत धन्यवाद!"

उड़ान पुणे में जा कर उतरी, वह जगह, जहाँ से अव्यक्त के जीवन ने उड़ान भरी।

क्या तुम अनिवार्य रूप से, एक आम उन्नीस साल के लड़के
की परिभाषा में ढलना चाहते हो? जीवन में केवल दो ही
विकल्प हैं : अपनी पसंद और नापसंद को
जीवन के उद्देश्य के अनुसार ढाल लो; या, जीवन के
उद्देश्य को अपनी पसंद और नापसंद के अनुसार ढाल लो।
अगर तुम जीवन में कुछ बनना चाहते हो,
अगर भीड़ से परे हट कर दिखना चाहते हो,
अगर ऐसा इंसान बनना चाहते हो, जिसकी लोग मिसालें दें तो
तुम्हारे लिए एक ही विकल्प बचता है। तो,
क्या तुम उन्नीस साल का एक आम लड़का बनना चाहते हो
या उन्नीस साल का एक ऐसा लड़का बनना चाहते हो,
जिसे उसी उम्र के दूसरे लड़के प्रेरणास्त्रोत की तरह देखें?

आपका भविष्य आज से आरंभ होता है

आपने पुस्तक के जो पन्ने अभी पढ़े, वे तो केवल शुरूआत भर हैं। पुस्तक का आंनद तो उन पन्नों में छिपा है, जो आपने अभी तक नहीं पढ़े। जब आप अपने आने वाले कल में अनेक नए व ताज़े अध्याय लिखने की क्षमता रखते हैं तो बार-बार अतीत के ही किसी अध्याय का भार क्यों उठाया जाए? जीवन की कीर्ति उन्हीं अध्यायों में तो छिपी है, जो अभी आपके सामने आने वाले हैं। अपने भविष्य को अपने अतीत के पंजों से बचाएँ। हमें जीवन में पीछे की ओर नहीं बल्कि हमेशा आगे की ओर जाना चाहिए। हम पीछे की ओर जा कर, एक नया आरंभ नहीं कर सकते, परंतु हम अभी से आरंभ करके, एक नया अंत तो रच सकते हैं। अपने अतीत के आगे एक रेखा खींच दें। आपका बीता कल, कल ही समाप्त हो गया। आपका भविष्य आज से आरंभ होता है।

महानता से एक शाम की दूरी

भले ही हमारा जन्म एक मध्यमवर्गीय परिवार में क्यों न हुआ हो, परंतु हम एक औद्योगिक क्रांति के साथ इस जीवनकाल में ही महान ऊँचाइयों तक पहुँच सकते हैं। भले ही हमारा जन्म निरक्षर माता-पिता के यहाँ क्यों न हुआ हो, परंतु हमारी मृत्यु एक विश्व विख्यात विद्वान के रूप में हो सकती है। भले ही हमें बचपन में अनुपयुक्त क्यों न माना जाता रहा हो, परंतु हम आने वाली पीढ़ियों के लिए आदर्श उदाहरण बन सकते हैं। हम क्या हैं और क्या रहे हैं, उसका इस बात से कोई लेन-देन नहीं है कि हम क्या बन सकते हैं। हम अपने लिए जो भी चुनाव करते हैं, वही बन सकते हैं।

स्कूल ने हाल ही में नैशनल क्विज़ चैंपियनशिप के फ़ाइनल में जीत हासिल की है। स्कूल में सभी के लिए यह एक भावुक पल था। वे पिछले साल बहुत थोड़े-से अंतर से हारे थे। स्कूल में सभी की आँखें नम थीं, तब भी और अब भी; बस कारण अलग-अलग थे। निव्या दोनों ही दलों में थी। स्कूल की असेंबली में, प्रिंसिपल ने जीत का जश्न मनाने के लिए, निव्या को दो शब्द कहने के लिए आमंत्रित किया। निव्या माइक के आगे खड़ी हुई, पहले उसने अपने साथियों को देखा, फिर प्रिंसिपल की ओर मुड़ी और अचानक रोने लगी। अनेक छात्र व अध्यापक समझ सकते थे कि उसके मन में क्या चल रहा था और वहाँ कई आँखें नम थीं। यह केवल निव्या के लिए ही नहीं, बल्कि पूरे स्कूल के लिए जीत के क्षण थे।

निव्या ने खुद को संभालने के बाद कहा, "पहले मैं प्रिंसिपल महोदया को उनके प्रोत्साहन के लिए धन्यवाद देती हूँ। वे इस तरह काम करती हैं मानो, हममें से प्रत्येक को अपने चुने गए क्षेत्र में, सबसे ऊपर देखना ही उनके जीवन का एकमात्र लक्ष्य हो। मैं अपने माता-पिता को भी धन्यवाद देना चाहती हूँ कि उन्होंने अपनी 'मर्ज़ी' मुझ पर थोपने की बजाय, मुझे अपनी पसंद से पढ़ाई के अलावा दूसरी गतिविधियाँ चुनने की पूरी आज़ादी दी। यदि मैं अपने अध्यापकों को धन्यवाद न दूँ, तो मैं अपने कर्तव्य पालन में चूक जाऊँगी, जो बार-बार मेरे लिए इसी मंत्र को दोहराते रहे हैं कि, 'निव्या तुम इसे कर सकती हो।' प्रायः वे मुझ पर इतना भरोसा रखते आए हैं, जितना शायद मैं भी अपने-आप पर नहीं कर पाती थी। मैं जानती हूँ कि जब पिछले साल हम हारे थे तो मैंने क्या अुनभव किया था और आज सफलता का यह अनुभव उससे कितना अलग है। सभी कारकों से परे, केवल एक ही व्यक्ति इस कायाकल्प के लिए उत्तरदायी है। अगर आज हमारे स्कूल को एक राष्ट्रीय पहचान मिली है, तो यह सब...।" निव्या की आँखें भीड़ में यहाँ-वहाँ किसी को खोजने लगीं और अव्यक्त पर आ टिकीं।

अव्यक्त एक ट्रेनी था, जिसे पिछले ही वर्ष गणित पढ़ाने के लिए स्कूल में रखा गया था। यद्यपि 250 अध्यापकों के उस विशाल सागर में कुछेक अध्यापक ही अव्यक्त को नाम से जानते थे, परंतु वह अपने छात्रों में बहुत लोकप्रिय था। वह अपने पढ़ाए जाने वाले विषय के कारण नहीं बल्कि जीवन के दूसरे पहलुओं पर चर्चा के लिए भी जाना जाता था। अव्यक्त चालीस मिनट की कक्षा में से तीस मिनट अपने विषय को देता और बाकी बचे समय में छात्रों से बातचीत करते हुए, उन्हें मानव जीवन के विविध पहलुओं के लिए प्रेरित करता। दरअसल अध्यापकों के बीच लोकप्रिय न होने का एक कारण यह भी था कि वह पारंपरिक अध्यापन पद्धतियों को तोड़ रहा था और यह उन्हें रुचिकर

नहीं लगता था। वे चिल्लाते, "तुम अभी अनाड़ी हो, ज़रूरत से ज़्यादा जोश में आकर बहुत से नए नुस्खे मत आज़माओ। ये सब कोई काम नहीं आते। तुम सिलेबस भी पूरा नहीं करा पाओगे।"

परंतु, ज़रा इस बारे में भी विचार करें। कभी भी, कोई भी विशेषज्ञ पारंपरिक तंत्रों या पुरानी पद्धतियों के प्रयोग से, किसी तंत्र में क्रांति नहीं ला पाया है। वही लोग क्रांतिकारी बदलाव लाने में सफल हो पाते हैं, जो किसी भी तंत्र की परिधि से बाहर आकर काम करते हैं और एक नया नज़रिया रखते हैं। तंत्र के सार भाग पर काम करने वालों की तुलना में, वही लोग अधिक सफल हो पाते हैं, जो उससे बाहर रह कर काम करते हैं।

किसी भी नौसिखिए में, अनेक संभावनाएँ होती हैं। किसी विशेषज्ञ के मन में भी होती हैं परंतु इतनी अधिक नहीं! अव्यक्त पढ़ाने के मामले में नौसिखिया था इसलिए उसमें नवीन अन्वेषण की सारी संभावनाएँ मौजूद थीं। पर अक्सर, अध्यापक उन अध्यापकों को पसंद नहीं करते, जो अपने छात्रों के बीच सराहे व पसंद किए जाते हैं। अव्यक्त जानता था कि उसके तौर-तरीक़ों में कोई कमी नहीं थी और स्कूल धीरे-धीरे उन्हें समझने लगेगा इसलिए वह हमेशा वही करता रहा, जो उसके दिल ने कहा।

निव्या ने अव्यक्त की ओर संकेत कर कहा, "यह सब उनके द्वारा दिए गए दस मिनट के सत्रों में से एक का ही कमाल है। पिछले साल की हार के बाद, स्कूल में दूसरा दिन था, परंतु मैं फिर भी कक्षा में अपना ध्यान नहीं लगा पा रही थी। मुझे लग रहा था कि मेरी वजह से स्कूल को नीचा देखना पड़ा। वह सब मेरे चेहरे से प्रकट हो रहा था और शायद उन्होंने गणित के पीरियड में यह बात जान ली थी। उस दिन, अव्यक्त सर ने मुझसे आँखों में आँखें डाल कर बात की और मैंने उनकी आँखों में एक ऐसी चमक देखी, जो उससे पहले कभी नहीं

देखी थी। वे बोले, 'निव्या, तुम केवल इतना जान लो, तुम महानता से केवल एक शाम की दूरी पर हो।' फिर वे कक्षा की ओर मुड़े और बोले, 'आप लोग जब कभी अपनी पसंद के क्षेत्र में ऊपर की ओर जाने का प्रयास करेंगे, तो उसमें पराजय और सफलता, दोनों के ही क्षण आएँगे। जब सब कुछ एक गीत की तरह सहज भाव से चल रहा हो, तो ऐसे में सकारात्मक सोच रखना, चरित्र की महानता नहीं कहलाता बल्कि जब सब कुछ बुरी तरह से बिखर रहा हो तो ऐसे में सकारात्मक सोच रखना ही चरित्र की महानता है'।"

निव्या ने अपनी बात जारी रखी, "इस फ़ाइनल से एक शाम पहले मैं लगातार अपने-आप से यही कहती रही कि मैं महानता से केवल एक शाम की दूरी पर हूँ। यहाँ तक कि जब उस रात, मैं सोने गई, मेरे अवचेतन में कहीं न कहीं, यही बात गूँजती रही कि मैं महानता से एक शाम की दूरी पर हूँ। इस तरह मैं अपनी ओर से तथा अपने पूरे दल की ओर से, यह विजय अव्यक्त सर को समर्पित करती हूँ।"

कुछ लोग निव्या को बधाई देने के लिए आगे आए तो कुछ लोग बधाई देने के लिए अव्यक्त की ओर लपके। अभी ये जश्न चल ही रहा था कि प्रिंसिपल ने माइक पर आकर कहा, "क्या अव्यक्त के दस मिनट के सत्र से इतना बड़ा अंतर आ सकता है? अव्यक्त! मैंने तो तुम्हें कभी इस तरह बोलते नहीं सुना। तुम पूरे स्कूल को दस मिनट का यह सत्र क्यों नहीं देते? इस तरह मुझे भी अवसर मिलेगा कि मैं तुम्हारी बातें सुन सकूँ।" ऊँचे स्वरों में हो रही वाह-वाही से सकुचाते हुए अव्यक्त अपने स्थान से उठा और रास्ते में निव्या से हाथ मिलाते हुए मंच पर आ गया। वह पहली बार इतनी बड़ी भीड़ के आगे कुछ कहने जा रहा था। वह आज से पहले कभी माइक पर नहीं बोला था। वह माइक के आगे खड़ा हुआ और मानो दिए गए इस अवसर का उपहास सा करते हुए प्रिंसिपल महोदया से पूछा, "मुझे क्या बोलना चाहिए?" इसके बाद उसके चेहरे पर बेचैनी से भरी मुस्कान आ गई

और क्षण भर पहले, निव्या द्वारा बनाई गई छवि धूमिल सी हो गई। सभा में से एक छात्र चिल्लाया, "अव्यक्त सर! कुछ तो बोलें। आप महानता से केवल एक भाषण की दूरी पर हैं।" पूरी सभा में हँसी के ठहाके गूँज उठे। प्रिंसिपल ने उसे प्रोत्साहित किया, "अव्यक्त शुरू करो, कुछ तो कहो।"

कुछ ऐसे अध्यापक भी थे, जिन्हें अव्यक्त की प्रशंसा नहीं भाई थी, वे अब उसके उन पलों की शर्मिंदगी का पूरा आनंद व संतुष्टि पा रहे थे। अव्यक्त ने अपनी आँखें बंद कीं और कहना शुरू किया।

"शतरंज की एक बिसात का मानसिक चित्रण करें। इसमें पहली पंक्ति में सभी शक्तिशाली मोहरे शामिल होते हैं – दो हाथी, दो ऊँट, दो घोड़े, एक राजा और एक रानी। दूसरी पंक्ति में आठ प्यादे होते हैं। यद्यपि हम पहली पंक्ति में खड़े मोहरों को शक्तिशाली मानते हैं पर उनमें एक कमी है। एक हाथी, खेल के अंत तक एक हाथी ही बना रह सकता है; एक ऊँट केवल एक ऊँट और एक राजा, केवल राजा ही बना रह सकता है। भले ही आप उन्हें हाथी (रूक), ऊँट (बिशप) या घोड़ा (बिशप) कह कर क्यों न पुकारें... इस बात से कोई अंतर नहीं पड़ता; परंतु ये तीनों तथाकथित ताकतें या मोहरे, सृष्टि के निचले रूपों, पशुओं का प्रतीक हैं, जो एक प्रकृति के साथ पैदा हुए हैं, ये अपनी उसी प्रकृति के साथ जीते हैं और उसी के साथ मर जाते हैं। यद्यपि जन्म के समय, कुछ पशु मनुष्य से कहीं अधिक सक्षम होते हैं, उनका अभिशाप यही है कि वे अपनी प्रकृति व स्वभाव के साथ सीमित हैं। इसी तरह शतरंज की बिसात के ये मोहरे भी, ये तथाकथित ताकतवर हाथी, घोड़े व ऊँट भी अपनी सीमाओं में बँधे हैं।"

कुछ नया और कुछ अच्छा सुनने की आस में, प्रिंसिपल ने अपनी कुर्सी की दिशा अव्यक्त की ओर कर ली। अभी तक जो अध्यापक खड़े हो

कर, सभा समाप्त होने की प्रतीक्षा में थे, वे अब बैठने के लिए खाली स्थानों की तलाश में थे। निव्या के चेहरे पर मुस्कान थी... सच कहा जाए तो उसका चेहरा मुस्कान में डूबा हुआ था। वह अपने अव्यक्त सर की पूजा कर रही थी। उसके लिए तो वहाँ उसके अव्यक्त सर और केवल वही मौजूद थे, बाकी किसी का तो जैसे अस्तित्व ही नहीं था।

अव्यक्त अब पूरी तरह से अपने रंग में आ गया और बहाव के साथ बहता जा रहा था। "अब बाकी दो मोहरों यानि राजा और रानी का क्या? जैसा कि शेक्सपीयर ने कहा है : 'कुछ लोग जन्म से महान होते हैं, कुछ लोग महानता अर्जित करते हैं और कुछ लोगों पर महानता थोपी जाती है।' शेक्सपीयर की भाषा में 'राजा' उनका प्रतीक है, जो 'जन्म से महान' होते हैं। रानी उनका प्रतिनिधित्व करती है, जिन पर 'महानता थोपी जाती है।' बेशक, ग्रेट ब्रिटेन की रानी के मामले में यह उल्टा हो जाता है। हालांकि, यहाँ भी राजा और रानी के मोहरे भी एक ही तरह की प्रकृति के साथ पैदा होते हैं, उसी प्रकृति के साथ जीते हैं और उसी के साथ मर जाते हैं।"

अव्यक्त अब तक आँखें मूँद कर बोल रहा था, उसने अचानक अपनी आँखें खोल दीं और गरजती आवाज़ में अपनी बात जारी रखी, "अब हम प्यादों की बात करेंगे। मेरे लिए, वे शेक्सपीयर की भाषा में ऐसे लोग हैं, 'जो महानता अर्जित करते हैं।' हर प्यादा, रानी बनने से केवल छह कदम की दूरी पर होता है, जो कि बिसात का सबसे ताक़तवर मोहरा है। यह प्यादा सही मायनों में एक आम आदमी का प्रतिनिधित्व करता है, आप और मैं... यद्यपि हम एक प्रकृति के साथ जन्मे हैं, किंतु हम अपनी उस प्रकृति से परे जाने की योग्यता भी रखते हैं। भले ही हमारा जन्म एक मध्यमवर्गीय परिवार में क्यों न हुआ हो, परंतु हम एक औद्योगिक क्रांति के साथ इस जीवन काल में ही महान ऊँचाइयों तक पहुँच सकते हैं। भले ही हमारा जन्म निरक्षर

माता–पिता के यहाँ क्यों न हुआ हो, परंतु हमारी मृत्यु एक विश्व विख्यात विद्वान के रूप में हो सकती है। भले ही हमें बचपन में अनुपयुक्त क्यों न माना जाता हो, परंतु हम आने वाली पीढ़ियों के लिए आदर्श उदाहरण बन सकते हैं। हम क्या हैं और क्या रहे हैं, उसका इस बात से कोई लेन–देन नहीं है कि हम क्या बन सकते हैं। अकेले हम ही उन दिनों पर भी दावा कर सकते हैं, जिनमें हम असफल रहे – तो क्या हुआ, हम महानता से केवल एक शाम की दूरी पर हैं।' हम भी प्यादों की तरह एक प्रकृति या स्वभाव के साथ जन्मे हैं, पर यह आवश्यक नहीं कि उस प्रकृति के साथ ही हमारी मौत भी हो। हम भी प्यादों की तरह, महानता से केवल कुछ ही क़दमों की दूरी पर हैं।"

फिर अव्यक्त ने प्रिंसिपल के आगे सिर झुकाया और वहाँ से हट गया। सब खड़े हो कर तालियाँ बजाने लगे और प्रिंसिपल महोदया ने आगे आकर अव्यक्त से हाथ मिलाया। निव्या अव्यक्त की ओर दौड़ी आई और बोली, "सर, आपका बहुत–बहुत धन्यवाद।" अव्यक्त ने निव्या के सिर पर हाथ रखा मानो उसे आशीर्वाद दे रहा हो और बोला, "मुझे तुम पर गर्व है और सबसे अधिक और उससे भी अधिक पा लेने की शुभकामनाएँ...।" और झेंप कर लजाते हुए स्टाफ़ रूम की ओर चला गया।

कुछ ही सप्ताह बाद, एक प्रमुख वस्त्र शोरूम में, अव्यक्त ने देखा कि एक प्रमुख टी–शर्ट निर्माताओं ने उसका संदेश चोरी कर लिया था और उसे टी–शर्टों पर छाप कर बेचा जा रहा था : 'महानता से एक शाम दूर।' एक और टी–शर्ट पर शतरंज बनी थी और एक मूँछों वाला प्यादा कह रहा था, 'महानता से छह क़दम दूर।' अव्यक्त ने टी–शर्ट हाथ में ली, मुस्कुराया और हौले से बुदबुदाया, "इन्होंने प्यादे को मूँछों के साथ क्यों दिखा दिया? मेरे प्यादे केवल पुरुष ही नहीं... उनमें तो महिलाएँ भी शामिल हैं।"

कभी भी, कोई भी विशेषज्ञ पारंपरिक तंत्रों या पुरानी पद्धतियों के प्रयोग से, किसी तंत्र में क्रांति नहीं ला पाया है। वही लोग क्रांतिकारी बदलाव लाने में सफल हो पाते हैं, जो किसी भी तंत्र की परिधि से बाहर आकर काम करते हैं और एक नया नज़रिया रखते हैं। तंत्र के सार भाग पर काम करने वालों की तुलना में, वही लोग अधिक सफल हो पाते हैं, जो उससे बाहर रह कर काम करते हैं। किसी भी नौसिखिए में, अनेक संभावनाएँ होती हैं। किसी विशेषज्ञ के मन में भी होती हैं परंतु इतनी अधिक नहीं!

पद के प्रति निष्ठावान रहें

जब किसी संगठन का प्रमुख अपने पद के लिए निष्ठावान नहीं होता, तो वह पूरे संगठन को जोख़िम में डाल देता है; वह संगठन के विकास की राह में काँटा बन जाता है। जब वह अपने पद से जुड़ी ज़िम्मेदारियों के लिए वफ़ादारी निभाएगा, तभी कंपनी को प्रगति के पथ पर अग्रसर करने के योग्य हो सकेगा। उसे वह पद संभालने के बाद, संगठन के छोटे-मोटे मामलों या रोज़मर्रा की परेशानियों पर केंद्रित नहीं रहना चाहिए। यदि वह ऐसा करता है, तो वह संगठन का सबसे महँगा क्लर्क बन जाता है। इसके बजाय किसी संगठन प्रमुख से अपेक्षा की जाती है कि वह आने वाले कल के लिए एक नज़रिया विकसित करे। दूसरों के साथ गठजोड़ व सहयोग आदि की चर्चा करे, संगठनात्मक संस्कृति तैयार करे, अपने से नीचे काम करने वालों को चुने, विविधता पर ध्यान दे और सबसे अहम बात यह है कि वह सभी तंत्रों को सुचारु रूप से गतिशील बनाए रखने पर ध्यान दे। उसका प्राथमिक उत्तरदायित्व यही बनता है कि वह संगठन को आने वाले कल के लिए तैयार रखे।

मैं प्रचुरता पाने योग्य हूँ

आपके विचार ही आपकी वास्तविकता रचते हैं। आप वही पाते हैं, जिस पर केंद्रित होते हैं। आप जिस भी चीज़ पर केंद्रित होते हैं, उसे अपनी ओर आकर्षित करते हैं। किसी भी परिस्थिति में आप जो भी देखने की अपेक्षा रखते हैं, वही देखते हैं। 'आप जो नहीं चाहते,' उस बात पर केंद्रित होने की बजाय आपको इस बात पर केंद्रित होना चाहिए कि 'आप क्या चाहते हैं।' प्रधान नियम यही है कि मैं जिस चीज़ पर केंद्रित होता हूँ, उसे ही पाता हूँ, अतः 'व्यक्तिगत प्रचुरता' पर केंद्रित रहने का चुनाव करें।

शुक्रवार की शाम, पैंतीस वर्ष से अधिक आयु के पाँच व्यक्तियों ने तय किया कि वे चेन्नई के गाँधी बीच पर मिलेंगे। उन्होंने अस्सी के दशक के आरंभ में एक साथ स्नातक की परीक्षा पास की थी और कॉलेज के दिनों से ही, वे एक–दूसरे के बहुत करीबी रहे थे। वे सभी इंजीनियरिंग करना चाहते थे पर उनकी कहानी आर्ट्स कॉलेज में आकर ख़त्म हुई। दरअसल पराजय के इस भाव ने ही उन्हें एक–दूसरे की ओर खींचा था। कॉलेज के पहले ही दिन से उनके पास बाँटने के लिए एक जैसे किस्से थे और इस तरह उनके बीच एक तार सा जुड़ गया था। उनमें से तीन तो पढ़ाई में होशियार थे; चौथा भले ही पढ़ाई में तेज़ नहीं था परंतु असाधारण व्यक्तित्व का स्वामी था और पाँचवाँ अव्यक्त, उसे तो कॉलेज इसलिए आना पड़ता था क्योंकि आने के लिए एक कॉलेज था। उसके प्रोफ़ेसरों या सहपाठियों में से

किसी ने भी कभी सोचा तक नहीं था कि अव्यक्त अपनी ग्रेजुएशन की पढ़ाई भी पूरी कर पाएगा। वे पाँचों दोस्त अठारह साल बाद फिर से मिल रहे थे।

वक्त ज़िंदगी में हम सबको एक ऐसे मोड़ पर ले आता है, जहाँ आकर हमारा अपना अतीत ही ऐसे लगने लगता है मानो हम किसी और के जीवन को देख रहे हों। किसी भी प्रगतिशील व्यक्ति के जीवन में अठारह साल का वक्त एक अनंतकाल से कम नहीं होता। तब से अब तक बहुत कुछ बदल चुका था, वे लोग लापरवाह युवकों से ज़िम्मेदार पुरुष बन चुके थे; अब वे अपने माता-पिता के लिए चिंता का विषय बनने की बजाय अपने बच्चों के भविष्य की चिंता करने वाले माता-पिता में बदल चुके थे। दरअसल तब से अब तक, बहुत कुछ बदल चुका था।

अव्यक्त को छोड़ कर, बाकी चारों ने मास्टर्स की डिग्री ली थी; उनमें से दो के पास तो दो-दो पोस्ट ग्रैजुएट डिग्रियाँ थीं। बेशक, कॉलेज के दिनों से ही, जब भी उन पाँचों का ज़िक्र आता तो अक्सर 'अव्यक्त को छोड़ कर' जुमला दोहराया जाता। उनमें से दो सॉफ्टवेयर व्यवसायी थे और अमेरिका में बस चुके थे, एक पब्लिक सेक्टर में था और दूसरा प्राइवेट ऐंटरप्राइज़ में शामिल हो गया था। वे सभी, 'अव्यक्त को छोड़ कर', अच्छे वेतन वाले पदों पर थे और सबके पास अपने अपार्टमेंट थे। एक मध्यमवर्गीय परिवार के लिए बने सामाजिक मापदंडों के अनुसार, वे पूरी तरह से बसे हुए थे।

हालांकि उन सभी ने जीवन में इस अवस्था तक आने का अनुमान लगा रखा था परंतु, वे अव्यक्त की अकल्पनीय वृद्धि को लेकर आश्चर्यचकित थे। अव्यक्त ने तीन संगठनों की स्थापना की थी और तीनों ही फल-फूल रहे थे। वह एक तड़क-भड़क से भरपूर आलीशान जीवनशैली जी रहा था। वे चारों अव्यक्त की इस प्रगति

को देख अचंभे में थे क्योंकि उन्हें पक्का यक़ीन था कि अव्यक्त का बौद्धिक स्तर औसत से भी कम था। अक्सर हम इंसानों की बुद्धिमता पर लगे इस ठप्पे की वजह से उनसे कोई भी उम्मीद रखना छोड़ देते हैं! उन्हें पूरा यक़ीन था कि अव्यक्त के पास कोई विशेष प्रतिभा नहीं थी और न ही कोई विशेष योग्यताएँ; उसमें तो कुछ भी ख़ास नहीं था। दरअसल वे अव्यक्त की एक ख़ास खूबी के बारे में भूल गए थे; संभवत: अठारह सालों के दौरान उनकी याददाश्त घटने लगी थी। जब वे सभी कॉलेज के दिनों में टाइपराइटिंग व शॉर्टहैंड सीख रहे थे, तो अव्यक्त ने यह सब सीखने से इंकार करते हुए कहा था, "एक दिन मेरे पास एक सेक्रेटरी होगा, जिसे यह सब काम करना आता होगा।" जब सभी ने बैंक की नौकरी के लिए परीक्षा देने की सोची तो अव्यक्त ने आवेदन पत्र तक ख़रीदने से इंकार कर दिया और कहा था, "मैं काउंटर के दूसरे छोर से संबंध नहीं रखता। मैं स्वयं को वहाँ नहीं देख सकता। एक दिन, बैंक वाले मेरे पास आएँगे।" सभी ने उसे प्रोत्साहित किया कि भले ही पत्राचार के माध्यम से ही सही, उसे स्नातक से आगे की डिग्री के लिए पढ़ाई कर लेनी चाहिए तो उसने पूरे आत्मविश्वास से कहा था, "मैं पोस्ट-ग्रैजुएट नहीं बनूँगा बल्कि एक दिन ऐसा आएगा जब कई ऐसी डिग्री वाले युवक मेरे लिए काम करेंगे।"

यद्यपि, अव्यक्त अपने नाम की ही तरह, बहुत ही अनूठा था। वह लोगों के झुँड से बहुत ही अलग था। यहाँ तक कि स्कूली जीवन में भी अव्यक्त छात्रों से कहता, "एक मध्यम-वर्गीय परिवार में जन्म पाना एक परिणाम है, परंतु यह सुनिश्चित करना कि व्यक्ति की मृत्यु मध्यम-वर्गीय परिवार में न हो, यह चुनाव का विषय है।" जब उसकी कॉलोनी के दोस्त यह विचार करते थे कि किस क्रिकेट टीम का हिस्सा बनें, अव्यक्त यह सोचता था कि अपनी क्रिकेट टीम कैसे बनाई जाए, ताकि उसे उसके अनुसार चलाया जा सके। वह अक्सर

अपने माता-पिता से कहता, "अगर किसी को नेतृत्व करना ही है, तो वह मैं ही हो सकता हूँ।"

अव्यक्त का रहस्य, असली प्रतिभा और जादू की छड़ी यही थी कि उसने जीवन में, यहाँ तक कि अपनी सोच में भी, सबसे बेहतर से, कुछ भी कम लेने से इंकार कर दिया था। जैसा कि डिज़राइली ने कहा है, "ज़िंदगी निरर्थक होने के लिए बहुत छोटी है।" अव्यक्त का मानना था कि प्रचुरता से भरा जीवन पाना, उसका जन्मसिद्ध अधिकार था। एक ऐसी दुनिया में, जहाँ लोग कुछ भी देखे बिना विश्वास नहीं करते, अव्यक्त का तर्क था कि, "आप जिस भी चीज़ में भरोसा रखते हैं, उसे एक दिन अवश्य देखेंगे।" उसने प्रचुरता से भरपूर भविष्य में विश्वास रखा और वही उसके लिए वास्तविकता बन गया। उसके मित्रों ने प्रचुरता से भरे भविष्य में विश्वास रखा और उनके लिए वही वास्तविकता बना। अव्यक्त, जो अधिकतर पहलुओं में अपने मित्रों की बराबरी नहीं कर सका था, वह जीवन के सबसे महत्त्वपूर्ण पहलू में उनसे बाज़ी मार ले गया और वह था – उसकी 'बड़ी सोच रखने की' योग्यता व क्षमता। वर्षा आपके द्वारा रखे गए पात्र को ही भरती है। आपका जीवन अभाव या प्रचुरता से भरपूर होगा, यह आपकी सोच के आकार पर ही निर्भर करता है।

वे सभी तट पर लगभग एक ही समय पर पहुँचे, सबकी घड़ियाँ छह बजने का संकेत दे रही थीं। हँसी के ठहाकों, तालियों और गलबँहियों के बीच, उन पाँचों के पास बाँटने के लिए कुछ सच्चे, तो कुछ मनगढ़ंत किस्से थे। करीब तीन घंटे बाद, अव्यक्त ने कहा कि उसे जाना होगा क्योंकि उसकी पत्नी और बच्चे इंतज़ार कर रहे थे। अव्यक्त, और ख़ासतौर पर विवाह के मामले को लेकर थोड़ी छींटाकशी के बाद, चारों ने तय किया कि वे कुछ देर वहीं ठहरेंगे। यदि अव्यक्त चाहे तो जा सकता था। अव्यक्त ने उन सबसे गले मिल कर विदा ली।

अव्यक्त के जाने के बाद चारों दोस्तों ने देखा कि वह अपना 'पर्सनल ऑर्गेनाइज़र' वहीं भूल गया था, वह इस डायरी में अपने काम आने वाली सारी सूचना व जानकारी आदि रखता था। हालांकि उनमें से एक ने चाहा कि अव्यक्त के पीछे जाए और उसे उसकी डायरी लौटा दे पर बाक़ी तीनों को यह जानने का कौतूहल था कि उसमें क्या लिखा था। प्रस्ताव बहुमत से पास हुआ और वे नवजात पिल्लों के एक ढेर की तरह सट कर बैठ गए, जो एक-दूसरे के शरीर की गरमाहट पाने के लिए प्रायः ऐसा ही करते हैं। आठ आँखें 'पर्सनल ऑर्गेनाइज़र' से चिपकी हुई थीं। वे सारा डायरी सेक्शन देख चुके थे, फिर उन्होंने जन्मदिन व सालगिरह वाला सेक्शन, नाम और पतों वाला सेक्शन और फ़ोन नंबर वगैरह देखे... और फिर... एक और सेक्शन...। उस पर अव्यक्त की अपनी लिखाई में लिखा था, 'मेरी व्यक्तिगत प्रचुरता की कुंजियाँ।' 'पर्सनल ऑर्गेनाइज़र' के इस हिस्से में बुद्धिमता से भरी अनेक बातें लिखी गई थीं। उन चारों में से, कोई भी निश्चित रूप से नहीं कह सकता था कि ये बातें उसने महान व्यक्तियों के कथनों से ली थीं या फिर यह अव्यक्त के अपने जीवन अनुभवों से उपजा विवेक था। ओह! स्त्रोत चाहे जो भी हो, इससे क्या अंतर पड़ता है। वे अव्यक्त के जीवन से जुड़ी प्रचुरता के रहस्य थे और उनके लिए ये बात कहीं ज़्यादा मायने रखती थी।

पहले ही पृष्ठ पर लाल स्याही से बड़े-बड़े अक्षरों में लिखा था, "मैं जानता हूँ, 'एक रास्ता है'।"

इसके बाद पन्ने दर पन्ने, विवेक व ज्ञान से भरपूर ऐसे अनमोल वचनों से भरे थे, जो पूरे जीवन के शोध व तलाश के बाद भी नहीं पाए जा सकते थे। हर पन्ने को पढ़ने के बाद, वे एक-दूसरे को देखते, कभी-कभी मुस्कुराते पर हर बार उनकी गर्दनें ही सहमति में हिलतीं। जल्द ही उनके चेहरे के आनंदी भाव कहीं खो गए और उन पर ज्ञान की आभा झिलमिला उठी। उन्होंने पढ़ा,

1. जब मैं यह विश्वास रखता हूँ कि 'मैं इसे कर सकता हूँ' और सचमुच इस बात पर भरोसा भी रखता हूँ, तो यह बात अपने-आप सामने आ जाती है कि 'इसे कैसे किया जा सकता है।' किसी भी बात पर विश्वास रखने से दिमाग़ अपने-आप उसे करने के उपाय खोज निकालता है।

2. मेरे विचार ही मेरी वास्तविकता रचते हैं। मैं वही पाता हूँ, जिस पर केंद्रित हो जाता हूँ। मैं जिस भी चीज़ पर केंद्रित होता हूँ, उसे अपनी ओर आकर्षित करता हूँ। किसी भी परिस्थिति में आप जो भी देखने की अपेक्षा रखते हैं, वही देखते हैं। अगर घृणा करने के लिए कुछ है तो वह इसलिए है कि मैं उस पर अपना ध्यान केंद्रित कर रहा हूँ। अगर कहीं प्रेम है तो उसका कारण भी यही है कि मैं उस पर केंद्रित हूँ। अगर कोई बात मुझ पर हावी हो रही है, तो उसकी वजह यही है कि मैं उस पर अपना पूरा ध्यान केंद्रित कर रहा हूँ। 'मैं किस बात के विरूद्ध हूँ,' इस बात पर केंद्रित होने की बजाय मुझे इस बात पर केंद्रित होना चाहिए कि 'मैं किस बात के पक्ष में हूँ।' प्रमुख नियम यही है कि मैं जिस चीज़ पर केंद्रित होता हूँ, उसे ही पाता हूँ। प्रत्येक पुस्तक, प्रत्येक दार्शनिक व संसार का प्रत्येक महान चिंतक अंततः मुझे इसी निष्कर्ष पर लाया है, इसलिए मैंने तय किया है कि मैं अपनी 'व्यक्तिगत प्रचुरता' पर केंद्रित रहूँगा।

3. प्रचुरता ऊर्जा का ही एक प्रकटीकरण है। अगर मैं अपने ऊर्जा के स्तरों का ध्यान रख सकता हूँ तो प्रचुरता भी अपने-आप साथ आएगी। जब तक मैं ख़ुद को इस बात को यक़ीन नहीं दिलाता कि यह चीज़ मेरी है, तब तक कुछ भी मेरा नहीं हो सकता। मैं प्रचुरता पाने के योग्य हूँ। मैं प्रचुरता की तलाश में कहीं नहीं जाने वाला बल्कि अपने जीवन में प्रचुरता को

प्रवाहित करूँगा। मैं अधिक... और उससे भी अधिक... पाने की योग्यता रखता हूँ।

4. व्यक्ति बुनियादी तौर पर अपने मनोवैज्ञानिक वातावरण की ही उपज होते हैं। हम अपने आसपास के लोगों की सोच से बँधे होते हैं। 'अभाव' के विषय में सोचने वाले, हमेशा हमें भी प्रचुरता की बजाय इसी सोच की ओर खींच ले जाते हैं। जो लोग कहते हैं, 'यह नहीं हो सकता' दरअसल वे असफल श्रेणी से होते हैं; वे उपलब्धियों के मामले में औसत या हद से हद मध्यम स्तर के होते हैं। यह एक उल्लेखनीय तथ्य है कि मध्यम दर्जे की उपलब्धियाँ पाने वाले व्यक्ति यह बताने में देर नहीं लगाते कि उनके पास ये क्यों नहीं है, वे ऐसा क्यों नही कर सकते, वे ऐसा क्यों नहीं करते या वे ऐसे क्यों नहीं हैं। मैं 'पारंपरिक विकलांगता' से ग्रस्त ऐसे लोगों के बीच घुलने-मिलने की बजाय, उन लोगों के कंधे से कंधा मिला कर चलूँगा, जो 'प्रचुरता की सोच' रखते हैं। मैं अपने ऊपर फेंकी गई हर नकारात्मकता की ईंट का प्रयोग, अपने महल की बुनियाद बनाने में करूँगा। मैं इस ग्रह पर अपनी कब्र नहीं, अपना महल बनाने आया हूँ।

5. हो सकता है कि प्रचुरता के इस मार्ग में मुझे चुनौतियों, असफलताओं व पराजय का सामना करना पड़े। यद्यपि, मैं फिर भी स्वयं को पराजित अनुभव नहीं करूँगा। अगर मैं किसी ऐसी सड़क पर कार चला रहा होता, जिसके आगे अचानक 'सड़क बंद है' का बोर्ड आ जाता, तो क्या मैं वहीं बैठ कर सड़क का काम ख़त्म होने का इंतज़ार करता या अपने घर लौट जाता? नहीं, इन दोनों में से कुछ न करता। उस बोर्ड का केवल इतना सा अर्थ है कि मैं इस ख़ास रास्ते से वहाँ नहीं जा सकता, जहाँ मैं जाना चाहता हूँ। मेरा रास्ता

भले ही बदल सकता है... पर मेरी मंज़िल कभी नहीं बदलेगी।

6. मैं प्रत्येक व्यक्ति को पूरा आदर–मान दूँगा। मैं प्रत्येक से कुछ न कुछ सीखने की चेष्टा करूँगा। मैं प्रत्येक का निरीक्षण करूँगा। मैं प्रत्येक के जीवन का अध्ययन करूँगा। यद्यपि इस भौतिकवादी क्षेत्र में, मैं किसी मनुष्य की पूजा नहीं करूँगा। मैं यह मानता हूँ कि मैं इससे भी परे जा सकता हूँ और सबसे ऊपर जा सकता हूँ। मैं सजग भाव से दोयम दर्जे की प्रवृत्ति को त्याग दूँगा। मैं यहाँ दूसरे दर्जे का मनुष्य बनने नहीं आया हूँ। मैं जो भी करता हूँ, वहाँ 'नंबर वन' के स्थान पर पहले से ही मेरा नाम खुदा है। मुझे बस आगे जा कर उसकी तलाश करनी है।

7. भले ही मेरे पास कितना भी कम क्यों न हो, अगर मैं कृतज्ञता प्रकट करता हूँ तो मैं धनी हूँ। भले ही मेरे पास कितना भी अधिक क्यों न हो, यदि मैं कृतज्ञता प्रकट नहीं करता, तो मैं निर्धन हूँ। मैं न केवल जो मेरे पास है उसके लिए आभार प्रकट करूँगा, बल्कि मेरे पास जो भी होगा, अपने आसपास की दुनिया में उसे बाँटने से भी पीछे नहीं हटूँगा। मैं स्वयं को निरंतर रूप से एक दाता का अनुभव देता रहूँगा। इस तरह की दानशीलता के बल पर ही मेरे मस्तिष्क में यह न्यूरो–असोसिएशन (तंत्रिका संबंध) बनता रहेगा कि मेरे पास सब कुछ ज़रूरत से कहीं ज़्यादा है और इस तरह मेरा मन इस विचार को मूर्त रूप दे देगा। आभार तथा दूसरों को दिया गया दान, ये दोनों ही प्रचुरता को रचने के तरीक़े हैं।

चारों ने 'पर्सनल ऑर्गेनाइज़र' बंद करने के बाद, मंत्रमुग्ध भाव से एक–दूसरे को ताका और ऊपर देखा तो भौंचक्के रह गए। अव्यक्त उनसे पाँच फ़ीट की दूरी पर, छाती पर हाथ बाँधे खड़ा, मुस्करा रहा

था। वे हड़बड़ा कर हकलाते हुए बोले, "माफ़ करना, हमने सोचा...।" अव्यक्त ने बीच में ही टोकते हुए कहा, "मेरे जीवन में कोई भी रहस्य नहीं है... अपने दोस्तों के साथ तो बिल्कुल भी नहीं! मैं भी अपने 'पर्सनल ऑर्गेनाइज़र' की तरह एक खुली किताब हूँ। अगर तुम लोग इसे अपने पास रखना चाहते हो, तो उन पन्नों को निकाल लो। अब मुझे उन पन्नों की आवश्यकता नहीं रही क्योंकि उनमें लिखा एक-एक वाक्य मेरे तंत्र की हर कोशिका में बस गया है।" ऐसा कह कर उसने 'पर्सनल ऑर्गेनाइज़र' से वे पन्ने निकाले और अपने दोस्तों के हवाले कर दिए।

फिर वह बोला, "एक दिन ऐसा भी आता है, जब एक इल्ली तय कर लेती है कि वह अब इल्ली नहीं रहेगी। तक वह एक खोल में जा कर पंख विकसित कर लेती है और एक तितली बन जाती है। एक दिन, मेरे भीतर की इल्ली ने भी तय किया कि वह तितली बनना चाहती है। मैंने 'अभाव से जुड़ी सोच' को ठुकराया और 'प्रचुरता से जुड़ी सोच' को गले से लगा लिया। इसके बाद सब कुछ अपने-आप घटता चला गया। मेरे पास इस बात के लिए उत्तर थे कि 'मैं अपने लिए प्रचुरता क्यों चाहता हूँ' और जीवन ने बदले में मुझे पुरस्कार देते हुए यह सिखा दिया कि इसे 'कैसे' किया जा सकता है। मैं तुम सबसे ये बातें इसलिए कह रहा हूँ क्योंकि मैं तुम चारों को व्यक्तिगत रूप से जानता हूँ। आज से अठारह साल पहले, जब हम सभी इल्लियाँ थे तो तुम चारों मुझसे कहीं बेहतर थे। बस अंतर केवल इतना है कि तुममें से किसी ने कभी तितली बनने का निर्णय ही नहीं लिया। अगर तुम अब भी ये निर्णय लो, आज से ही ये आरंभ करो तो तुम्हारे जीवन का हर दिन प्रचुरता से भरे चमत्कारों के साथ सामने आएगा। मेरे दोस्तों मैं तुम्हें अधिक... और उससे भी अधिक पा लेने की शुभकामनाएँ देता हूँ।"

जब अव्यक्त जाने लगा तो, वह चिल्लाया, "किसी भी सपने को साकार किया जा सकता है! इनकी कोई सीमाएँ नहीं होतीं...।" हालांकि

रात दस बजे से अधिक बज चुके थे, पर ऐसा लगता है जब अव्यक्त जैसे लोग आसपास हों तो सूर्य कभी अस्त ही नहीं होता।

**मैं प्रत्येक व्यक्ति को पूरा आदर-मान दूँगा।
मैं प्रत्येक से कुछ न कुछ सीखने की चेष्टा करूँगा।
मैं प्रत्येक का निरीक्षण करूँगा।
मैं प्रत्येक के जीवन का अध्ययन करूँगा।
यद्यपि इस भौतिकवादी क्षेत्र में मैं किसी मनुष्य की पूजा नहीं करूँगा। मैं यह मानता हूँ कि मैं इससे भी परे जा सकता हूँ और सबसे ऊपर जा सकता हूँ।
मैं सजग भाव से दोयम दर्जे की प्रवृत्ति को त्याग दूँगा।
मैं यहाँ दूसरे दर्जे का मनुष्य बनने नहीं आया हूँ। मैं जो भी करता हूँ, वहाँ 'नंबर वन' के स्थान पर पहले से ही मेरा नाम ख़ुदा है। मुझे बस आगे जा कर उसकी तलाश करनी है। जब तक मैं ख़ुद को इस बात को यक़ीन नहीं दिलाता कि यह चीज़ मेरी है, तब तक कुछ भी मेरा नहीं हो सकता।
मैं प्रचुरता पाने के योग्य हूँ।
मैं प्रचुरता की तलाश में कहीं नहीं जाने वाला बल्कि अपने जीवन में प्रचुरता को प्रवाहित करूँगा।**

अनुभव... यह क्या होता है?

केवल यही पर्याप्त नहीं कि आप बाहरी जगत के साथ ही संप्रेषण की गुणवत्ता में सुधार करें। वास्तव में, यह कहीं अधिक महत्त्व रखता है कि आप अपने-आप से भी संप्रेषण की गुणवत्ता में सुधार लाएँ। आप इस संसार से क्या कहते हैं या संसार आपसे क्या कहता है, इस बात से कोई बहुत बड़ा अंतर नहीं पड़ता। यद्यपि आप अपने-आप से क्या कह रहे हैं, यही बात सबसे अधिक महत्त्व रखती है।

"अनुभव वह नहीं होता जो आपके साथ घटता है, आप अपने साथ कुछ घटने पर उसके साथ जो करते हैं, यह वही है।" अव्यक्त की पत्नी सुज ने ऐल्डस हक्सले के कथन की ओर संकेत किया व इसका अर्थ जानना चाहा।

जब आपका साथी भी बौद्धिक साथी की भूमिका निभाने योग्य हो तो सचमुच मन में बड़ा उत्साह पैदा होता है। लोग अक्सर बौद्धिक अकेलेपन का सामना करते हैं। वे जीवन से जुड़े बोध व मनन को किसी के साथ बाँटना चाहते हैं, परंतु उन्हें बौद्धिक मनन में रुचि लेने वाले व्यक्ति नहीं मिलते। जब पति-पत्नी, माता-पिता व बच्चे, दोस्त, भाई-बहन व सहकर्मी केवल रोज़मर्रा की समस्याओं पर चर्चा करने के साथ-साथ जीवन से जुड़े गहन मसलों पर भी चर्चा करते हैं, तो उनके संबंधों में एक अलग-सी गहराई और गुणवत्ता आ जाती है।

जब हम एक साथ सोचते हैं, जब हम असहमत होने के लिए सहमति प्रकट करते हैं, जब हम यह समझते हैं कि मेरे और तुम्हारे तरीक़े के अलावा कोई तीसरा तरीक़ा भी हो सकता है, तो संभावनाएँ असीम हो उठती हैं। सुज और अव्यक्त ऐसे ही बौद्धिक अन्वेषण के पलों का आनंद उठाते हैं। यदि बौद्धिक रूप से देखें, तो एक और एक हमेशा दो से अधिक ही होता है।

सुज ने पूछा, "हक्सले ने कहा है 'अनुभव वह नहीं होता जो आपके साथ घटता है, आप अपने साथ कुछ घटने पर उसके साथ जो भी करते हैं, यह वही है।' वे कहना क्या चाहते थे?"

"मैं तुमसे कहता हूँ कि आठ बजे तक आऊँगा और मैं नौ बजे लौटता हूँ। यह केवल एक घटना है, जहाँ पति एक घंटे की देरी से घर लौटा है। तुम मन ही मन सोच लेती हो 'मैंने तुम्हारा नाजायज़ फ़ायदा उठाया है' और 'मेरे मन में तुम्हारे लिए कोई इज्ज़त नहीं बची।' तब तुम्हारा दिमाग़ सवाल करता है, 'अगर चेयरमैन से मीटिंग होती तो क्या वह तब भी ऐसा ही करता?' इसके साथ ही तुम यह निष्कर्ष भी निकाल लोगी 'अब उसे यह बताने का वक़्त आ गया है कि मैं कोई पायदान नहीं हूँ।' और घटना केवल इतनी है कि मैं एक घंटे की देर से आया हूँ। तुम्हारे मन ने इसका यह विश्लेषण कर दिया कि अब मैं तुम्हारी ओर ध्यान नहीं देता या मैं तुम्हारी परवाह नहीं करता। यह आवश्यक नहीं कि यह वास्तविकता ही हो। हो सकता है कि तुमने इसे हक़ीक़त मान लिया हो। तुमने वास्तविकता को इस रूप में स्वीकार लिया हो। हक्सले जब कहते हैं, 'अनुभव वह नहीं होता, जो आपके साथ घटता है, आप अपने साथ कुछ घटने पर जो करते हैं, यह वही है।' तो वे इन शब्दों के माध्यम से यही कह रहे हैं।" अव्यक्त ने प्रत्युत्तर दिया।

सुज ने अव्यक्त को अपनी अंगुली से कोंचा और एक मुस्कान के साथ बोली, "आप मेरा नाम बीच में लाए बिना कोई बात समझा ही

नहीं सकते। जी जनाब, ऐसी बातें न बनाएँ मानो आप कोई स्वर्ग से उतरे फ़रिश्ते हैं।" "जब मैं तुम्हारे भीतर सुधार लाने के लिहाज़ से कोई अच्छी राय देता हूँ, तो तुम उसका मतलब यह निकालती हो कि मैं हमेशा तुम्हारी ग़लतियाँ ही निकालता रहता हूँ और मुझसे खीझ जाती हो। जब मैं शादी के शुरुआती दिनों में, तुमसे ये बातें कहता था तो तुम अक्सर कहतीं, 'मैं बहुत भाग्यशाली हूँ कि आप मेरे जीवन में आए। आप हमेशा मुझमें सुधार लाने में सहायता करते हैं।' मैं अब भी तुमसे वही बातें कहता हूँ, परंतु तब मैं एक फ़रिश्ता था और अब एक शैतान हो गया हूँ।" बेशक आख़िरी वाक्य सुनते-सुनते सुज के चेहरे की मुस्कान ओझल हो चुकी थी।

प्रेम की उपस्थिति में घटनाओं की व्याख्या बदल जाती है। जब अहं अपना सिर उठाता है, तो घटनाएँ एक नया ही रूप ले लेती हैं। अगर हमारे सामने कोई अजनबी हो, तो भी घटनाओं के अर्थ बदल जाते हैं। यदि कोई संबंधी हो तो व्याख्या कुछ और होती है। मनुष्य और समुदाय के साथ-साथ व्याख्याएँ बदलती रहती हैं। अगर भाषाई पृष्ठभूमि भी अलग हो तो एक नया ही रंग सामने आता है।

हम कंप्यूटर पर दिखने वाले आइकॉन की तरह, हर इंसान के लिए भी अपने दिमाग़ में एक आइकॉन या चित्र रखते हैं। कुछ आइकॉन अच्छे व अद्‌भुत लोगों का प्रतिनिधित्व करते हैं, कुछ कम अच्छे लोगों के बारे में बताते हैं तो कुछ ऐसे लोगों को दिखाते हैं, जिन्हें हम देखना तक पसंद नहीं करते और फिर इसके बाद, उनसे भी बदतर लोगों की बारी आती है और इस तरह...। ये आइकॉन चश्मे का काम करते हैं, जिनके माध्यम से, वे क्या करते हैं और क्या नहीं करते हम इसकी व्याख्या करते हैं। यदि हमारे दिमाग़ में किसी के लिए अच्छी छवि है तो उसके द्वारा किया गया कुछ बुरा भी झेला जा सकता है और हम पर उसका कोई असर नहीं होगा। अगर हमारे दिमाग़ में किसी की बुरी छवि अंकित है, तो हम उसकी अच्छाई को भी उपेक्षित कर देंगे

और उस पर ध्यान नहीं देंगे। वे हमारे दिमाग़ में अच्छी छवि रखते हैं या बुरी, इस बात का वास्तविकता से कोई लेन-देन नहीं होता। यही कारण है कि एक ही इंसान किसी के लिए फ़रिश्ता कहलाता है तो किसी दूसरे के लिए शैतान बन जाता है। आपके दिमाग़ में गाँधी जी की जो छवि है या गोडसे के दिमाग़ में उनकी जो भी छवि थी, वह गाँधी जी के वास्तविक रूप से बिल्कुल ही स्वतंत्र है। आप ईसा मसीह में जो देखते हैं, वह पाइलट ने उनमें नहीं देखा था। कितनी सच्ची बात है! व्यक्ति को बदलने की आवश्यकता नहीं होती; जब हम अपने दिमाग़ में उस व्यक्ति से जुड़े आइकॉन को बदल देते हैं, तो यह रिश्ते को पूरी तरह से बदल देता है, उसे सकारात्मक या फिर नकारात्मक बना देता है।

अव्यक्त ने स्पष्ट किया "हमें व्यक्तिगत भावों को इस चर्चा में शामिल करते हुए बदरंग नहीं करना चाहिए। हालांकि जो तुम पूछ रही हो, वह कहीं ज़्यादा मायने रखता है। हक्सले की इस बात में एक गहरा सार छिपा है।"

सुज कमरे से लगे खुले रसोईघर में चाय बनाने लगी। अव्यक्त भी वहीं आ गया। ज़िंदगी में दो ही चीज़ें तो ऐसी हैं, जिनके बिना वह रह नहीं सकता – सुज और उसके हाथों की बनी चाय! अव्यक्त किचन के काउंटर पर ही बैठ गया। उसने अपनी बात को आगे बढ़ाया, "तो किसी घटना में हमारे साथ क्या होता है। हम किसी घटना को किस रूप में लेते हैं, उसको समझते हैं और उसकी व्याख्या करते हैं, वही हमारा अनुभव बन जाता है। इस तरह एक ही घटना, अलग-अलग लोगों के लिए अलग-अलग मायने रखती है, जो कि इस बात पर निर्भर करता है कि वे उसे किस रूप में जानेंगे, समझेंगे और व्याख्या करेंगे। दक्षिण अफ़्रीका के पीटरमारिट्ज़बर्ग के रेलवे स्टेशन पर गाड़ी से धकेल दिया जाना एक घटना थी। गाँधी जी इस घटना से अवसादग्रस्त भी हो सकते थे। यद्यपि उन्होंने इस घटना को जिस रूप

में लिया, समझा और व्याख्या की, वह न केवल उनके लिए, बल्कि एक महान राष्ट्र के लिए एक क्रांतिकारी परिवर्तन बन गया।" अव्यक्त ने हँसते हुए कहा, "सारा ब्रिटिश साम्राज्य उस एक गोरे को कोसता होगा... काश उसने गाँधी जी को पहले दर्ज़े के डिब्बे में सफ़र करने की इजाज़त दे दी होती!"

सुज ने बात के बीच में टोका, "इन सभी बातों के संदर्भ में यह और भी स्पष्ट हो गया है कि समस्या से कहीं अधिक, समस्या के लिए मेरी प्रतिक्रिया मुझे कष्ट देती है। संकट से कहीं अधिक, संकट का भय मेरे लिए कष्ट का कारण बनता है। तुम्हारे किसी भी काम की तुलना में, मेरे द्वारा उसकी समझ, बोध व व्याख्या ही हमारे संबंधों को प्रभावित करते हैं; ये मेरे मन की शांति पर भी बुरा असर डालते हैं। मैं समस्या को जिस नज़रिए से देखती हूँ, यह वही है। मैं जिस नज़रिए से किसी समस्या को देखती हूँ, वही मेरा समाधान भी हो सकता है। अगर मैं इसे एक असफलता के रूप में देखती हूँ तो यह एक असफलता है। इसकी बजाय, अगर मैं असफलता को केवल एक फ़ीडबैक के तौर पर लेती हूँ, तो मैं हर अनुभव के साथ अपने भीतर सुधार ला सकती हूँ। सफलता और असफलता, दोनों के ही अपने-अपने अनुभव होते हैं। वास्तव में हम असफलताओं से जितना सीख सकते हैं; सफलता हमें उतना नहीं सिखा सकती; और सफलता जो सिखा सकती है, वह असफलताओं से नहीं सीखा जा सकता। अच्छा वक़्त, बुरा वक़्त या ठहरा हुआ वक़्त तो हमारे बोध की ही उपज है। मैं किसी भी घटना को किसी भी रूप में लेने का चुनाव कर सकती हूँ। इस तरह प्रगति व ठहराव, इसी बात का परिणाम व प्रभाव है, कि मैं जीवन की घटनाओं की कैसे व्याख्या करती हूँ।" फिर वह बोली, "अपनी किस्मत को धन्यवाद दो अव्यक्त, कि हमारा रिश्ता फलता-फूलता रहा है क्योंकि मैंने सदा तुम्हारे सभी कार्यों को स्नेह के भाव से ही लिया, भले ही तुम्हारी मंशा चाहे जो भी रही हो।"

चाय तैयार थी। अव्यक्त ने चाय की चुस्की भरते हुए कहा, "प्रेम के संदर्भ में, व्यंग्य से हास्य पैदा होता है। अहं के संदर्भ में, व्यंग्य से चोट पहुँचती है। जब किसी ने कहा था, 'यह माया है... यह एक भ्रम मात्र है।' तब उनका यही अर्थ रहा होगा। अंततः हम वास्तविकता से तो पेश नहीं आ रहे, यह तो कथित वास्तविकता है। हम सही मायनों में स्थितियों का सामना करने के स्थान पर, स्थितियों की व्याख्याओं का सामना कर रहे हैं। तुम जो भी हो, इसके स्थान पर, तुम्हारे बारे में मेरी सोच ही हमारे परस्पर संबंधों को प्रभावित करती है। यहाँ तक कि ईश्वर को भी यथार्थ या वास्तविक होने की आवश्यकता नहीं है। जब तक मैं उस मानी गई वास्तविकता के लिए श्रद्धा, समर्पण व विश्वास का भाव रखता हूँ, यह मेरे पक्ष में ही काम करेगा।"

अव्यक्त ने बात ख़त्म करते हुए कहा, "तो केवल यही पर्याप्त नहीं कि आप बाहरी जगत के साथ ही संप्रेषण की गुणवत्ता में सुधार करें। वास्तव में, यह कहीं अधिक महत्त्व रखता है कि आप अपने-आप से भी संप्रेषण की गुणवत्ता में सुधार लाएँ। आप इस संसार से क्या कहते हैं या संसार आपसे क्या कहता है, इस बात से कोई बहुत बड़ा अंतर नहीं पड़ता। यद्यपि आप अपने-आप से क्या कह रहे हैं, यही बात सबसे अधिक महत्त्व रखती है। आपके साथ जो भी होता है, उस पर आपका कोई नियंत्रण नहीं है, परंतु आप उस घटना को किस रूप में लेते हैं, वह पूरी तरह से आपके नियंत्रण में है। और उसे नियंत्रित करने के साथ ही आप अपने पूरे जीवन को नियंत्रित करते हैं। तो अगर आपको जीवन में सब कुछ बदलना है, तो आपको अपने दिमाग़ में बसी छवियों को बदलना होगा और अपने दिमाग़ में चल रही व्याख्याओं को अपने नियंत्रण में लाना होगा।"

सुज ने कहा, "घटनाएँ ईश्वर का उत्तरदायित्व है। अनुभव मनुष्य का उत्तरदायित्व है।"

कितना सच है... हम एक ही संसार में रहते हैं, और फिर भी अपने-अपने जगत का अनुभव रखते हैं। दो आदमियों ने जेल की सलाखों से बाहर देखा। एक को कीचड़ दिखाई दिया और दूसरे ने सितारों को देखा।

अव्यक्त और सुज ने एक-दूसरे को गले से लगा लिया। उन दोनों के लिए ये आलिंगन क्या मायने रखता था, वह सदा दूसरे व्यक्ति के लिए एक रहस्य ही रहेगा। कोई कैसे जानेगा कि उन्होंने इसे किस-किस रूप में लिया था?

किसी घटना में हमारे साथ क्या होता है,
हम किसी घटना को किस रूप में लेते हैं,
समझते हैं और उसकी व्याख्या करते हैं,
वही हमारा अनुभव बन जाता है।
दक्षिण अफ्रीका के पीटरमारिट्ज़बर्ग के रेलवे स्टेशन
पर गाड़ी से धकेल दिया जाना एक घटना थी।
गाँधी जी इस घटना से अवसादग्रस्त भी हो सकते
थे। यद्यपि उन्होंने इस घटना को जिस रूप में
लिया, समझा और व्याख्या की,
वह न केवल उनके लिए, बल्कि एक महान राष्ट्र के
लिए एक क्रांतिकारी परिवर्तन बन गया।

आपका जीवन आपका उत्तरदायित्व है

सड़क पर, यह सवाल कभी पैदा नहीं होता कि ग़लती किसकी थी; वहाँ सवाल यह पैदा होता है कि ज़िंदगी किसकी? अगर आप सड़क पर जीवित रहना चाहते हैं तो आपको स्वयं ही सब समायोजित करना होगा। किसी को 'चोट पहुँचाने' या किसी से 'चोट खाने' से जुड़ी दोनों ज़िम्मेवारियाँ आपकी अपनी और केवल आपकी ही हैं। किसी को दोष देने से कोई अंतर नहीं पड़ता। ठीक इसी प्रकार, जीवन रूपी सड़क पर भी, संबंधों रूपी यातायात से निबटते समय, सवाल यह नहीं होता कि ग़लती किसकी, वहाँ सवाल यह पैदा होता है कि ज़िंदगी किसकी? संबंधों में भी, अगर आप प्रसन्नता चाहते हैं, तो आपको ही समायोजन करने होंगे। यहाँ भी दूसरों को दोषी ठहराने से कोई लाभ नहीं होगा। आपका जीवन आपका अपना उत्तरदायित्व है।

अवसरवादी सोच

जब सब कुछ सही चल रहा हो, तब तो कोई भी सकारात्मक सोच रख सकता है। जब सब कुछ सही तरह से न चल रहा हो तो उस समय अपने दिमाग़ को ठिकाने पर रखना बहुत ज़रूरी होता है। चाहे जो भी हो, आप अपने विचारों की शक्ति से ही, किसी भी चीज़ को घटित कर सकते हैं। अपने विचारों की शक्ति से किसी भी चीज़ को सही जगह पर ला सकते हैं। अगर सोच सही होगी तो ज़िंदगी को भी सही रास्ते पर आने में देर नहीं लगेगी। जब सब कुछ ग़लत हो रहा हो तो, ऐसे में सकारात्मक और अच्छी सोच और भी महत्त्वपूर्ण हो जाती है।

वह किसी फ़रिश्ते से कम नहीं थी। अव्यक्त ने उसे जीवन में इसी तरह पाला-पोसा था। और वह एक फ़रिश्ते के रूप में ही सामने आई। आप जो बोते हैं, वही पाते हैं। प्रभाव कुछ भी नहीं केवल विभिन्न रूप के साथ कारण ही है। प्रत्येक बच्चा माता-पिता से मिले पालन-पोषण का प्रतिबिंब ही होता है। वह अपने पिता (पिता भी माँ की भूमिका बखूबी निभा लेते हैं) के लिए एक फ़रिश्ता थी और उसे एक फ़रिश्ते के तौर पर ही पाला गया था।

उसके लिए, उसके पिता ही जीवन रेखा थे। जब भी वह खुद को असुरक्षित पाती, वह अपना सिर पिता की गोद में रख देती। उसके पिता की गोद, उसके लिए किसी सुरक्षा-कंबल से कम नहीं थी।

उसके बालों में पिता की घूमती अंगुलियाँ उसे तन्मय कर देतीं। वह आसपास की दुनिया से पूरी तरह से बेख़बर हो जाती। उस अवस्था में वे उससे जो भी कहते, वह उस बात पर पूरी तरह से विश्वास करती। यह लगभग काफ़ी हद तक सम्मोहन की भाँति था। उसके पिता उसके लिए सब कुछ थे। उसके लिए, उसके जीवन में, उसके पिता अव्यक्त के साथ से हर चीज़ संभव होने लगती थी।

उस शाम, एंजिल ने बड़े ही दुलार से अव्यक्त की गोद में अपना सिर रख दिया। अनिश्चितताएँ व असुरक्षाएँ बढ़ती उम्र के वर्षों की साथी होती हैं। जब लोग अपनी समस्याओं को बुद्धिजीवी रंग में रंग देते हैं, तो आप भी अपने समाधानों को बौद्धिक रूप दे सकते हैं। यद्यपि, जब लोग अपनी समस्याओं को लेकर भावुक हों तो, समाधानों के बारे में बात करने की बजाय; रक्षात्मक प्रेम देने का वक़्त होता है। उस समय आपको चाहिए कि आप दूसरे व्यक्ति को अपने रक्षात्मक प्रेम की सुरक्षा का एहसास दें। समय की माँग यही होती है कि कुछ कहे बिना ही, केवल स्पर्श व हाव-भाव द्वारा यह आश्वासन दिया जाए, "मैं सब समझता हूँ। मैं तुम्हारे साथ हूँ। मैं हमेशा तुम्हारे लिए मौजूद हूँ। पिता सब संभाल लेंगे।"

अव्यक्त ने अपनी बेटी के गालों से बहते आँसुओं की दो लकीरें देखीं। वह बोल नहीं रही थी और शायद यह बोलने के लिए सही वक़्त भी नहीं था। अव्यक्त कोई बहुत अच्छा गायक नहीं, पर वह गाने के सुर-ताल और व्याकरण की परवाह नहीं करता। अव्यक्त एक लोरी गाने लगा क्योंकि वह चाहता था कि उसकी बेटी को नींद आ जाए। "शुभरात्रि एंजिल! इन सवालों को कल के लिए छोड़ दो और आँखें बंद कर लो। शायद मैं जानता हूँ कि तुम मुझसे क्या पूछ रही हो और मुझे लगता है कि तुम वह भी जानती हो, जो मैं कहने की कोशिश कर रहा हूँ। मैं वादा करता हूँ कि मैं तुम्हें कभी नहीं छोड़ूँगा और तुम्हें यह पता होना चाहिए, तुम भले ही कुछ भी करो,

तुम कहीं भी क्यों न हो, मैं तुमसे कभी दूर नहीं होऊँगा। गुडनाइट मेरी प्यारी एंजिल। अब सपने देखने और उन सपनों में यह देखने का वक़्त है कि तुम्हारा जीवन कितना अद्‌भुत होगा। एक दिन हम सब चले जाएँगे पर ये लोरियाँ चलती रहेंगी... यूँ ही लगातार चलती रहेंगीं... इसी तरह मैं और तुम भी रहेंगे।"

आँसू थम चुके थे। नन्ही बिटिया ने अपनी पकड़ और भी कस दी; एक ऐसा भाव जो कह रहा था, "बोलो पिताजी, बोलो! मैं आपकी बात सुनना चाहती हूँ।" अव्यक्त ने अब भी उसके बालों में अंगुलियाँ फिराते हुए कहा, "मेरी प्यारी एंजिल, जब सब कुछ सही चल रहा हो, तब तो कोई भी सकारात्मक सोच रख सकता है। जब सब कुछ सही तरह से न चल रहा हो तो उस समय अपने दिमाग़ को ठिकाने पर रखना बहुत ज़रूरी होता है। चाहे जो भी हो, तुम अपने विचारों की शक्ति से ही किसी भी चीज़ को घटित कर सकती हो। अपने विचारों की शक्ति से किसी भी चीज़ को सही जगह पर ला सकती हो। अगर सोच सही होगी तो ज़िंदगी को भी सही रास्ते पर आने में देर नहीं लगेगी। जब सब कुछ ग़लत हो रहा हो तो, ऐसे में सकारात्मक और अच्छी सोच और भी महत्त्वपूर्ण हो जाती है।"

अव्यक्त के शब्दों में दृढ़ता परंतु सुर में कोमलता का भाव था। जब कोई बहुत बिखरा हुआ या संवेदनशील अवस्था में हो तो उसके लिए ऐसा सुर मलहम का काम करता है। ऐसे क्षणों में, आवश्यकता से अधिक आत्मविश्वास उसे और भी बुरी तरह से तोड़ देगा। अव्यक्त के स्पर्श, स्वर और यहाँ तक कि श्वास से भी स्नेह छलक रहा था।

आँखें अब भी बंद थीं पर आँखों की पुतलियाँ घूम रही थीं। अब वह सोने के लिए नहीं, जागने के लिए तैयार थी। अव्यक्त ने कहा, "जीवन के सार्वभौमिक नियमों में से एक है; 'आप जो भी सोचते हैं, उसी तरह की बातों को अपनी ओर आकर्षित करते हैं।' तुम अपने

दिमाग़ में जिस तरह की सोच को जगह दोगी, उसी तरह के विचार भी पनपते रहेंगे। ये वस्तुएँ तुम्हारे अपने ही विचारों का प्रकटीकरण हैं, तुम्हारे प्रधान या प्रमुख विचार ही जीवन में मूर्त रूप लेंगे। तो जब कभी जीवन में कठिन क्षण आते हैं या जीवन हमसे उस तरह पेश न आ रहा हो, जैसा कि हम उससे चाहते हैं, तो हमें नकारात्मक सोच को अपनाने में देर नहीं लगती। हम ऐसा चश्मा विकसित कर लेते हैं, जिसमें से सब कुछ ग़लत दिखने लगता है। इस मानसिकता के साथ सबसे बड़ी समस्या यह है कि आप इस समय अपने दिमाग़ में जिन नकारात्मक विचारों को जगह दे रहे हैं, आप उसी तरह के और अधिक नकारात्मक विचारों को अपनी ओर आकर्षित करेंगे और वही आपके लिए प्रबल विचार-ढाँचा बन जाएगा। जब वह आपके लिए प्रबल विचार-ढाँचा बन जाएगा तो आप अपने जीवन से भी ठीक वही पाने लगेंगे। यही वजह है कि जब कुछ ग़लत होता है तो बाकी बातें भी ग़लत होने लगती हैं। जब ज़िंदगी आपको कठिन परीक्षा में डालती है, तो बाकी सब कुछ भी कठिन होने लगता है। यह सब हमारी ही सोच के जाल का नतीजा होता है। जब आपकी हर सोच नकारात्मक होती है तो, आसपास जो भी घटता है, वह भी नकारात्मक होने लगता है। इस दुष्चक्र में गोल-गोल घूमते रहने की बजाय बाहर आओ। मेरी नन्ही बिटिया! अपने विचार-ढाँचे के इस दुष्चक्र से बाहर निकलो।"

उसने अपनी मुद्रा बदलते हुए, खुद को थोड़ा और आरामदेह कर लिया और गर्दन हिलाई; मानो पूछ रही हो, "कैसे?" अव्यक्त ने मुस्करा कर, प्यार से उसके सिर पर थपकी दी और अपनी बात जारी रखी, "अपने पिता से सीखो। क्या तुमने कभी ध्यान दिया कि मैं सोच के मामले में कितना अवसरवादी हूँ? मैं हमेशा अपने मन की दिशा को नियंत्रित रखता हूँ और वही सोचता हूँ, जो मैं सोचना चाहता हूँ। जब मेरा वर्तमान मेरे मनचाहे तरीक़े से नहीं चल रहा होता, तो मैं अपने शानदार अतीत से जुड़े पलों को याद करता हूँ। कभी-कभी संबंधों

में, जब वर्तमान बुरी तरह से बिखर जाए और कोई अतीत न हो तो मैं अपने मन को उस संबंध के भविष्य पर केंद्रित करता हूँ और यह सपना देखता हूँ कि यह कितना अद्‌भुत होगा। जिन स्थितियों में भूत, वर्तमान तथा भविष्य, तीनों में से कुछ भी फलीभूत होता नहीं दिखता, तो मैं ऐसे लोगों की खोज करता हूँ जो मेरे जैसे हालात से गुज़र चुके हैं और बड़ी ख़ूबसूरती से सब निभा चुके हैं। तब मैं अपना पूरा ध्यान उन पर केंद्रित कर देता हूँ। जब मेरी सोच की बात आती है तो मैं एक अवसरवादी हूँ। मैं केवल वही सोचता हूँ, जो मैं सोचना चाहता हूँ। इस तरह मैं अपने जीवन में उन्हीं वस्तुओं को अपनी ओर खींचता हूँ, जिन्हें मैं पाना चाहता हूँ। अपनी सोच की दिशा को वश में करो और सकारात्मक सोच को ही प्रबल विचारों के रूप में स्थान दो और फिर देखो कि तुम्हारे जीवन का रूप कैसे बदल जाएगा।"

बिटिया उठकर बैठी तो अव्यक्त बोला, "मैं तो लोगों के साथ भी यही अभ्यास करता हूँ। मैं जिस भी व्यक्ति से मिलता हूँ, उसमें कुछ न कुछ सकारात्मक गुण तो खोज ही लेता हूँ, फिर चाहे वे कोई ख़ूबियाँ हों या घटनाएँ, और फिर जब भी उनसे मिलता हूँ या उनके बारे में सोचता हूँ तो वही प्रबल सकारात्मक विचार मेरे साथ होते हैं। इसमें कोई आश्चर्य की बात नहीं है कि इसी नियम के बल पर मैं अपने जीवन में अद्‌भुत लोगों को आकर्षित कर पाता हूँ। यहाँ तक कि जब मैं कभी बीमार होता हूँ, तो उन दिनों को याद करता हूँ, जब मैं स्वस्थ था या वर्तमान रुग्णता से परे जाते हुए, और भी स्वस्थ भविष्य का मानसिक चित्रण करता हूँ। इसमें कोई आश्चर्य नहीं कि मुझे कभी अपने कार्यकाल में बीमारी के नाम पर अवकाश नहीं लेना पड़ा। मेरी रोग से उबरने की गति तो कई बार डॉक्टरों को भी चकित कर देती है।"

अव्यक्त ने बात जारी रखी, "यद्यपि बेटी! मैं एक बात कहना चाहूँगा, हमें जीवन में सभी आपातकालीन स्थितियों के लिए तैयार रहना

चाहिए, किसी भी तरह की योजनाओं की परियोजनाएँ बनाते समय या जीवन का आत्मविश्लेषण करते समय, यह विचार कर लेना चाहिए कि क्या नकारात्मक घट सकता है, कौन-सी बात उपेक्षित हो सकती है, क्या ग़लत हो सकता है, क्या बुरा है आदि। तुम्हें केवल मनन व विश्लेषण के लिए इस नकारात्मकता का परीक्षण करना होगा, ताकि तुम इससे निबटने के लिए पहले ही सावधानी बरत सको। बारिश आने का अंदाज़ा होने के बाद छाता लेकर निकलना, नकारात्मकता नहीं कहलाता। यह तो आपातकाल के लिए नियोजन है। यद्यपि, इस आत्मविश्लेषण के बाद तुमको अपने वर्तमान आत्मविश्वासी रवैए में लौट आना चाहिए और वही साहसी व सकारात्मक सोच अपना लेनी चाहिए। अपने दिमाग़ का सही उपयोग करो और जीवन को एक नई दिशा दो।"

अव्यक्त ने उससे विदा लेते हुए पूछा, "वैसे, ऐसी क्या बात है, जो तुम्हारी चिंता का विषय है?" ऐसा लगता है कि फ़रिश्ते बात नहीं करते। नन्ही बिटिया बोलने के मूड में तो कतई नहीं थी। वह आगे झुकी और पिता के गले लग गई, मानो कह रही हो, "पिताजी, मैं और आप ही बहुत हैं, बहुत से भी कहीं ज़्यादा। मैं कोई भी काम कर सकती हूँ या कर सकूँगी; कोई भी चीज़ संभाल सकूँगी।"

अव्यक्त ने उसी आलिंगन में बँधे-बँधे, लोरी की कुछ और पंक्तियाँ फिर से बुदबुदाईं, "गुडनाइट मेरी प्यारी एंजिल। अब सपने देखने और उन सपनों में यह देखने का वक़्त है कि तुम्हारा जीवन कितना अद्भुत होगा...। मैं वादा करता हूँ कि मैं तुम्हें कभी नहीं छोड़ूँगा।" इस बार बहते आँसुओं की चार रेखाएँ दिखीं। एंजिल और एंजिल का ईश्वर अव्यक्त, दोनों ही रो रहे थे। क्यों? अ... अगर आप जानते हैं कि क्यों, तो आप रोएँगे नहीं।

इस मानसिकता के साथ सबसे बड़ी समस्या यह है
कि आप इस समय अपने दिमाग़ में जिन नकारात्मक
विचारों को जगह दे रहे हैं,
आप उसी तरह के और अधिक नकारात्मक विचारों को
अपनी ओर आकर्षित करेंगे और
वही आपके लिए प्रबल विचार-ढाँचा बन जाएगा।
जब वह आपके लिए प्रबल विचार-ढाँचा बन जाएगा तो
आप अपने जीवन से भी ठीक वही पाने लगेंगे।
यही वजह है कि जब कुछ ग़लत होता है तो
बाक़ी बातें भी ग़लत होने लगती हैं।
मैं एक अवसरवादी हूँ। मैं केवल वही सोचता हूँ,
जो मैं सोचना चाहता हूँ। इस तरह मैं अपने जीवन में
उन्हीं वस्तुओं को अपनी ओर खींचता हूँ,
जिन्हें मैं पाना चाहता हूँ। अपनी सोच की दिशा को
वश में करें और सकारात्मक सोच को ही
प्रबल विचारों के रूप में स्थान दें और
फिर देखें कि आपके जीवन का रूप कैसे बदल
जाएगा।

क्या आपके पास उचित प्रश्न हैं?

हमारी बुद्धिमता में एक स्वाभाविक विवशता होती है कि वह हर उस प्रश्न का उत्तर देती है, जो उससे पूछा जाता है, भले ही वह आपके द्वारा पूछा जाए या फिर संसार द्वारा पूछा गया हो। तो अपने लिए प्रश्नों का चुनाव करें व अपनी बुद्धि को रचनात्मक दिशा में निर्देशित कर दें। दरअसल सभी आविष्कार व खोजें, एक प्रश्न से ही आरंभ होते हैं। इस बात से कोई अंतर नहीं पड़ता कि आपके पास उन सबके उत्तर हैं या नहीं! आप कहीं न कहीं से उनका उत्तर पा ही लेंगे। अचानक ही वे उत्तर आपके सामने आ खड़े होंगे। यह बात कहीं अधिक महत्त्व रखती है कि क्या आपके पास सही मायनों में, उचित प्रकार के प्रश्न हैं? अपने-आप से पूछें और आप उनका उत्तर पा लेंगे।

क्या विकास को नापने का कोई उपाय होता है?

माता-पिता, संबंधी, अध्यापक व समाज मिल कर एक मनुष्य का निर्माण करते हैं। एक व्यक्ति के निर्माण में बहुत-सा निवेश होता है। नतीजन, हर मनुष्य का यह नैतिक उत्तरदायित्व बनता है कि वह अपनी पूरी क्षमता के साथ जीवन व्यतीत करे। क्या यह जानने का कोई उपाय हो सकता है कि कोई व्यक्ति अपनी क्षमता अथवा प्रतिभा के साथ पूरा न्याय कर रहा है या नहीं?

जब आप चौदह साल तक, एल. के. जी. से ले कर बारहवीं कक्षा तक एक ही स्कूल में पढ़ते हैं, तो वह स्कूल आपके लिए दूसरे घर की तरह हो जाता है। जय इस साल स्कूल से बारहवीं पास कर लेगा। अध्यापकों से लेकर छात्रों तक, सभी जानते हैं कि सबसे आकर्षक 'बेस्ट आउटगोइंग स्टूडेंट' पुरस्कार के लिए, जय का कोई प्रतिद्वंदी नहीं है। आज शाम को स्कूल में कार्यक्रम था, और आज की शाम जय के नाम होने वाली थी।

हम जीवन में जो भी बनते हैं, वह इसलिए बनते हैं क्योंकि इससे पहले कि हम अपने पर भरोसा कर पाते, किसी 'दूसरे' ने हम पर अपना पूरा भरोसा जताया था। जय के लिए अव्यक्त भी ऐसा ही 'दूसरा' व्यक्ति था। छात्र-अध्यापक का यह तालमेल या कैमिस्ट्री किसी गहरे राज़ से कम नहीं होता। हम कभी नहीं जानते कि ऐसा कब होगा,

किसके साथ होगा या ऐसा क्यों होता है? परंतु जब यह होता है तो चमत्कारी कायाकल्प सामने आता है। जय और अव्यक्त के बीच भी इसी तरह की कैमिस्ट्री थी। छात्र–अध्यापक की यह कैमिस्ट्री अचानक ही सामने आती है। अव्यक्त की खोज में, जय ने स्वयं को पा लिया था। अव्यक्त को जय में कुछ सार दिखा और तभी से वह उस पर काम करने लगा। जय अक्सर गर्व से कहता, "मुझे मेरे अध्यापक ने गढ़ा है।"

उस शाम जय स्कूल में थोड़ा जल्दी ही आ गया था। वह अव्यक्त की खोज में एक से दूसरे स्टाफ़रूम के चक्कर लगाने लगा। जब वह नवीं कक्षा के ब्लॉक में पहुँचा तो, उसे एक स्टाफ़रूम से अव्यक्त का स्वर सुनाई दिया। अव्यक्त अपने किसी पुराने छात्र के साथ बातचीत में मग्न था। शाम का 'हीरो' बाहर खड़े हो कर प्रतीक्षा करने लगा, परंतु वह उनकी बातचीत को स्पष्ट रूप से सुन सकता था। वह पुराना छात्र, अव्यक्त के छात्रों के पहले बैच में से था, जो करीब दो दशक पहले स्कूल से पास हो कर जा चुके थे। उसने अपने भविष्य को गढ़ने वाले व्यक्ति के साथ अपनी सफलता की कहानी बाँटते हुए बताया कि कैसे उसने पिछले साल 18 करोड़ रुपए कमाए, उसके भविष्य की योजनाएँ क्या थीं, उसका पारिवारिक जीवन कैसा था और फिर इसके बाद वह स्कूली दिनों की खट्टी–मीठी यादें दोहराने लगा। वह अव्यक्त को एक संपूर्ण छवि दिखाने का प्रयास कर रहा था। कहना न होगा, जय अपनी कल्पना की उड़ान में तय करने लगा कि जब वह बीस साल बाद अव्यक्त सर से मिलेगा तो उनके साथ कौन सी बातें बाँटेगा? पुराना छात्र जाने से पहले अव्यक्त से गले मिला।

जब जय ने स्टाफ़रूम में क़दम रखा तो अव्यक्त का चेहरा खुशी से दमक रहा था। आपके लिए अपने से ज़्यादा उनकी सफलता कहीं अधिक मायने रखती है, जिन्हें आपने गढ़ा हो। एक तरह से, यह शाम जय के लिए थी। एक तरह से यह शाम, अव्यक्त के भी नाम थी।

अव्यक्त, एक ऐसा इंसान जिसके पास पारखी नज़र थी। उसने पूछा, "क्या तुमने आज शाम के लिए अपना भाषण तैयार कर लिया?" जय ने उत्तर दिया, "मैं आपसे यही प्रश्न पूछे जाने की अपेक्षा कर रहा था इसलिए मैंने पहले से ही स्वीकृति भाषण तैयार कर लिया है।"

"सर, मेरी जिज्ञासा शांत करें।" जय बोला, "मैंने आपके और आपके पुराने छात्र के बीच होने वाली बातचीत सुनी थी। सर, जब आपके अपने छात्र जीवन में इतनी प्रगति करते हैं तो ये बात आपके लिए क्या मायने रखती है? मेरा मतलब है, आप इसे किस रूप में लेते हैं? मैं जानता हूँ कि अध्यापन आपके लिए क्या मायने रखता है। हालाँकि, क्या फिर भी आपके मन में ऐसे विचार आते हैं कि मैं तो एक अध्यापक ही रह गया और मैंने जिस संसार को गढ़ा था, वह मुझसे कितना आगे निकल गया। इसमें कोई संदेह नहीं कि आपने जितने भी नेता तैयार किए हैं, आप उन सबके नेता रहे हैं। पर सर, क्या आपको नहीं लगता कि आप तो वहीं रह गए, जहाँ आप थे? सर, क्या मैं जान सकता हूँ कि अव्यक्त सर के दिमाग़ में इस समय क्या चल रहा है?"

अपने होनहार छात्र की बातें सुनते ही अव्यक्त के चेहरे पर मुस्कान खेल गई। उसने जय से बैठने को कहा और अपनी घड़ी पर नज़र मारी; अभी उनके पास आधा घंटा बाक़ी था। अव्यक्त बोला, "'कारण' कभी 'प्रभाव' से अपनी तुलना नहीं करता। माता-पिता अपनी सफलता की तुलना बच्चों की सफलता से क्यों करेंगे; एक अध्यापक अपने जीवन की तुलना किसी छात्र के संदर्भ में क्यों करेगा; एक कुम्हार अपने पात्र को मिल रही प्रशंसा से स्वयं को प्रभावित क्यों होने देगा? माली जानते हैं कि वे जो पेड़ लगाते हैं, वे उन्हें हमेशा जीवित रखेंगे। अध्यापक, कुम्हार, माली ये सब निर्माता या सर्जक ही तो हैं। व्यक्तिगत रूप से, मेरे मन में कभी इतना सा विचार भी नहीं आया कि मैं अपने छात्रों के जीवन से अपने जीवन की तुलना करूँ। जब तुमने मुझसे ये सवाल पूछा तभी मुझे एहसास हुआ कि तुम बातों को इस तरह, दूसरे रूप

में भी देख सकते हो। वास्तव में, यदि कोई अध्यापक अपनी तुलना छात्रों से करता है तो यह उसके लिए अधर्म के समान होगा। मेरा धर्म है सृजन और मैं सृजन करते हुए, एक अध्यापक ही रहूँगा। बीस साल पहले वह था, आज तुम हो और कल कोई और होगा। सर्जक कभी अपनी तुलना अपनी रचना या अपनी गढ़ी हुई वस्तु से नहीं करता।"

जय मुस्करा कर बोला, "इन्हीं बातों के कारण तो आपकी एक अलग पहचान है, सर। तभी तो आपके छात्र बीस साल के बाद भी आपके पास आकर अपनी सफलता के किस्से बाँटते हैं। मैं बहुत किस्मत वाला हूँ कि मुझे आपने गढ़ा है। सर, मैं भी करोड़ों में कमाऊँगा और अपनी सफलता की कहानी आपके साथ बाँटने अवश्य आऊँगा।"

अव्यक्त ने स्पष्ट किया, "फिर भी, जय! तुम्हें एक बात याद रखनी चाहिए। धन एक अद्भुत सह-उत्पाद है और ध्यान केंद्रित करने के लिहाज़ से बहुत बुरा बिंदु है। जब तुम अपने काम के माध्यम से स्वयं को प्रकट करने लगते हो, तो धन स्वयं ही एक प्राकृतिक सह-उत्पाद के रूप में, तुम्हारी खोज में आता है। यदि केवल पैसा कमाने पर ध्यान दिया जाए और काम को केवल साधन माना जाए तो ऐसा कभी नहीं हो सकता। हो सकता है कि विशुद्ध रूप से पैसे के लिए काम करने वालों को सफलता मिल भी जाए, परंतु वे कभी नहीं जान सकेंगे कि प्रसन्नता के साथ सफल होना किसे कहते हैं। जब आप सृजन की प्रक्रिया में मग्न होते हैं, तो जीवन आपको सृजन के शुल्क के रूप में धन प्रदान करता है। और जय, समृद्धि एक भ्रम है। यहाँ तक कि करोड़ों कमाने के बाद भी, तुम किसी दूसरे के मुकाबले हमेशा निर्धन हो सकते हो; और हज़ारों में कमाने के बाद भी किसी दूसरे से धनी हो सकते हो। यह बिल्कुल सापेक्ष है। जो व्यक्ति अपने वर्तमान से प्रसन्न नहीं है, तो भले ही उसके पास कितना भी क्यों न आ जाए, वह कभी प्रसन्न नहीं होगा। तो, सृजन के लिए जियो।"

जय ने हामी भरी, "जी सर! पर एक सवाल और पूछना चाहूँगा।" दोनों ने घड़ी की ओर नज़र डाली। अव्यक्त ने हामी दी तो जय ने पूछा, "यदि मुझे धन को मापदंड नहीं बनाना तो मैं अपनी वृद्धि को आप कैसे सकता हूँ?"

अव्यक्त ने कहा, "बहुत अच्छा प्रश्न है, तुम्हारा पूरा जीवन, तुम्हें इन तीन सवालों के लिए जवाबदेह बनाता है। वे हैं :

1. क्या मैं अपने सामर्थ्य के साथ न्याय कर रहा हूँ?
2. साल दर साल, मैं और कितने जीवनों के लिए उपयोगी बन रहा हूँ?
3. क्या मैं, दिन पर दिन, अपने जीवन को उन तरीक़ों के साथ जी पा रहा हूँ, जिनके माध्यम से मैं अपने ईश्वर के समीप, और समीप जा सकता हूँ?

सबसे पहली बात, तुम भले ही अपने जीवन में जितनी भी उपलब्धियाँ क्यों न पा लो, अपने-आप से पूछते रहो, 'क्या मैं अपने सामर्थ्य के साथ न्याय कर रहा हूँ?' मनुष्य की रचना कुछ रचने के लिए ही की गई थी। मनुष्य को इसलिए बनाया गया था कि वह अपने जीवन का नमूना बना सके। जन्म के आरंभ से ही लेकर, माता-पिता, संबंधियों, अध्यापकों और फिर समाज के माध्यम से, किसी मनुष्य के निर्माण में बहुत-सा निवेश होता है। नतीजतन, प्रत्येक मनुष्य का यह नैतिक कर्तव्य बनता है कि वह अपनी पूरी संभावना व सामर्थ्य के साथ जिए। सफलता वह नहीं होती, जिसे तुम दूसरों की तुलना में अर्जित करते हो। तुम किस लायक़ हो, उसे तुम्हारे भीतर छिपी असीम संभावना परिभाषित करती है।"

अव्यक्त ने अपनी बात जारी रखी, "अब प्रश्न यह है, 'मैं कैसे जानूँगा कि क्या मैं अपने सामर्थ्य के साथ न्याय कर रहा हूँ?' इसके बाद

दूसरा सवाल आता है : मैं साल दर साल, और कितने जीवनों के लिए उपयोगी बन रहा हूँ? यहाँ तक कि एक गाय, बैल और तोता भी मनुष्यों के परिवार को भोजन देता है। साधारण कोटि का जीवन जीना एक शर्म की बात होगी, एक ऐसा जीवन जो केवल मैं, मेरा और मेरे लिए ही हो। अपने जीवन की उपयोगिता से, अपनी सफलता को मापो। हममें से कोई भी अनुपयोगी नहीं है। बस अंतर केवल इतना है, हमें अधिक उपयोग में नहीं लाया गया है।"

"और अंत में," अव्यक्त ने बात जारी रखी, "हम एक ऐसे दौर में जी रहे हैं, जहाँ लोग नतीजे पैदा करने के लिए किसी की हत्या करने को भी बुरा नहीं मानते। नहीं, यह सही नहीं है! जैसा कि मैंने पहले भी कहा है, नैतिक जवाबदेही के बिना सफलता संभव तो हो सकती है, परंतु तुम उस सफलता के साथ प्रसन्नता नहीं पा सकते। मार्क 10:25 में लिखा है, 'कोई ऊँट आसानी से सुई की नोक से पार हो सकता है परंतु धनी व्यक्ति को स्वर्ग के राज्य में प्रवेश नहीं मिल सकता।' यहाँ धनी व्यक्ति से तात्पर्य, उस व्यक्ति से नहीं है, जिसके पास धन है। यहाँ धनी उसे कहा गया है जो किसी भी तरह से, साम-दाम-दंड-भेद की नीति अपना कर, धनी बना रहना चाहता है। अर्जुन ने कृष्ण को चुना और दुर्योधन ने उनके संसाधनों को अपना सहायक चुना। इसके बाद क्या हुआ, यह तो सब जानते ही हैं। हम सब जानते हैं कि इस युद्ध में जीत किसकी हुई। हमें स्वर्ग के राज्य के लिए, ईश्वर से सौदा नहीं करना चाहिए। यदि निचले आदर्श भी ऐसे परिणाम दे सकते हैं, तो मेरा विश्वास करो, उच्च आदर्श तुम्हें जीवन में और भी अधिक देंगे। तो स्वयं को तीसरे प्रश्न का उत्तर दिए बिना, सोने न जाएँ : क्या मैं, दिन पर दिन, अपने जीवन को उन तरीक़ों के साथ जी पा रहा हूँ, जिनके माध्यम से मैं अपने ईश्वर के समीप, और समीप जा सकता हूँ?' जय, अपने-आपको इन तीन प्रश्नों का उत्तर देने के योग्य बना लो और जीवन आपको बाक़ी सब कुछ प्राकृतिक उप-उत्पाद के रूप

में देगा और धन उनमें से एक होगा। सबसे अधिक और उससे भी अधिक पाने की शुभकामनाओं के साथ...।"

अव्यक्त ने स्कूल के 'आउटगोइंग छात्र' को जीवन के लिए 'बेस्ट इनकमिंग छात्र' के रूप में बदल दिया था।

धन एक अद्‌भुत उप-उत्पाद है और ध्यान केंद्रित करने के लिहाज़ से बहुत बुरा बिंदु है। जब आप अपने काम के माध्यम से स्वयं को प्रकट करने लगते हैं, तो धन स्वयं ही एक प्राकृतिक उप-उत्पाद के रूप में, आपकी खोज में आता है। यदि केवल पैसा कमाने पर ध्यान दिया जाए और काम को केवल साधन माना जाए, तो ऐसा कभी नहीं हो सकता।

आप कोई बात कैसे कहते हैं, यह मायने रखता है!

अगर आपको कोई तीर आकर लगता है, तो क्या आप बैठ कर यह विश्लेषण करेंगे कि वह तीर किस सामग्री से बनाया गया है? जब शब्द लोगों के नाज़ुक दिलों को आहत कर जाते हैं, तो वे उन शब्दों द्वारा स्पष्ट किए जा रहे अर्थों की परवाह नहीं करते। बात को साफ़ तरीक़े से कहना कभी समस्या नहीं बनता पर जब हम उसी बात को मुँहफट तरीक़े से प्रकट करते हैं, तो वहीं से समस्याएँ पैदा होती हैं। केवल भोजन के पकाने का तरीक़ा ही मायने नहीं रखता, यह भी देखना होता है कि आप उसे किस रूप में परोस रहे हैं। अच्छे संप्रेषण से एक संबंध पोषित होगा; अनुपयुक्त संप्रेषण संबंध को पूरी तरह से तोड़ कर रख देगा।

अवचेतन में छिपे संदेह तथा विश्वास

एक व्यक्ति अपने लिए ऊपर जाने का पायदान बन सकता है या अपने ही मार्ग की बाधा बन सकता है। यह सब इस पर निर्भर करता है कि उसका अवचेतन मन कितना सशक्त है। आइए सीखें कि अवचेतन मन को सशक्त कैसे बना सकते हैं।

मुलाक़ात का समय तीन बजे का था। तीन बज कर बीस मिनट हो चले थे। शिव ने हिचकिचाते हुए अव्यक्त के ऑफ़िस में क़दम रखा और बड़ी सावधानी से बुदबुदाया "सॉरी!"

जब इंसान को अपने द्वारा की गई ग़लती का एहसास होता है, तभी उसका कायाकल्प हो पाता है। तो कई बार ऐसे मौके भी आते हैं, जब सामने वाले के मुँह से निकले 'सॉरी' को चुपचाप निगल जाना चाहिए। अगर आप बदले में 'कोई बात नहीं' कह देते हैं, तो आप उसे उसकी ग़लती का एहसास और शर्मिंदगी नहीं होने देते। तब वे लोग बार-बार उन ग़लतियों को दोहराते रहेंगे।

अव्यक्त के चेहरे के भावों से शिव को एहसास हो गया था कि 'उसका देर से आना' अच्छी बात नहीं हुई थी। हालाँकि मीटिंग चालू हुई और उसके आख़िर में शिव ने अव्यक्त से पूछ ही लिया, "अगर आपके पास वक़्त है तो क्या मैं एक बात पूछ सकता हूँ? जब से मैंने आपसे मिलना शुरू किया है, तभी से यह सवाल मेरे दिमाग़ में चक्कर काटता रहता है।"

"आप समय की पाबंदी को लेकर इतना हो-हल्ला क्यों मचाते हैं? तुम्हारा सवाल यही है न?" अव्यक्त ने बात काटी। शिव मुस्कराया, हामी भरी और अव्यक्त के उत्तर देने की प्रतीक्षा करने लगा।

अव्यक्त अपनी कुर्सी से उठकर, शिव के साथ पड़ी कुर्सी पर, दूसरी ओर आकर बैठ गया। अव्यक्त ने कहा, "शिव, हमारी नियति यही है कि हम सबने एक जैसे मनुष्यों के रूप में जन्म लिया है। मनुष्य की कीर्ति इसी में है कि हम मृत्यु के समय इस तरह एक समान न हों। प्रत्येक मनुष्य एक ही तरह की माँस-मज्जा से बना है और एक मनुष्य जो कर सकता है, दूसरा मनुष्य भी बड़ी आसानी से वही कर सकता है। अगर हम सबकी आंतरिक संरचना एक-सी है, तो हमारे परिणामों में इतना अंतर क्यों है? एक व्यक्ति इतना कुछ उत्पादित करने में सफ़ल रहता है और दूसरे मनुष्य कुछ नहीं कर पाते? ऐसा क्यों होता है कि अधिकतर लोग अधिकतम प्रयासों के बावजूद बहुत कम परिणाम प्रस्तुत कर पाते हैं जबकि कुछ लोग अपने थोड़े-से प्रयासों के बल पर ही अधिकतम परिणाम पा लेते हैं? इसके लिए एक वैज्ञानिक व्याख्या दी जा सकती है।

शिव पूरे कौतूहल और ध्यान के साथ अव्यक्त के मुख से निकलने वाले शब्दों की प्रतीक्षा करने लगा। अव्यक्त बोला, "सुनो! तुमने मुझे कहा कि तीन बजे आओगे पर तुम यहाँ तीन बज कर बीस मिनट पर आए। व्यावहारिक तौर पर देखा जाए तो, हम दोनों में से कोई नैनो तकनीक या रॉकेट विज्ञान के बारे में बात नहीं कर रहा इसलिए इन बीस मिनटों से कोई अंतर नहीं पड़ता। यद्यपि, इससे परे जा कर कुछ घट रहा है। तुमने सॉरी कहा और मैंने सजग भाव से 'कोई बात नहीं' कह कर बात समाप्त कर दी परंतु कहीं गहराई में तुम्हारे और मेरे अवचेतन ने, इस अनुभव को पूरी तरह से आत्मसात कर लिया है। 'जब शिव तीन बजे आने के लिए कहता है तो वह तीन बजे नहीं आता।' ऐसा कोई पहली बार नहीं हुआ है, तुम बार-बार ये ग़लती

दोहराते हो। आज जब मीटिंग के दौरान तुमने कहा कि तुम पंद्रह दिन में परियोजना का काम ख़त्म कर दोगे तो मैं ईमानदारी से बताना चाहूँगा कि अपने भीतर से मैंने इस बात का विश्वास नहीं किया कि तुम यह काम पंद्रह दिन में कर दोगे। मेरा चेतन मन पंद्रह दिनों के बारे में तुम्हारे तर्कों तथा व्याख्या को समझ रहा है पर मेरा अवचेतन मन, तुम्हारे इस वादे पर विश्वास नहीं रखता। मेरे मन में दर्ज़ पिछले निरीक्षण यही कहते हैं कि तुम अपनी कही बात पर ख़रे नहीं उतरते। मैं यही सोच रहा था कि जब तुम्हारे लिए तीन, कभी तीन बजे नहीं बजे, तो मैं यह यक़ीन कैसे कर सकता हूँ कि तुम्हारी पंद्रह तारीख़, पंद्रह को ही आ जाएगी?"

यद्यपि शिव वातानुकूलित कक्ष के आरामदायक वातावरण में था परंतु फिर भी उसके माथे पर पसीने की बूँदें छलछला आई थीं। वह आरामदेह महसूस नहीं कर रहा था। वह जानता था कि अव्यक्त उसके बारे में ही बात कर रहा था और वह संदर्भ भी पूरी तरह से नकारात्मक था।

अव्यक्त ने स्पष्ट किया, "अक्सर तुम मुझसे शिकायत करते हो कि तुम्हारी पत्नी, उसके लिए तुम्हारे प्रेम पर पूरी तरह से भरोसा नहीं करती? उसकी भी यही वजह है। तुम जानते हो कि जब वचनबद्धता या वादा निभाने की बात आती है तो तुम उसे प्राथमिकता सूची में सबसे निचले स्तर पर ले जाते हो। यह सब भी कोई बार एक नहीं हुआ होगा, तुम्हारे विवाह के बाद से, यह घटना भी कई बार घटी है। सजग भाव से, उसे तुमसे कोई समस्या नहीं है, परंतु जब तुम उसे कहते हो कि तुम उसे प्यार करते हो तो उसका अवचेतन मन तुम पर विश्वास नहीं रखता क्योंकि वह सोचता है कि 'जब मंगलवार का वादा कभी मंगलवार को पूरा नहीं हुआ, पाँच बजे का वादा कभी पाँच बजे पूरा नहीं हुआ या आने वाले कल का वादा कभी आने वाले कल में पूरा नहीं हुआ, तो मैं इस बात पर विश्वास कैसे कर सकता हूँ कि

तुम मुझे प्यार करते हो?' तुम्हारी पत्नी इस विषय में जानती तक नहीं, परंतु एक लंबे अरसे के दौरान, उसके अवचेतन मन ने तुम्हारे शब्दों की कद्र करना छोड़ दिया है। यदि तुमने ध्यान दिया हो, इसी वजह से तुम्हारा बेटा, तुम्हारी बजाय तुम्हारे भाई की बात ज़्यादा मानता है... जबकि इसके विपरीत, तुम्हारे भाई का बेटा तुम्हारी बात सुनता है, वह अपने पिता की बात पर ध्यान नहीं देता। तुम्हारा भाई और तुम, दोनों ही अपने बेटों के प्रति कर्तव्य निभाने में लगातार चूक रहे हो, परंतु अपने-अपने भतीजों के लिए बहुत अच्छे उदाहरण रहे हो। दरअसल, हम सभी, थोड़े-थोड़े समय के लिए तो अच्छाई दिखा पाते हैं, परंतु जब पूरी तरह से अच्छा बनने की बात आती है या हमसे ऐसी अपेक्षा की जाती है, तो यह बहुत कठिन हो जाता है। जब हम अपने बच्चों के साथ किए गए वादों को नकारते हैं और ख़ासतौर पर जब ऐसा बार-बार होता है, तो हम उनके अवचेतन मन का विश्वास खो देते हैं। हो सकता है कि उनके मन में हमारे लिए विश्वास कम न हो, परंतु वे निश्चित रूप से हमारे शब्दों को मान देना छोड़ देते हैं।"

अव्यक्त ने बात जारी रखी, "जब भी हम कोई वादा या वचन भंग करते हैं, तो दूसरे व्यक्ति के भीतर एक अवचेतन संदेह पैदा हो जाता है। हर तोड़े गए वादे के साथ-साथ, हम उस संदेह को और भी विकसित करते चले जाते हैं। चूँकि मनुष्य के मन का प्रधान अंश अवचेतन है और केवल छोटा-सा ही अंश चेतन मन का है, इसलिए भले ही सजग या चेतन रूप में, सब कुछ उचित जान पड़े, परंतु जहाँ – संबंधों में संदेह पैदा हो जाता है – वे कभी गहन संबंधों में नहीं बदल सकते। वे उथले संबंध ही बन कर रह जाते हैं।"

अव्यक्त ने कहा, "तुम जितना सोचते हो, यह समस्या उससे कहीं अधिक जटिल है। पहले-पहल, वचनबद्धताओं को पूरा न करना या अपने वादों से मुकरना, दूसरे लोगों के मन में संदेह पैदा करता है और इस तरह आपके संबंध प्रभावित होते हैं। क्रमशः, तुम्हारे अपने

अवचेतन मन में भी वे संदेह विकसित हो जाते हैं और जब ऐसा होता है, तो ये तुम्हारे ही जीवन को प्रभावित करने लगते हैं। जब भी आप जीवन में कुछ बड़ा करने की इच्छा रखते हैं, जब भी आप कोई बड़ा क़दम उठाने का सपना देखते हैं, आपका अपना अवचेतन मन, जो कि आपके द्वारा तोड़ी गई वचनबद्धताओं से संदेहग्रस्त है, वही आपकी संभावना या प्रतिभा को छलेगा। यह सोचता है, 'तुम तो उठने के लिए तय किए गए समय पर उठ तक नहीं पाते,' 'तयशुदा समय पर फ़ोन का उत्तर नहीं दे पाते।,' जिस दिन सामान देने का वादा करते हो, उस दिन सामान नहीं दे पाते,' 'तुम तो सही समय पर मुलाकात के लिए भी नहीं आ सकते'... तो ऐसे में तुम्हारा एक हस्ती बनने का सवाल ही कहाँ पैदा होता है? और, ऐसा नहीं कि केवल दूसरे तुम्हारी उपलब्धियों के बारे में ये संदेह रखते हैं, ये संदेह तुम्हारे अपने ही अवचेतन में भी पैठ गए हैं। इस तरह, तुम्हारा ही अवचेतन मन, तुम्हारे मन में छिपे संदेहों के कारण, तुम्हारी अपनी संभावना को छलता है।" ऐसा लगा मानो शिव भीतर से बुरी तरह से हिल गया हो। "अब भी कुछ नहीं बिगड़ा। अपने अवचेतन में विश्वास को बसा कर, सब कुछ बदला जा सकता है।" अव्यक्त ने दिलासा दिया, "समाधान इसी बात में छिपा है कि तुम्हें अपनी कही हर बात का मान रखना है और दिए गए प्रत्येक वचन को निभाना है। इससे तुम्हारे भीतर अवचेतन विश्वास उत्पन्न होगा, जो तुम्हारी संभावना को प्रकट करने में सहायक होगा और अंततः दूसरों के मन में भी अवचेतन विश्वास पैदा कर सकेगा, जो तुम्हें उनके साथ गहरे संबंध विकसित करने में सहायता प्रदान करेगा।"

अव्यक्त ने बात को और साफ़ शब्दों में समझाते हुए कहा, "तो शिव! मैं समय को लेकर बात का बतंगड़ नहीं बना रहा; समय की पाबंदी का अभ्यास, अवचेतन विश्वासों को विकसित करने वाले साधनों में से एक है। अगर आज मैं सादे-से अतीत और साधारण पृष्ठभूमि के

बावजूद इस मुकाम तक पहुँचा हूँ, तो उसका केवल एक ही कारण है, और वह यह है कि मैं हमेशा अपनी वचनबद्धता का पालन करता आया हूँ। अपनी वचनबद्धताओं की पूर्ति, अवचेतन में विश्वासों को विकसित करने के लिए बने, अद्भुत साधनों में से एक है। इस बात से कोई अंतर नहीं पड़ता कि तुम कितने ज्ञानी हो या कितनी जानकारी रखते हो – यह सब तो तुम्हारे चेतन मन की स्मृति में बसा है, पर यह बात कहीं अधिक मायने रखती है कि तुम्हारा अवचेतन मन कितना शक्तिशाली है। अवचेतन में बसे विश्वासों के बल पर ही चेतन मन कार्य करता है। यदि अवचेतन में संदेह बसा हो, तो वह अवचेतन तुम्हारे ही विरुद्ध कार्य करेगा। यही कारण है कि प्रत्येक व्यक्ति अपने ही स्थान पर खड़ा है और स्वयं अपने ही मार्ग की बाधा बना हुआ है।"

अव्यक्त ने शिव के कंधे को हौले से छूते हुए कहा, "सबसे बड़ा गर्व का भाव यही है कि तुम अपनी नज़रों में ऊँचा महसूस करो। जब भी तुम अपने ही कहे शब्दों पर ख़रे उतरते हो, तो अपनी ही नज़रों में ऊँचे उठ जाते हो और इसी प्रक्रिया में तुम्हारे अवचेतन में बसे विश्वास भी सुदृढ़ होते चले जाते हैं। अपनी ही नज़रों से गिर जाने से बुरा तो कुछ हो ही नहीं सकता। जब भी तुम अपनी कही बात का मान नहीं रख पाते, अपने दिए वादे को पूरा नहीं पाते, तो अपनी ही नज़रों से गिरते हो और इसी प्रक्रिया में, अवचेतन मन में संदेह उपजने लगते हैं। अपने–आप से किए गए वादों और वचनबद्धताओं से आरंभ करो, और जब वादा निभाने की आदत परिपक्व होने लगे, तो इसे सार्वजनिक रूप से अपना लो।"

अव्यक्त ने बात जारी रखी, "तुम्हें अपने अवचेतन मन को प्रशिक्षित करना होगा ताकि वह समझ सके, 'अगर वह किसी बात को कहता है, तो वह उसे अवश्य ही पूरा करेगा।' केवल तभी वह इस बात पर विश्वास करना आरंभ करेगा, 'अगर वह किसी बात का सपना देखेगा, तो वह उसे एक दिन साकार कर लेगा।'"

अव्यक्त ने काग़ज़ का एक टुकड़ा उठाया और लिखा, "मनुष्य की शक्ति उसके मन में छिपी है। उसके मन की शक्ति उसके अवचेतन मन में छिपी है। उसके अवचेतन मन की शक्ति उसके अवचेतन विश्वासों में छिपी है। और यही अवचेतन में बसे विश्वास ही किसी व्यक्ति को महानता की ऊँचाइयों तक ले जाते हैं। शिव! मेरी ओर से, ...सबसे अधिक और उससे भी अधिक पा लेने के लिए... बहुत-बहुत शुभकामनाएँ!"

अव्यक्त ने वह काग़ज़ शिव के हाथ में थमा दिया और शिव ने उत्तर दिया, "पंद्रह दिन का मतलब पंद्रह दिन ही है। मैं अपने लिए बनी महानता की राह पर निकल पड़ा हूँ।"

सबसे बड़ा गर्व का भाव यही है कि आप अपनी नज़रों में ऊँचा महसूस करें।
अपनी ही नज़रों से गिर जाने से बुरा तो कुछ हो ही नहीं सकता।

जब आप हार नहीं मानते, तब आप ऊँचाइयों की ओर जाते हैं।

एक लंबा अरसा बीत जाने पर भी, ऐसा कभी नहीं होता कि किसी अनुचित बात को उचित माना जाने लगे। अनेक असफलताओं का अंत में जा कर सफलता में बदलना, इसी बात का सूचक है कि असफलताएँ ग़लत नहीं होतीं, तो आपको अपनी असफलताओं पर शर्मिंदा होने की आवश्यकता नहीं है। सूर्यास्त हुए बिना, कभी सूर्योदय नहीं होता। मृत्यु के बिना जीवन का भी अस्तित्व नहीं होता। असफल हुए बिना कभी सफलता भी हाथ नहीं आती। ईश्वर के घर में देर भले ही हो जाए, पर अंधेर कभी नहीं होता। सफलता असफलता को विलंबित करती है और असफलता सफलता को विलंबित करती है। असफलता एक उपवाक्य है, जिसमें सफलता छिपी है और इतिहास निर्माता, अपने अथक प्रयत्नों के बल पर, उसे बाहर निकाल देते हैं। अगर मैंने हार नहीं मानी है, तो मैं असफल भी नहीं हूँ। जब आप हार नहीं मानते, तब आप ऊँचाइयों की ओर जाते हैं।

निचले स्तर से आगे बढ़ने पर ऊपरी स्तर बेहतर होता जाता है

परिवर्तन कभी सरल नहीं होता, परंतु परिवर्तन के अभाव में, क्रमिक विकास भी संभव नहीं है। जब तक आप अपने सुविधाजनक दायरे में सिमटे रहेंगे, तब तक कोई विकास नहीं होगा। जब तक आप अपने भीतर, स्वयं को, अपने आरामदायक दायरों से परे ले जाने की चुनौती नहीं देते, तब तक आप वह नहीं बन सकते, जो आप बन सकते हैं। कभी-कभी, ऊँचाई तक जाने के लिए कुछ छोड़ना भी पड़ता है।

पहली नौकरी, पहला नियोजक, पहला बॉस और पहला वेतन... आपके करियर से जुड़ी हर 'पहली' बात, आपकी यादों का एक ऐसा हिस्सा होती है, जिसे आप कभी भुला नहीं पाते। वास्तव में, आपके करियर से जुड़ी सारी प्रगति, इन्हीं 'पहली' बातों के विरुद्ध मानदंड होगी। आपका पहला संगठन और पहली नौकरी, आजीवन आपके काम के नैतिक मूल्यों को प्रभावित कर सकते हैं।

यह अव्यक्त के पुत्र सत् के लिए, ज़िंदगी का एक बहुत बड़ा मोड़ था, उसे जाने-माने संगठनों में से एक से, नौकरी के लिए प्रस्ताव आया था। बहुत-से लोगों के लिए यह किसी सपने के साकार होने जैसी घटना होती परंतु, वह इसके लिए मन से राज़ी नहीं था। उसे एक नए शहर में बसने जाना पड़ता और वह ऐसा करने के लिए

ख़ुद को तैयार नहीं कर पा रहा था। वह अपने माता-पिता से हार्दिक लगाव रखता था और दोस्तों में तो जैसे उसकी जान बसती थी। सत् ने तर्क दिया, "जो अभी केवल एक वादा है, मुझे किसी ऐसी चीज़ की तलाश के लिए, वे सारी ख़ुशियाँ क्यों छोड़ देनी चाहिए जो मेरे जीवन का अंग हैं? मैं तो कोई भी ऐसी नौकरी करते हुए प्रसन्न रहूँगा, जिसकी वजह से मुझे अपने माता-पिता या दोस्तों से दूर न जाना पड़े।"

अव्यक्त और सत् हर रोज़ सुबह बैडमिंटन खेलते थे। सत् एक स्वाभाविक खिलाड़ी था और अव्यक्त अपने-आप को फ़िट रखने के लिए खेलता था। अव्यक्त अपने हर काम में श्रेष्ठता पाना चाहता था और सत् आत्मविश्वास की अधिकता के कारण ताबड़तोड़ खेलता, इस तरह दोनों खिलाड़ियों का संतुलन बन जाता। उन दोनों के बीच का खेल हमेशा प्रतियोगी होता। उस दिन जीत का सेहरा सत् के सिर रहा। वह 2-1 से जीता। पिता-पुत्र कोर्ट के बाहर बने, कैफ़ेटेरिया में जा बैठे। उन्होंने तरबूज़ के ताज़े जूस का ऑर्डर दे दिया था। सत् उम्मीद कर रहा था कि अव्यक्त अपने मन की बात कहेगा और अव्यक्त ने उसे निराश नहीं किया।

अव्यक्त ने अपने दाएँ हाथ की हथेली से, सत् के माथे का पसीना पोंछा और बोला, "रोज़ सुबह की नींद क्यों ख़राब करते हो? कोर्ट के आसपास चक्कर लगाते हो, इतना पसीना क्यों बहाते हो? आख़िर ये सब किसलिए? हम अपने घर के आरामदायक माहौल में सुस्ता भी तो सकते थे।"

सत् ने मुस्करा कर कहा, "घर में पड़े-पड़े आराम फ़रमाने के कारण ही तो आपकी तोंद, इंडियन स्टैंडर्ड टमी (आईएसटी) में बदल गई है।" यह कह कर, उसने अपने पिता की चर्बीयुक्त तोंद पर हल्का सा घूँसा जमा दिया। फिर वह आगे बोला, "वैसे भी, हम दोनों खिलाड़ी बनकर

कितना आनंदित होते हैं। आपको 2–1 से हराने का मज़ा ही निराला है। जब हाथों और आँखों का समायोजन बिल्कुल सही बैठता है और पैर थिरकते हैं। वाह!! तो क्या हुआ, अगर पसीना बहाना पड़ता है।"

अव्यक्त ने पलटवार किया, "सत्! मैं भी तो यही बात कहना चाहता हूँ। जीवन का नियम यही है 'जब हम निचले स्तर से आगे बढ़ते हैं तो ऊपरी स्तर को प्रसन्नता का अनुभव होता है।' जब शरीर से, उसके लिए तयशुदा मानी गई सीमाओं से ज़्यादा काम लिया जाता है तो मन को प्रसन्नता अनुभव होती है। जब शरीर तुम्हें कहता है, 'मैं एक और ब्लॉक नहीं चल सकता, मैं एक और राउंड नहीं लगा सकता, मैं अब बिल्कुल ट्रैकिंग नहीं कर सकता। और जब यह अपने–आप को तयशुदा सीमाओं से परे ले जा कर, एक और ब्लॉक चलता है, एक और राउंड दौड़ता है तो मन को उल्लास का अनुभव होता है। जब शरीर के बार–बार इंकार जताने के बावजूद, आप कुछ और पुश–अप करते हैं, कसरत के कुछ और राउंड करते हैं या एक और दर्जन स्क्वैट्स (उकडू होकर की जाने वाली कसरत) करते हैं – तो मन को खुशी होती है। जब निचले स्तर यानि शरीर को धकेला जाता है, दबाव डाला जाता है, तो ऊँचे स्तर यानि मन को प्रसन्नता का अनुभव होता है।"

सत् ने हल्का–सा बचाव करते हुए पूछा, "ख़ैर, यह धारणा तो अद्भुत है। दर्शन भी कमाल का है परंतु आप इसके माध्यम से कहना क्या चाहते हैं?" तब तक जूस भी परोसा जा चुका था। पिता और पुत्र ने कनखियों से, एक–दूसरे को बेचैनी से देखा। गले से नीचे उतर रहे ताज़े–ठंडे जूस से तरावट आ गई।

"तुम न तो अभी इतने बड़े हुए हो कि मुझे तुम्हें अप्रत्यक्ष संदेश देना होगा, और न ही मैं इतना छोटा हूँ कि मुझे अपनी मंशा छिपाकर, तुम्हें अप्रत्यक्ष संदेश देना पड़े। बच्चे, हमारा संबंध कोई औपचारिक संबंध नहीं है। यह नाता आज़ादी और खुलेपन से जुड़ा है।" अव्यक्त

ने कहा और आगे बोला, "मैं तुम्हारे साथ कुछ ऐसा बाँटने जा रहा हूँ, जो जीवन बदल देने की क्षमता रखता है इसलिए इसे पूरा मन लगा कर सुनो। मैं जो बात कर रहा था, उसी को आगे बढ़ाते हुए कहना चाहूँगा कि मन को शांत करना, मन के लिए संघर्ष का कारण होता है, किंतु बुद्धि इससे प्रसन्नता का अनुभव करती है। अतः, जब भी तुम अपनी एकाग्रता विकसित करने की कोई भी प्रक्रिया आरंभ करने का प्रयत्न करते हो, अपने भटकते मन को ठहराव व दिशा देने की कोशिश करते हुए, किसी एक बिंदु पर एकाग्र करते हो – तो मन पर इसका दबाव पड़ता है परंतु बुद्धि के उच्चतर स्तर को इससे प्रसन्नता का बोध होता है। यही कारण है कि एकाग्रता के परिणामस्वरूप सदैव स्पष्टता ही सामने आती है।"

अव्यक्त ने अपनी बात जारी रखी, "सुनो सत्, हमारी सहज प्रवृत्तियों व अंतरात्मा के बीच हमेशा आंतरिक बौद्धिक संघर्ष जारी रहता है। हमारी सहज प्रवृति हमें 'पीड़ा व आनंद' के पथ का अनुसरण करने को कहती है, जबकि अंतरात्मा चाहती है कि हम 'उचित या अनुचित' के भेद को जानकर ही कोई कार्य करें। यही कारण है कि हमारी बुद्धि, हमारे भीतर दो हिस्सों में बँट जाती है। हम जिसे अपराधबोध कहते हैं, वह और कुछ नहीं केवल, हमारे भीतर बसे 'ज्ञाता' को 'कर्ता' के रूप में मंजूरी न देने का ही परिणाम है; यही वे क्षण होते हैं, जब अंतरात्मा सहज प्रवृति का अनुमोदन नहीं करती। बुद्धि को निरंतर यही संघर्ष करते रहना होता है कि वह इन दो खंड़ों में समाधान प्रस्तुत करते हुए, उन्हें अखंड बना सके, परंतु यह उच्चतर – भावात्मक व्यक्तित्व के लिए प्रसन्नता बोध भी है। इस तरह यह प्रत्येक स्तर पर घटता है। प्रायः भावुक व्यक्ति स्वाभाविक रूप से भावों की गिरफ़्त में आ जाता है। इन भावात्मक समस्याओं से छुटकारा पाना तथा स्वयं को भावात्मक समत्व की अवस्था में जीने के योग्य बनाना ही, हमारे भीतर के उच्चतर – आध्यात्मिक व्यक्तित्व के लिए प्रसन्नता बोध

है। यही कारण है कि जब मनुष्य अपनी भावनाओं को पूरी तरह से शुद्ध कर लेता है, वह तभी आध्यात्मिक केंद्र तक पहुँच पाता है। इन सभी उदाहरणों तथा व्याख्याओं के माध्यम से, मैं केवल एक ही बात समझाना चाहता हूँ, 'जब भी निचले स्तर पर दबाव दिया जाता है, तो उच्चतम स्तर को प्रसन्नता का अनुभव होता है।'"

उन्होंने बिल अदा किया और कार की तरफ़ चल दिए। सत् ने ड्राइवर की सीट संभाली। अव्यक्त ने कहा, "मैंने आज तक तुम्हारे लिए निर्णय नहीं लिए और न ही कभी लूँगा। पर मैं अपने-आप को, तुम्हें कुछ बातें समझाने से रोक नहीं सकता, ख़ासतौर पर तब, जबकि तुम संभावनाओं की ओर से आँखें मूँद रहे हो। यदि तुम दूसरे लोगों से आगे निकलना चाहते हो, तो तुम्हें 'वर्टिकल एक्सपरटाइज़' (विशेषज्ञता) के साथ 'हॉरिज़ॉन्टल एक्सपोज़र' (प्रदर्शन) दिखाना होगा। खेल हो या उद्योग, राजनीति हो या सिनेमा या फिर तुम्हारे अपने ही परिवार से कोई आदर्श, उनमें से किसी भी व्यक्ति के बारे में सोचो – जो लोग दूसरों से आगे रहे, उनके आगे रहने का एक ही कारण था और वह था, 'लम्बवत विशेषज्ञता के साथ क्षैतिज प्रदर्शन।' मैं तुमसे नहीं कहूँगा कि तुम किसी नापसंद जगह पर जा कर बस जाओ। मैं माता-पिता और दोस्तों के लिए तुम्हारी भावनाओं की कद्र करता हूँ। हकीक़त में, मुझे तुम पर गर्व है परंतु मेरा यह भी मानना है कि प्रदर्शन के लिए, तुम्हें कुछ समय के लिए अपने-आप को भौगोलिक रूप से, दूसरी जगह भी ले जाना चाहिए। इस प्रक्रिया में तुम्हारे व्यक्तित्व को एक नया आकार मिलेगा। मैं भी तुम्हें बहुत याद करूँगा। क्या तुम्हें लगता है कि मेरे लिए यह सब करना आसान होगा? पर मैंने बहुत पहले ही, अपने-आप से यह वादा कर लिया था कि अपने निचले स्तर पर हमेशा दबाव देता रहूँगा ताकि अपने उच्चतम स्तर को प्रसन्नता का अनुभव दे सकूँ।"

कार ने गैराज में प्रवेश किया। सत् कार का दरवाज़ा खोलने ही वाला था कि, अव्यक्त ने कहा, "सत्, एक मिनट ठहरो। संघर्ष, पीड़ा, चुनौतियाँ, परीक्षा की घड़ियाँ, कठिन समय – दरअसल, ये सब उस व्यक्ति के शब्दकोश के अंग हैं, जो केवल अपने निचले स्तरों पर दबाव पड़ते तो देख रहा है परंतु, उसे यह एहसास नहीं हो रहा कि इस प्रक्रिया में उसके उच्चतम स्तर को कितनी प्रसन्नता का बोध हो रहा है। तुम कह रहे हो कि इल्ली पर दबाव डाला जा रहा है और मेरा कहना है कि एक तितली जन्म ले रही है। जब भी मनुष्य को कड़ा परिश्रम करना पड़ता है, ईश्वर को प्रसन्नता अनुभव होती है... क्योंकि, इसी दबाव व परेशानी के चलते तो मनुष्य का सृजन होता है। अपने-आप को इस आध्यात्मिक सत्य से एकाकार करो और तुम्हारे जीवन में बहुत-सा बदलाव आ जाएगा।"

सत् ने घर में क़दम रखा, सीधा अपने कमरे में गया, 'वन पेज विज़डम' नामक पुस्तक ली और विश्राम कक्ष में चला गया। उसने यूँ ही एक पन्ना खोला और निम्नलिखित कहानी पढ़ने लगा...

एक शांत तालाब के तल में, बहुत सारे जल कीटों का निवास था। उनकी पूरी आबादी, सूरज की रोशनी से दूर, मज़े से जीती थी। उन्होंने धीरे-धीरे लक्ष्य किया कि उनके ही दल का कोई कीट जब लिली के डंठल से चिपक जाता तो कुछ दिन बाद, दिखाई ही नहीं देता था। एक दिन, एक जल कीट ने दूसरों से कहा, "देखो! हमारी कॉलोनी का कोई कीड़ा लिली के डंठल व टहनी से होकर चला जा रहा है, तुम लोगों के लिहाज़ से वह कहाँ जा रहा है? क्या वह यहाँ खुश नहीं था? कोई अंदाज़ा लगा सकता है कि वह कहाँ गया?" किसी ने कोई उत्तर नहीं दिया। अंत में दूसरे कीड़े ने जवाब दिया, "मेरे पास एक उपाय है। हममें से जो भी अगला कीड़ा, लिली के डंठल पर चढ़े, उसे वादा करना होगा कि वह लौटकर हमें बताएगा कि वह कहाँ गया था और क्यों?"

जैसी कि ईश्वर की इच्छा रही होगी, जिस कीड़े ने यह योजना बनाई थी, वही लिली के डंठल पर चढ़ने लगा। वह धीरे-धीरे ऊपर तक चढ़ता चला गया। इससे पहले कि वह जान पाता कि क्या हो रहा था, वह पानी की सतह से निकल कर, लिली के चौड़े पत्ते पर आ पहुँचा। जब उसने आँखें खोलीं, तो उसने जो महसूस किया, वह उस पर यक़ीन नहीं कर सका। उसके पुराने शरीर में अचानक ही एक नया बदलाव आने लगा। उसके शरीर के हिलने-डुलने के साथ ही चार रूपहले पंख और एक लंबी पूँछ सामने आए। इसी संघर्ष के दौरान, उसके मन में उन पंखों को हिलाने की इच्छा जगी। सूरज की गरमाहट ने जल्द ही उसके नए शरीर की नमी को सुखा दिया। उसने अपने पंख एक बार फिर से हिलाए और अचानक ही अपने-आप को पानी से ऊपर पाया। वह एक पतंगा बन चुका था।

वह हवा में यहाँ-वहाँ गोते से खाता हुआ, उड़ने लगा। इस नए माहौल में उसकी खुशी का ठिकाना न रहा। वह सूरज और हवा के इस नए व अद्‌भुत संसार में बहुत देर तक उड़ता रहा और फिर सुस्ताने के लिए लिली के पत्ते पर आ बैठा। तभी उसे, तालाब के नीचे झाँकने का अवसर मिला। वह अपने दोस्तों, जल कीटों से ठीक ऊपर था। तब पतंगे को अपना वादा याद आया। उसने बिना सोचे-समझे पानी में छलांग लगा दी। वह पानी की सतह से टकराया और उछल कर बाहर आ गया। वह फिर से लिली के पत्ते पर आराम करने लगा, परंतु उसे इतना तो एहसास हो ही गया था कि :

1. अगर मैंने पानी में रहने वाले उन कीड़ों की बस्ती से बाहर आने का चुनाव न किया होता, जिससे मेरा इतना मोह था, तो मैं कभी पतंगा न बन पाता।

2. अब चूँकि मैं एक पतंगा बन गया हूँ, अगर मैं चाहूँ भी, तो भी वहाँ वापिस नहीं जा सकता, जहाँ से आया हूँ।

3. अगर मैंने किसी तरह, अपने पुराने दोस्तों, पानी के कीड़ों की बस्ती में, जाने का प्रबंध कर भी लिया – तो वे मुझे मेरे इस नए रूप के साथ नहीं पहचान सकेंगे; वे मुझे समझेंगे ही नहीं।

4. मुझे उनमें से किसी एक के पतंगा बनने तक इंतज़ार करना होगा, क्योंकि तभी वे समझ सकेंगे कि मेरे साथ क्या हुआ है।

विश्राम कक्ष से निकलते हुए, सत् अव्यक्त की ओर बढ़ा और बोला, "पिताजी, जब तक कि मैं आपके जैसा नहीं बनता, मैं आपको नहीं समझ सकूँगा। हालाँकि, मैंने तय कर लिया है कि मैं एक ऐसा जीवन जीऊँगा, जो देवताओं को भी प्रसन्न करने का साधन होगा। मैं लंबवत और क्षैतिज, दोनों तरह से ही दबाव झेलने के लिए तैयार हूँ। पिताजी, अगर आपके शब्दों में कहा जाए, तो मैं सबसे अधिक और उससे भी अधिक... के लिए तैयार हूँ।"

संघर्ष, पीड़ा, चुनौतियाँ, परीक्षा की घड़ियाँ,
कठिन समय – दरअसल, ये सब उस व्यक्ति के
शब्दकोश के अंग हैं, जो केवल अपने निचले स्तरों पर
दबाव पड़ते तो देख रहा है परंतु
उसे यह एहसास नहीं हो रहा कि इस प्रक्रिया में
उसके उच्चतम स्तर को कितनी प्रसन्नता का बोध हो
रहा है। आप कह रहे हैं कि इल्ली पर
दबाव डाला जा रहा है और मेरा कहना है कि एक
तितली जन्म ले रही है।
जब भी मनुष्य को कड़ा परिश्रम करना पड़ता है,
ईश्वर को प्रसन्नता अनुभव होती है... क्योंकि,
इसी दबाव व परेशानी के चलते तो मनुष्य का
सृजन होता है।

मेरे पास समय है

सौ रुपए की क़ीमत सौ रुपए ही रहेगी पर एक घंटे की क़ीमत, इस बात पर निर्भर करती है कि उस घंटे का उपयोग कौन करता है? तो प्रत्येक के जीवन में एक ऐसा मोड़ आता है, जब समय ही आपका सबसे क़ीमती संसाधन बन जाता है।

"आज केवल आपकी वजह से ही, आपका संगठन यहाँ तक पहुँच सका है। और फिर आपकी वजह से ही यह संगठन, वह नहीं बन पा रहा जो यह बन सकता है। आप ही इसकी ताकत थे और आज आप ही इसकी कमज़ोरी बन गए हो। वृद्धि की लंबी यात्रा के दौरान, हर पहलू की तरह, आपकी ताकतों को भी परिपक्व होना चाहिए और बदलती स्थितियों के अनुसार अपने-आप में बदलाव लाना चाहिए; अन्यथा, आपकी वह ताकत ही आपकी कमज़ोरी बन जाएगी। कुछ होनहार स्नातक, चार्टर्ड अकाउन्टेन्सी पूरी करने के लिए संघर्ष करते हैं, क्यों? ग्रेजुएट कोर्स की तैयारी का तरीक़ा सी.ए. की परीक्षा पास करने में काम नहीं आ सकता। एक सेल्समैन और एक सेल्स मैनेजर के रूप में, आपकी पहल एक-सी नहीं हो सकती। एक सेल्समैन होने के नाते, आपकी सफलता, आपकी निजी सफलता है; पर एक सेल्स मैनेजर होने के नाते, आपके दल की सफलता में ही आपकी सफलता है। कुछ प्रदर्शन कर दिखाने की कार्य प्रणाली शिक्षण विज्ञान की कार्य प्रणाली से बिल्कुल अलग है। ज़ीरो से दस करोड़ के संगठन निर्माण के लिए जो तरीक़ा लागू हुआ था, वह दस

से पंद्रह करोड़ वाले संगठन के काम नहीं आ सकता और फिर पाँच सौ से हज़ार करोड़ की बात आने पर तो सारी कहानी ही बदल जाएगी। 'टेस्ट' क्रिकेट में जिसे आपकी ताकत कहा जाता है, वही 'टी 20' के लिए आपकी कमज़ोरी भी बन सकता है। आपके पास जो भी था, वह आपको आज इस बिंदु तक ले आया है। यहाँ से, जब तक आप अपने में बदलाव नहीं लाते, आपका भविष्य भी नहीं बदलेगा। आपका आने वाला कल, आपके बीते हुए कल का एक दोहराव बन कर रह जाएगा। अगर आप वही काम करते रहे जो आज तक करते आए हैं, तो वही नतीजे पाएँगे, जो आज तक पाते आ रहे हैं। अगर नए नतीजे पाना चाहते हैं तो आपको नए काम करने होंगे। आप इस बिंदु तक तो आ गए हैं, अब आपको ऊँचाई तक जाना होगा। समय की माँग यही है कि आप खुद को और अपनी पहल को बदलें।" अव्यक्त ने ज़ोरदार शब्दों में कहा।

यद्यपि, ऐसा लगता है कि नेटवर्किंग, सामाजिक रूप से मेल-मिलाप व आपस में एक-दूसरे से सीखना, सहयोग तथा भाईचारे का आधार है, परंतु वास्तविकता यह है कि व्यक्ति कभी-कभी स्वयं को अधूरा पाता है। इस तरह, हम सब एक सामूहिक अहं के साए तले रहना चाहते हैं। इसके अलावा, सामूहिक भय भी साहस का रूप धर लेता है। आपसी सहयोग और भाईचारा, उस अहं को एक आवरण प्रदान करता है, जो स्वयं को अधूरा व असुरक्षित पाती है। अगर सामूहिकता प्रगति में सहयोग दे सकती है, तो उस पथ का अनुसरण क्यों न किया जाए? यह शाम 'लघु व मध्यम एंटरप्राइज़ेज़ असोसिएशन' की पाँचवीं सालगिरह का एक हिस्सा थी। अव्यक्त को इस शाम के लिए मुख्य वक्ता के रूप में निमंत्रित किया गया था।

उसने अपनी बात जारी रखी, "आपके करियर के आरंभ में तथा एक संगठन निर्माण की प्रारंभिक अवस्थाओं में, आपके बाद, आपका सबसे महत्त्वपूर्ण संसाधन धन ही है। धन आपकी निर्णय निर्धारण

क्षमता को काफ़ी हद तक प्रभावित करता है। आप धन के लिए समय का सौदा करते हैं। फिर एक ऐसा बिंदु आता है जब समय ही आपका सबसे क़ीमती संसाधन बन जाता है। सौ रुपए की क़ीमत सौ रुपए ही रहेगी पर एक घंटे की क़ीमत, इस बात पर निर्भर करती है कि उस घंटे का उपयोग कौन करता है? तो आपके जीवन में भी ऐसा समय आता है, जब आपको समय के हिसाब से अपने धन का सौदा करना चाहिए; वास्तव में समय ही वह प्रमुख कारक होना चाहिए, जो आपकी निर्णय लेने की क्षमता को प्रभावित करे। क्या इससे मेरे समय की बचत होगी? मैं अपने समय की बचत कहाँ कर सकता हूँ? क्या यह इस लायक़ है कि मैं इस पर अपना समय लगाऊँ? मैं इसके लिए समय कैसे निकाल सकता हूँ? इस मोड़ तक आते-आते, आपने हमेशा उत्पादकता व लाभ के बारे में सोचा; परंतु इसके बाद आपको समय पर भी ध्यान देना होगा। अपने-आप से कहते रहें, "मेरा भविष्य वहीं से आता है, जहाँ मेरा समय लगता है; तो मेरा समय कहाँ लगना चाहिए?' क्या यह आपकी सेहत और फ़िटनेस का ख़्याल रख रहा है, संगठन का निर्माण करते हुए, व्यवसाय को बढ़ा रहा है, परिवार को अपना साथ दे रहा है, आपकी प्रतिभा और रुचि को प्रोत्साहन दे रहा है, समाज के लिए कुछ कल्याणकारी कर रहा है या आपके आध्यात्मिक विकास पर ध्यान केंद्रित कर रहा है - आप जो कुछ भी करना चाहते हैं, आपके पास वह सब करने के लिए वक़्त होना चाहिए। कुल मिलाकर, जीवन में हम एक ऐसे मुकाम पर पहुँच जाते हैं, जहाँ 'समय' हमारे लिए लगभग 'ईश्वर' ही बन जाता है।

इनमें से अधिकतर व्यक्तियों के लिए सफलता की दास्ताँ अपने साथ दो प्रबल विचार लेकर आई, "यहाँ से कहाँ?" और "यहाँ से कैसे?" किसी भी अध्यापक के लिए एक जिज्ञासु छात्र को पाना बड़ी प्रसन्नता की बात होती है। यद्यपि ये सच है, 'जब आप तैयार होते हैं, तो गुरू स्वयं प्रकट होते हैं।' परंतु यह आवश्यक नहीं कि इससे विपरीत होने

पर भी यही सच होगा। 'कभी-कभी तो, यहाँ तक भी होता है कि गुरू के उपस्थित होने पर भी शिष्य सामने नहीं आता।' यही कारण है कि यह समूह अव्यक्त के लिए बहुत महत्त्व रखता है। भाग लेने वालों के शारीरिक हाव-भाव ही बता देते हैं कि वे संदेश को किस सीमा तक ग्रहण कर रहे हैं। वे यह कहते-से प्रतीत हो रहे थे, "हमें रास्ता दिखाएँ और हम उस पर चलेंगे।"

अव्यक्त ने खुलासा किया, "सबसे पहले, प्राथमिकताओं को लंबाई के क्रम में देखना बंद करें। ऐसा नहीं कि पहले करियर आएगा, फिर परिवार, फिर सेहत और फिर...। प्राथमिकताओं को एक क्षैतिज रूप में देखना आरंभ करें। आपका करियर भी परिवार जितना ही महत्त्व रखता है; आपका स्वास्थ्य भी आध्यात्मिक वृद्धि जितना ही महत्त्व रखता है और इसी तरह...। बहुत-सी बातें जीवन में एक समान भाव से महत्त्व रखती हैं। किसी संगठन में, एकाउंट्स विभाग की निपुणता भी रख-रखाव करने वाले विभाग जितना महत्त्व रखती है; सेल्स भी कॉस्टिंग जितनी ही महत्त्वपूर्ण है; क्रय भी सेवाओं जितना ही महत्त्व रखता है और इसी तरह सभी एक समान महत्त्व वाले क्षेत्र होते हैं। सवाल यह नहीं होता कि 'इन सबमें से बेहतर क्या है?' परंतु सवाल यह है कि 'प्रत्येक में से सब कुछ बेहतर कैसे निकाला जाए?' किसी दूसरे की क़ीमत पर कुछ भी नहीं हो सकता। अब सवाल यह पैदा होता है, "हम इसे चौबीसों घंटों की निरंतरता के रूप में कैसे पा सकते हैं?"

उन दर्शकों में, हर प्रकार के लोग शामिल थे। कुछ लोग, सब कुछ तकनीक के माध्यम से नोट करते थे और कुछ अब भी काग़ज़ और कलम पर ही भरोसा रखते थे और बेशक कुछ लोग, सीखने के सबसे पुराने और पारंपरिक तरीक़े में विश्वास रखते थे यानि मनोयोग से सुनना और तत्काल अपने भीतर बदलाव ले आना। आप अपनी बुद्धि के लिए जो भी नया सीखें, उसे अमल में लाने की वचनबद्धता बहुत महत्त्व रखती है; ऐसा नहीं होना चाहिए कि यह आपकी याददाश्त,

काग़ज़ और तकनीक से जुड़ी ऐसी जानकारी बन कर रह जाए, जो कभी उपयोग में ही न लाई जा सके।

"जीवन में किसी भी तथा प्रत्येक वस्तु पर 'टॉप फ़ाइव' का फ़ार्मूला लागू करें।" अव्यक्त ने कहा। "अपने पहले पाँच ग्राहकों की पहचान करें व उनसे व्यक्तिगत स्तर पर मेल-मुलाकात करें। उन्हें अपना समय व ध्यान दें। आप जिस भी वस्तु पर समय का निवेश करते हैं, वही फलती-फूलती है। या तो आप अपने पहले पाँच ग्राहकों पर समय का निवेश करें या आपका प्रतियोगी करेगा। क्या आप इन हालात से नहीं गुज़रे? जब कभी आपका कोई ख़ास कर्मचारी अचानक काम छोड़ कर चला जाता है, तो वह अपने साथ, आपके कुछ महत्त्वपूर्ण ग्राहक भी ले जाता है। जब ग्राहकों की सूची में निचले स्तर पर आने वाले कुछ ग्राहक खोते हैं, तो इससे संगठन को कोई भारी अंतर नहीं पड़ता परंतु जब यही हानि, सूची में प्राथमिकता पाने वाले ग्राहकों के लिए होती है, तो संगठन को अच्छी-ख़ासी क़ीमत चुकानी पड़ती है। व्यवसाय को गहरा धक्का लग सकता है। तो, अपने पहले पाँच या टॉप फ़ाइव ग्राहकों को पहचानो और उनके साथ अपने समय के निवेश को सुनियोजित करो।"

वे श्रोता हर बीतते पल के साथ, अव्यक्त की बातों के लिए आग्रही होते जा रहे थे। अव्यक्त ने अपनी बात जारी रखी, "ठीक इसी प्रकार, अपने टॉप फ़ाइव कर्मचारियों पर भी ध्यान दो। यह बहुत ही दुर्भाग्यपूर्ण बात है कि अधिकतर संगठनों में उत्पादक काम करने वालों की तुलना में, परेशानी का कारण बनने वाले कर्मचारियों पर कहीं अधिक ध्यान दिया जाता है। जब भी टॉप कर्मचारियों में से किसी एक की कमी आती है, तो आप एक प्रशिक्षित संसाधन खो देते हैं। इससे न केवल आपका संगठन कमज़ोर पड़ता है, बल्कि प्रतियोगी को भी बल मिलता है। निष्ठा का आधार है 'संबंध' और समय का निवेश किए बिना संबंध नहीं बनाए जा सकते। कोई भी

ऐसा सप्ताह नहीं निकलना चाहिए, जब आप उनके साथ मुलाकात का समय न निकाल सकें। टॉप फ़ाइव का यह सूत्र हर जगह लागू होता है – माल की आपूर्ति करने वाले, स्टॉक, माल का भीतर आना, माल का बाहर जाना, मित्र, भूमिकाएँ आदि...। अपने जीवन के प्रत्येक आयाम में, टॉप फ़ाइव को पहचानें और उनके लिए उचित समय के निवेश को सुनियोजित करें। टॉप फ़ाइव का यह फॉर्मूला इस बात का ध्यान रखेगा कि आपके जीवन में जो बातें, सबसे अधिक महत्त्व रखती हैं, वे उन बातों की दया पर निर्भर न हों, जो आपके जीवन में सबसे कम महत्त्व रखती हैं। इस तरह, अब आपके लिए जो भी महत्त्वपूर्ण होगा, वही आपका समय लेगा। और आपका समय पाने के लिए, उसे महत्त्वपूर्ण होना ही होगा।"

अव्यक्त ने बात को आगे बढ़ाया, "अपने पूरे संगठन का मॉडल इसी आधार पर तैयार करें। अपने से अगले व्यक्ति से कहें कि वह अगले-5 पर ध्यान दे और पंक्ति में तीसरा अगले-5 पर ध्यान दे...। आपको यह भी समझना होगा कि लगातार वृद्धि के कारण, आपके टॉप-5 में भी बदलाव आएगा, हो सकता है कि आपकी सूची के कुछ नाम, आपसे अगले व्यक्ति की सूची में आ जाएँ या उसकी सूची से कुछ नाम, उससे अगले व्यक्ति की सूची में चले जाएँ। इस तरह यह एक प्रभावी समय-पिरामिड बनता चला जाएगा।"

अव्यक्त ने आगे कहा, "इस फ़ार्मूले के साथ, आपका वक़्त वहीं लगेगा, जहाँ उसे लगना चाहिए और इसके सिवा कहीं व्यर्थ नहीं होगा। अपने समय का ध्यान रखें और जान लें कि आपने अपने जीवन के ईश्वरों में से एक का ध्यान रख लिया है। उसे संभाल लिया है। मैं चाहता हूँ कि आपमें से कोई, विकास की राह पर चलते हुए, मेरी टॉप फ़ाइव सूची में स्थान पाए। काश! मैं आपमें से किसी एक को व्यक्तिगत रूप से मार्गदर्शन दे सकूँ। वहीं से आरंभ करें, जहाँ से आप कर सकते हैं। तो, सबसे पहले वे टॉप पाँच क्षेत्र पहचानें, जहाँ

आप टॉप फ़ाइव के फ़ार्मूले को लागू करना चाहते हैं।"

और फिर अव्यक्त ने अपने सुर में बड़ी गर्मजोशी और अपनापन लाते हुए कहा, "बहुत–बहुत धन्यवाद! मुझे बहुत खुशी है कि मेरे पास आज शाम यहाँ आने के लिए समय था। और मेरे टॉप फ़ाइव के लिए, मेरे पास हमेशा समय रहेगा। बहुत–बहुत शुभकामनाएँ! सबसे अधिक और उससे भी अधिक पा लेने के लिए...।"

अव्यक्त चला गया। और बाकी लोग, ऊँचाई तक जाने के लिए तैयार थे।

अपने–आप से पूछते रहें,
"मेरा भविष्य वहीं से आता है, जहाँ मेरा समय लगता है;
तो मेरा समय कहाँ लगना चाहिए?"
आप जो कुछ भी करना चाहते हैं,
आपके पास वह सब करने के लिए वक़्त होना चाहिए।
कुल मिलाकर, जीवन में हम एक ऐसे मुकाम पर पहुँच
जाते हैं, जहाँ 'समय'
हमारे लिए लगभग हमारा 'ईश्वर' ही बन जाता है।

निर्भय होकर जीना ही तो जीना है

जीवन वही है, जो पूरी निडरता के साथ जिया जाए। भय ही मनुष्य की राह में सबसे बड़ी बाधा होता है। केवल भय ही एकमात्र ऐसा कारक है, जो मनुष्य को महानता की संभावनाओं से दूर ले जाने की क्षमता रखता है। भय पर निश्चित रूप से काबू पाया जाना चाहिए। भय के तंत्र को समझने का प्रयत्न करें। आप भय के कारण वस्तुओं की उपेक्षा नहीं करते, बल्कि आपकी उपेक्षा के कारण ही उनके लिए भय पैदा हो जाता है। आप जिस चीज़ का सामना नहीं करते, वह आपको वश में कर लेती है; जो चीज़ आपको अपने वश में कर लेती है, वही आपके भीतर भय उत्पन्न करने का कारण बनती है। आप जिस काम से भयभीत होते हैं, उसे सबसे पहले करें। निःसंदेह आपको भय लगेगा, परंतु आपको इसे फिर भी करना है। भय का निर्भीकता से सामना करें। आप जिस भी वस्तु से भयभीत होते हों, उसका लगातार सामना करते रहें और वह भय एकदम ओझल हो जाएगा।

• • •

आप किसका जीवन जी रहे हैं?

इतिहास उन्हीं के हाथों गढ़ा गया, जिन्होंने अपने जीवन के लेख को, नए सिरे से लिखने का चुनाव किया। इस लेख को नए सिरे से पुन: लिखना ही तो क्रांति है। अगर कुछ नया करके दिखाना चाहते हैं, तो कुछ पुरानी चीज़ों पर चोट भी करनी होगी। अन्वेषण की वास्तविक यात्रा, नए दृश्यों की खोज में नहीं छिपी, आपके पास उन्हें देखने के लिए नई दृष्टि होनी चाहिए।

"कौन जाने, आगे क्या होने वाला है? सुख और दु:ख, अवसर और चुनौतियाँ, हँसी या आने वाले दिनों में आँसू, कौन जानता है कि आगे क्या होने वाला है? इस बात की परवाह भी किसे है कि आगे क्या होने वाला है? इस क्षण की सच्चाई तो यही है कि आप इस समय बाथरूम में अकेले हैं और इस समय, इस बाथरूम में आपका राज है। यह क्षण, आने वाले समय के लिए एक विशाल रोमांच ले कर आया है। इस समय आपको अपने दाँतों को ब्रश से साफ़ करना है! आपके पास दो विकल्प हैं। आप इसे उसी तरह कर सकते हो, जिस तरह आज तक करते आए हो; वही यांत्रिक रूप से हाथों को आगे-पीछे चलाना या फिर एक नया प्रयोग करना! नए दिन की शुरूआत एक नए रंग से करें। दर्पण के सामने खड़े हो कर, एक सिंह की तरह दहाड़ें। उतनी ज़ोर से दहाड़ें, जितना आप अपने आसपास के माहौल को ध्यान में रखते हुए, दहाड़ सकते हैं। यह गर्जना उसी क्षण, आपके शरीर के भीतर ऊर्जा भर देगी और

आपके शरीर को वर्तमान क्षण में खींच लाएगी। यह आपके भीतर सोए पशु को जगा देगी। अगर आपको यह सब मज़ाकिया लगे, आपको दिल खोल कर हँसने की पूरी इजाज़त है। अक्सर, हम लोग खुद को बहुत ही गंभीरता से लेने लगते हैं, और खुल कर लगाया गया एक ठहाका, करिश्माई तौर से, सोच को सही ठिकाने पर लाने में सहायक हो सकता है। इसलिए खुल कर हँसें। अपने असली रूप के साथ कुछ वक़्त बिताएँ। यह आपका बाथरूम है; आप यहाँ अकेले हैं, यहाँ इस वक्त, आपका राज चलता है और संभवतः यह एक दुर्लभ अवसर है।"

"यू" आकार के कॉन्फ्रेंस कक्ष में, अपने आगे टैबलेट, कंप्यूटर रखे, औपचारिक वस्त्रों से लैस युवकों ने एक-दूसरे को देखा। यह बिज़नेस मैनेजमेंट स्नातकों का एक ताज़ा दल था। वे बीस युवक एक प्रवेश कार्यक्रम के लिए आए हुए थे। यह एक तीन दिवसीय अनुकूलन कार्यक्रम था, जिसमें प्रतिदिन, अंतिम भाग का संबोधन प्रधान मार्गदर्शक अव्यक्त द्वारा दिया जाना था। उनके दिमाग़ इस विषय में भाषण सुनने के लिए कतई तैयार नहीं थे कि उन्हें सबसे पहले उठकर, बाथरूम में क्या करना चाहिए। प्रत्येक के शारीरिक हाव-भावों से अविश्वास झलक रहा था।

अव्यक्त ने अपनी बात जारी रखी, "पहले-पहल, ये छोटे-छोटे अभ्यास बचकाने लग सकते हैं; अगर सच कहा जाए तो वे बचकाने ही हैं परंतु बड़ी-बड़ी नौकरियों और ऊँचे वेतनों के बीच, हमने अपने भीतर झाँकने की योग्यता कहीं खो दी है और अपने-आप से ही संपर्क साधने के लायक नहीं रहे। अक्सर हमारी तेज़ गति हमें यह भी भुला देती है कि हम किसी चीज़ के पीछे भाग रहे हैं। फिर से खेलना सीखें। सादी और छोटी बातों में भी बच्चों जैसे उत्साह को नए सिरे से तलाशें। इससे आपकी रचनात्मकता को उभरने में मदद मिलेगी और आपकी कल्पना की उड़ान को नए पंख मिलेंगे। बच्चे अपने

नए विचारों व उपायों से शर्मिंदा नहीं होते, उन्हें कमतर नहीं आँकते, बल्कि अपने अदम्य उत्साह और उन विचारों की मौलिकता के बारे में सोच कर उमंग से उछल पड़ते हैं। अपने सीमाओं में बँधे वयस्क मन को पीछे छोड़ दें। आपके दाँतों की बात पर वापिस आते हैं, दाँतों को माँजने का मतलब यह नहीं होता कि आप उन्हें घिस दें। ब्रश को अपने मुँह के हर छोटे कोने और जगहों में ले जाएँ। थोड़े दुनियादार बनें, थोड़ा कल्पनाशील बनें और संकोच न करें। नई-नई गतियों, तालों और संचालनों के साथ प्रयोग करें। ब्रश करने के लिए उस हाथ का प्रयोग करें, जिसे आप कुदरतन ब्रश के लिए प्रयोग में नहीं लाते। दूसरे हाथ से ब्रश करने का यह अनुभव अनूठा होगा क्योंकि आपको इसे नए सिरे से सीखना होगा; अनभ्यस्त हाथ इसे स्वचालित तरीक़े से नहीं कर सकता। सीखने का सबसे बेहतर तरीक़ा यही होगा कि आप सजग भाव से, अपने स्वाभाविक हाथ से ब्रश करें और फिर दूसरे हाथ से वैसा ही करने की नकल उतारें। इस प्रक्रिया में कई रोचक बातें सामने आएँगीं। सिखाने वाला हाथ थोड़ा आराम लेना सीखेगा और संभवतः अधिक प्रभावी भी बन पाएगा। सीखने वाला हाथ एक नया कौशल सीख लेगा। इसके अतिरिक्त, मस्तिष्क एक नए तरीक़े से उत्प्रेरित होगा और अपनी तयशुदा सीमा से परे जा कर कार्य कर पाएगा।"

अव्यक्त ने उनके जड़वत् चेहरों को देखकर, मुस्कराते हुए अपनी बात जारी रखी, "सज्जनों, यह कार्य आपके इस प्रवेश कार्यक्रम का एक महत्त्वपूर्ण हिस्सा है, और इसे करना अनिवार्य है। यह अनुभव ले कर आएँ और कल इस अनुभव के विषय में अपनी रिपोर्ट जमा करें।"

हालाँकि दिया गया कार्य, सुनने में भी विचित्र था, किंतु अव्यक्त ने निश्चित तौर पर उनके कौतूहल और जिज्ञासा को जगा दिया था। उन्होंने अपने-अपने तरीक़े से अनुभव लिए और अपनी रिपोर्टें भी पेश कीं। उन्होंने कभी सोचा तक नहीं था कि चुने गए बिज़नेस मैनेजमेंट

स्नातकों के प्रवेश कार्यक्रम में, 'दाँतों को ब्रश करना' भी चर्चा के प्रमुख बिंदुओं में से एक होगा। यह इन प्रबंधन प्रशिक्षुओं के लिए ऐसी स्थिति थी, जहाँ उनके पास कोई विकल्प नहीं था। विडंबना यह रही कि अव्यक्त ने उनकी जमा कराई गई रिपोर्ट भी नहीं देखीं। इसकी बजाय, उन्हें एक ऐसा काम सौंपा गया, जिसे सुनकर तो प्रबंधन अध्ययन के जनक भी कब्रों से जाग जाते। उनमें से प्रत्येक को, संगठन की ताज़ी वार्षिक रिपोर्ट देते हुए कहा गया कि वे प्रस्ताव जमा करवाएँ कि कंपनी को आने वाले तीन सालों में बंद कैसे कर सकते हैं।

"लड़कों और लड़कियों! तीन सालों के भीतर हमें इस बिज़नेस से बाहर होना चाहिए। मैं जानता हूँ कि तुम्हारी आज तक की पढ़ाई का केंद्र यही रहा है कि किसी व्यवसाय को कैसे बनाया जाए। अब आप सबकी सोच को एक नई दिशा देने की, चुनौती देने का वक़्त आ गया है। सभी चीज़ों को नए नज़रिए से देखने में ही रचनात्मकता का मूल छिपा है। पुरानी परख और धारणाएँ ही रचनात्मकता की राह में सबसे बड़ा रोड़ा हैं। समय आ गया है कि आप सबके दिमाग़ को नए सिरे से प्रोग्राम किया जाए। वह काम करके दिखाएँ, जो अभी तक किसी ने नहीं किया।" अव्यक्त ने कहा।

उनमें से अधिकतर ने, उस रात पलक तक नहीं झपकाई। उन्होंने अलग-अलग सोचा; उन्होंने एक साथ मिलकर दिमाग़ लगाया; उन्होंने नेट पर खोजबीन की। रात लंबी थी पर सुबह होते देर नहीं लगी। यह उनके लिए 'कॉर्पोरेट इंडिया' की पहली झलक थी। 'प्रेशर' – यही तो नए कार्पोरेट जगत की ऑक्सीजन है। वे इसी से तो साँस लेते हैं और इसी के साथ जीवित रहते हैं। ऐसा जान पड़ता है कि बस और ज़्यादा खिं...च...ा...व ही एकमात्र उपाय बचा है।

जिस सत्र के बाद, वे अपने-अपने कर्मक्षेत्र में कूदने और ज़िम्मेवारियाँ

संभालने वाले थे, उसी सत्र में अव्यक्त ने उन्हें संबोधित किया, "मैं आप लोगों को कोई नया प्रबंधन प्रतिमान नहीं देने जा रहा; हमें वास्तव में एक नए सामाजिक प्रतिमान की आवश्यकता है। हम जब से जन्म लेते हैं, हमें सीमाओं व मापदंडों के भीतर रहना सिखाया जाता है। हम अपने भौतिक वातावरण, अपने माता-पिता व दूसरों की कही बातों, भावात्मक रूप से प्रभावित करने वाली घटनाओं और अपने आसपास घिरे गूढ़ सामाजिक ढाँचों से अनुकूलित होते हैं। हम सभी को हमारी भूमिकाएँ निभाने के लिए 'तैयार' किया जाता है। निःसंदेह, अनुकूलन हमें एक साथ जीने और काम करने की अनुमति देता है। परंतु धीरे-धीरे, हम अपने आसपास एक 'बक्सा' सा बना लेते हैं। वयस्क बड़ी शीघ्रता से अपने उस बॉक्स के भीतर आरामदेह महसूस करने लगते हैं और उसी 'ऑटोपायलट' पर जीवित रहते हैं। हम केवल वही देखते हैं, जो हम पहले से जानते हैं। प्रजाति के रूप में, हम अपना स्तर बनाए रखने के उपाय ही तलाशते रहते हैं। हम अपनी पुरानी आदतों के बीच रच-बस जाते हैं। हम उनकी सीमाओं में ही दब कर जीने लगते हैं और इस तरह यह भी भूल जाते हैं कि वे सीमाएँ हैं। ऐसा कितनी बार होता है कि हम मनुष्य, बेहतर नतीजों की उम्मीद रखने के बावजूद, अपनी उन्हीं पुरानी आदतों के ढाँचों को दोहराए चले जाते हैं? एक ज़िम्मेवार इंसान को सीखना चाहिए कि, जो कुछ भी सीखा है, उसे भुलाने की क्षमता पा सके। एक ज़िम्मेवार इंसान में नए सिरे से सोचने और अपने विचारों को बदलने का साहस होना चाहिए। क्या आप सब कुछ भुलाने और नए सिरे से सीखने को तैयार हैं? क्या हम एक नया खेल खेलने के लिए तैयार हैं? हम केवल एक ऐसी सामाजिक लिखावट जी रहे हैं, जो हमारे हाथों में थमा दी गई है। यह आपका जीवन है, परंतु इसकी पटकथा किसी और की है - यह पटकथा हमें माता-पिता, समाज व समुदाय ने सौंपी है। आप किसका जीवन जी रहे हैं? हम इस बॉक्स से कैसे बच सकते हैं?"

यहाँ तक कि सोच के स्तर पर भी, कोई भी अव्यक्त की बातों के विपरीत जाता नहीं दिख रहा था। सभा कक्ष का सन्नाटा और सभी श्रोताओं का मनोयोग से सुनना ही इस बात की गवाही दे रहा था। अव्यक्त ने अपनी बात जारी रखी, "अपनी सोच के बारे में सोचने से 'सीखे हुए को भुलाने' की नींव पड़ती है। जब हम स्वयं को थोड़ा अलग होने की इजाज़त देते हैं तो, हम स्वयं को साधारण बनने की बजाय श्रेष्ठ बनने की अनुमति दे देते हैं। जिस तरह कोई नई फसल उगाने के लिए, पहले पुरानी जड़ों को उखाड़ना पड़ता है और फिर नए बीजों को अंकुरित होने का स्थान मिलता है, उसी प्रकार हमें कुछ नया सीखने के लिए, उन पुरानी बातों को भूलना होगा। उस सीखे हुए को भुलाना या दिमाग़ से निकाल देना ही कुँजी है। कुछ सीखना, केवल नई जानकारी व अंतर्दृष्टि ग्रहण करने से कहीं अधिक होता है; उस पुरानी जानकारी को भुलाना भी बहुत महत्त्व रखता है, जो प्रासंगिक नहीं रही। इस प्रकार, पुराने को भुला देना भी, नए को याद रखने जितना ही महत्त्वपूर्ण है। नए विचारों को जन्म देने के लिए, आपको पुराने विचारों को भुलाने की प्रक्रिया में तेज़ी लानी होगी। सबसे अहम सबक यह जानने के लिए नहीं होते कि आपको क्या सीखना चाहिए, बल्कि यह जानने के लिए होते हैं कि आपको सीखी हुई किस बात को दिमाग़ से निकाल देना चाहिए। नए वातावरण में, आपकी पुरानी ताकतें ही, नई कमज़ोरियाँ बनकर सामने आ जाती हैं। कभी-कभी, हमें कुछ नया सीखने के लिए, कुछ दर्जे नीचे भी उतरना होता है। कभी-कभी, आपको एक क़दम आगे भरने के लिए, एक क़दम पीछे भी लेना होता है, और इसी प्रक्रिया में, आप एक नई व तरोताज़ा ऊर्जा का अनुभव कर पाते हैं। पुरानी सीखी हुई बातों को भुला देने की प्रक्रिया में, अपनी पुरानी व प्रिय धारणाओं को चुनौती देते हुए, नष्ट कर देते हैं। हमें पुराने विश्वासों व मान्यताओं को नई सोच और नज़रिए के साथ देखना होगा।"

"सज्जनों! मेरी बात ध्यान से सुनें!" अव्यक्त गरजते हुए बोला, "मैं आपको केवल इस संगठन के भविष्य निर्माताओं के रूप में नहीं देख रहा, आपके हाथों में तो एक नए विश्व के नेतृत्व की मशाल है। अगर आप दूसरों को रास्ता दिखाने वाले बनना चाहते हैं, तो आपको पुराने रास्ते छोड़ने होंगे। अपनी सीमित सोच से बाहर आकर, संभावनाओं के अन्वेषण की सजग इच्छा विकसित करें। इस तरह आपको यह पता चल सकता है कि बॉक्स के बाहर क्या है, और संभवतः आप ऐसी बातें देख व सुन सकें, जो आज तक देख-सुन नहीं सके थे। आप धीरे-धीरे बदलाव की इच्छा व प्रतिरोध के बीच, एक रचनात्मक तनाव उत्पन्न कर पाएँगे, जो कि अज्ञात के प्रति एक भय है। आप पुराने नमूनों को चुनौती दे सकते हैं, वे सब बातें भुला सकते हैं जो राह की बाधा बन रही हों और इतने मुक्त हो सकते हैं कि पुराने बॉक्स को नष्ट करके, एक नए वातावरण का सृजन कर सकें। जब ऐसा होता है, तो जीवन में एक नए मोड़ व सजगता का क्षण होगा। ऐसे कायाकल्प, आपकी ग्रहणशीलता में नाटकीय वृद्धि करते हैं और वर्तमान यथार्थ व भावी अवलोकन के बीच, एक रिक्त स्थान, एक अंतराल रचते हैं।"

अव्यक्त ने इन शब्दों के साथ अपनी बात ख़त्म की, "इतिहास उन्हीं के हाथों गढ़ा गया, जिन्होंने अपने जीवन के लेख को, नए सिरे से लिखने का चुनाव किया। इस लेख को नए सिरे से पुनः लिखना ही तो क्रांति है। अगर कुछ नया करके दिखाना चाहते हैं, तो कुछ पुरानी चीज़ों पर चोट भी करनी होगी। अन्वेषण की वास्तविक यात्रा, नए दृश्यों की खोज में नहीं छिपी, आपके पास उन्हें देखने के लिए नई दृष्टि होनी चाहिए। अपने-आप को उस भविष्य में देखें, जो हमारे अतीत से मेल नहीं खाता। धन्यवाद! असीम स्नेह। जीवन में सबसे अधिक और उससे भी अधिक पा लेने की शुभकामनाओं सहित...।"

सभी मैनेजमेंट स्नातकों को अपने अनुभवों सहित एहसास हो गया था : एक व्यक्ति किसी दूसरे व्यक्ति से जो सीख सकता है, वह किताबों से नहीं सीख सकता। एनसाइक्लोपीडिया एक अलग चीज़ है और जीवित एनसाइक्लोपीडिया पूरी तरह से अलग चीज़ है। उन्होंने अव्यक्त में एक जीवित एनसाइक्लोपीडिया पा लिया था।

सही हाथों में आकर, विकास करने से बेहतर कुछ हो ही नहीं सकता।

अगर आप दूसरों को रास्ता दिखाने वाले बनना चाहते हैं,
तो आपको पुराने रास्ते तोड़ने होंगे।
अपनी सीमित सोच से बाहर आकर,
संभावनाओं के अन्वेषण की सजग इच्छा विकसित करें।
इस तरह आपको यह पता चल सकता है कि बॉक्स के बाहर
क्या है, और संभवतः आप ऐसी बातें देख व सुन सकें,
जो आज तक देख-सुन नहीं सके थे।
आप धीरे-धीरे बदलाव की इच्छा व प्रतिरोध के बीच,
एक रचनात्मक तनाव उत्पन्न कर पाएँगे,
जो कि अज्ञात के प्रति एक भय है।
आप पुराने नमूनों को चुनौती दे सकते हैं,
वे सब बातें भुला सकते हैं जो राह की बाधा बन रही हों और
इतने मुक्त हो सकते हैं कि पुराने बॉक्स को नष्ट करके,
एक नए वातावरण का सृजन कर सकें।
जब ऐसा होता है, तो जीवन में एक नए मोड़ व
सजगता का क्षण होगा।

मेरी सफलता और मैं

कई लोग तो केवल इसलिए असफल हो गए क्योंकि वे अपनी सफलता को संभाल नहीं सके। कितनी हस्तियाँ अपनी विशाल सफलता को संभाल न पाने के कारण ही तरह-तरह के नशों के चंगुल में आ गईं। कुछ लोग गिरकर उठते हैं जबकि कुछ लोग ऊँचाई से गिरते हैं। हम सफलता के साथ कैसे पेश आते हैं?

"मैं तो पहले से ही जानती थी कि ये काम इन चूज़ों के बस का नहीं है। सच कहूँ, तो मैंने इन्हें कभी अपने प्रतियोगियों के तौर पर लिया ही नहीं था। दरसअल, मैं तो सोच रही थी कि हमारे 'चीफ़' इन बेअक्लों से काम करवाते कैसे हैं? इन्हें एक-एक बात कितनी बार दोहरानी पड़ती है। बेचारों के आसानी से कुछ पल्ले ही नहीं पड़ता। यार! काम करने के लिए कम से कम कुछ दिमाग़ तो होना चाहिए... मुझे लगता है कि इन्हें तो और ज़्यादा काजू - बादाम खाने चाहिए। तू क्या कहती है?" ठहाकों और खिलखिलाहट के बीच अव्यक्त की बेटी और उसकी सहेली के बीच बात जारी थी। आज ऑफ़िस में पुरस्कार समारोह हुआ था और डॉली ने 'वर्ष की सर्वश्रेष्ठ कर्मचारी' होने का ख़िताब पाया था। डॉली की दोस्त ने बधाई देने के लिए फ़ोन किया था और यही उनकी बात का केंद्र बिंदु था।

अव्यक्त अपने घर की बालकनी में पारंपरिक 'आराम कुर्सी' पर पसरा हुआ था। बालकनी से दिखते नीम के पेड़ पर, दो तोते आ बैठे

थे। अव्यक्त उन पक्षियों की चहचहाहट सुन ही रहा था जब अचानक उसका ध्यान उसकी बेटी की बातचीत पर गया। जो इंसान हमेशा से यही मानता आया हो कि एक सच्चा चैंपियन, न केवल पुरस्कार पाता है बल्कि, उन लोगों का हृदय भी जीत लेता है जिन्हें पुरस्कार नहीं मिल सका, उसके लिए अपनी बेटी का यह सुर किसी सदमे से कम नहीं था।

'आप कौन हैं,' अगर इसकी क़ीमत पर, 'आप कुछ बने हैं,' तो इसके कोई मायने ही नहीं रह जाते। इस संसार में अच्छे तथा सफल दोनों तरह के लोग पाए जाते हैं परंतु महान व्यक्ति वही कहलाते हैं, जो सफल होने के बाद भी अच्छे ही बने रहते हैं। अव्यक्त भी, दूसरे पिताओं की भाँति, अपनी बेटी से बहुत बड़ी-बड़ी उम्मीदें रखता था। वह चाहता था कि वह अच्छी, सफल तथा महान बने। जब आपको ऐसा लगे कि कोई ग़लत है और आप उसे इस बारे में बता भी नहीं सकें, तो फिर संबंध का मतलब ही क्या रहा? जहाँ अनिवार्य रूप से, हमेशा सामने वाले को प्रसन्न करने की आवश्यकता बनी रहे, उन संबंधों में गहराई नहीं आ सकती। ऐसे संबंध केवल दिखावटी और उथले ही होंगे। आप इन संबंधों से भरपूर संतुष्टि नहीं पा सकेंगे। उस संबंध में संभावित संप्रेषण के खुलेपन और पूरी आज़ादी के साथ ही, उसकी गहराई सामने आती है। यह खुला संप्रेषण, आपको अपनी बात की सफ़ाई देने और दूसरे से उसकी बात का स्पष्टीकरण पाने में सहायक होता है।

अव्यक्त जानता था कि वह डॉली से इतनी आज़ादी तो ले ही सकता था। लाक्षणिक तौर पर, संबंध बैंक खातों की तरह होते हैं - इन्हें हम 'भावात्मक खाते' कह सकते हैं। आप इनमें से उतना ही निकाल सकते हैं, जितना आपने उसमें जमा करवाया है। अगर मैंने उस संबंध के लिए पर्याप्त प्रयास किए हैं तो मैं उसमें से पर्याप्त आज़ादी ले भी सकता हूँ। कुछ खातों में तो शेष इतना अधिक होता है कि वहाँ बड़े

से बड़े मसले भी चुटकियों में, छोटी-मोटी बातों की तरह हल हो जाते हैं। कुछ खातों में जमा शेष इतना कम होता है कि छोटा-सा मसला भी गंभीर और विशाल रूप धर कर सामने आ जाता है। अव्यक्त उन लोगों में था, जो हमेशा अपने संबंधों के भावात्मक खातों से कुछ पाने की बजाय, अधिक से अधिक देने में विश्वास रखता था इसलिए उसके खातों में शेष, आवश्यकता से अधिक ही पाया जाता था। इस तरह उसे अपने अधिकतर संबंधों में, अपनी बात कहने की पूरी आज़ादी मिलती थी। इसी आज़ादी के बल पर उसने डॉली को पुकारा, "बिटिया! क्या मैं तुमसे कुछ देर बात कर सकता हूँ..."

अव्यक्त की प्यारी बिटिया, उसके पास आने की बजाय रसोई की ओर चल दी। अव्यक्त का ध्यान फिर से नीम के पेड़ पर चला गया, पर अब तोते वहाँ नहीं थे। नीली पृष्ठभूमि में हरा रंग स्वर्गिक जान पड़ रहा था। यहाँ-वहाँ सफ़ेद और सलेटी रंग भी छितरा हुआ था। यह एक अजीब-सी उमस से भरी सुबह थी। हवा नहीं चल रही थी और पत्ते ऐसे जान पड़ रहे थे, मानो ध्यान रमाए बैठे हों। "आपकी मसाला चाय तैयार है!" पहले डॉली की आवाज़ सुनाई दी और फिर वह बाहर आ गई। अव्यक्त ने मसाला चाय को अपने जीवन में एक कमज़ोरी बना रखा था। वह अच्छी चाय को कभी इंकार कर ही नहीं सकता था और डॉली जानती थी कि उसे कब और क्या करना चाहिए। उसे 'श्रेष्ठ कर्मचारी' का ख़िताब यूँ ही नहीं मिल गया था। अव्यक्त ने भाप उड़ाते कप से चाय की चुस्की लेते हुए कहा, "हम्म्म्म... डॉली, मैं जानता हूँ कि ये तुम्हारे लिए जश्न मनाने के बहुत ही ख़ास पल हैं। तुम्हारा दिल तो खुशी से झूम रहा होगा। सफलता का नशा ही ऐसा होता है।" फ़र्श पर बैठी डॉली ने, अपने हाथ अव्यक्त की गोद में रख दिए, बड़ी कोमलता से आगे झुकी और उसके पेट पर चुंबन देते हुए बोली, "थैंक्यू पा...।"

चाय के कप को बगीचे की मेज़ पर रखते हुए, अव्यक्त ने अपनी बात जारी रखी, "अगर सच कहूँ तो... तुम जिस सुर में फ़ोन पर बात कर रही थीं, वह मुझे बिल्कुल नहीं भाया। चूज़े, बेअक्ल, बेचारे... लोगों के बारे में बात करने के लिए ये कैसे शब्दों और वाक्यों का इस्तेमाल किया जा रहा था? बस इसलिए कि तुमने आज एक बड़ी सफलता का स्वाद पा लिया है?"

डॉली ने पिता की गोद से हाथ हटा लिए और थोड़ा औपचारिक हो गई। वह पिता से कुछ क़दमों की दूरी पर हटी और दीवार से पीठ टिकाते हुए, ऐसी जगह बैठ गई, जहाँ से वह उनकी आँखों में झाँक कर बात कर सकती थी। अव्यक्त कुछ भी कर सकता था, कुछ भी कह सकता था और डॉली कभी उन शब्दों को ग़लत अर्थ में नहीं लेगी। उसके पिता, उसके लिए केवल एक संबंध मात्र नहीं थे। वे उसके लिए एक विश्वास थे। "बोलो पा..."

अव्यक्त ने कहा, "क्या तुम जानती हो कि कितने लोग तो केवल इसलिए असफल हो गए क्योंकि वे अपनी सफलता को संभाल नहीं सके? क्या तुम जानती हो कि कितनी हस्तियाँ, अपनी विशाल सफलता को संभाल न पाने के कारण ही तरह-तरह के नशों के चंगुल में आ गईं? कुछ लोग इसलिए गिरते हैं कि उठ सकें जबकि कुछ उठते ही इसलिए हैं कि गिर सकें। मैं नहीं चाहता कि सफलता मेरी प्यारी सी बिटिया के दिल को कड़वाहट से भर दे। तुम जितनी ऊँचाई तक जाओगी और वहाँ से गिरोगी, चोट उतनी ही ज़्यादा लगेगी। मेरी बच्ची! तुम्हें सावधान रहना होगा।"

डॉली की आँखों में आँसू छलक उठे, "पा! क्या मैंने आपको निराश किया या मेरी किसी बात से आपका दिल दुखा है?"

"मैं तुम्हें सुधारने की कोशिश कर रहा हूँ, इसका केवल यही मतलब नहीं निकलता कि तुमने मुझे नीचा दिखाया है। फ़ीडबैक मिलने का

मतलब यह नहीं होता कि तुम अच्छी नहीं हो। मैं जानता हूँ कि अक्सर फ़ीडबैक को इसी नज़रिए से देखा जाता है, 'उन्हें लगता है कि मैं अच्छी नहीं हूँ इसलिए वे मुझे सलाह दे रहे हैं।' पर अगर हम किसी अच्छे को महान बनने में मदद कर सकते हैं, तो फिर क्यों नहीं? डॉली! मैंने सफलता से जुड़ी सभी बातों को हमेशा तुम्हारे साथ बाँटा है। अब चूँकि तुम खुद सफलता का स्वाद चखने की अवस्था तक आ गई हो तो मेरा उत्तरदायित्व बनता है कि मैं तुम्हें इतनी मेहनत से पाई गई सफलता को संभालने का प्रशिक्षण भी दूँ।" अव्यक्त ने अपनी सफ़ाई दी।

अव्यक्त की आँखों से छलक रहा दुलार और स्नेह, डॉली को एक बार फिर उसके पास ले आया। उसके हाथ फिर से पिता की गोद में टिके थे। अव्यक्त ने उसके गाल पर हल्की सी चुटकी काटी, सिर को थपथपाया और कहने लगा, "सफलता को कभी इतनी आज़ादी मत दो कि वह तुम्हारे अहं को पोषित करे, इससे तुम्हारी ज़िम्मेदारी की भावना में वृद्धि होनी चाहिए। सफलता कोई एक स्तर या अवस्था नहीं है। यह एक उत्तरदायित्व है। तुम्हारी अगली पदोन्नित एक ओहदा या पद नहीं है। इसका केवल यही अर्थ है कि अब तुम अपने दल से जुड़े और अधिक लोगों की सफलता के लिए ज़िम्मेदार हो गई हो। भारतीय क्रिकेट दल का कप्तान बनाए जाने का सीधा सा अर्थ यह है कि अब तुम करोड़ों लोगों की आकांक्षाओं व भावनाओं के लिए उत्तरदायी हो। प्रधानमंत्री बनाए जाने का अर्थ केवल इतना है कि तुम अब एक राष्ट्र के भविष्य के लिए उत्तरदायी हो। किसी सामाजिक संगठन का अध्यक्ष चुने जाने का अर्थ केवल यही है कि तुम अपने कार्यकाल के दौरान, पूरी ज़िम्मेवारी से, उचित सामाजिक आवश्यकताओं की पूर्ति के लिए संसाधनों का उपयोग करोगी। जैसे-जैसे सफलता की सीढ़ियाँ चढ़ती जाओगी, उसी अनुपात में ज़िम्मेदारी की सीढ़ियाँ भी चढ़नी होंगी। यदि तुम सफल होने की इच्छा रखती हो, तो इसका कुल

सार यही निकलता है कि तुम और अधिक ज़िम्मेदार व उत्तरदायी भी होना चाहती हो।"

अव्यक्त ने आगे कहा, "डॉली! तुम्हें यह भी समझना होगा कि हर इंसान एक विशाल निवेश की उपज होता है। ईश्वर से लेकर, माता-पिता, अध्यापक, समाज, मार्गदर्शक, सहकर्मी और वे सब व्यक्ति, जो हमारे लिए अपने क़दमों के निशान छोड़ गए हैं, वे व्यक्ति जिनके हम नाम और चेहरे तक भी नहीं जान सकते – उनमें से प्रत्येक ने एक मनुष्य के निर्माण में अपनी भूमिका अदा की है। कोई भी यह सब अकेला नहीं कर सकता। सच कहा जाए तो, कोई भी अपने-आप नहीं बनता। हम सभी दूसरों द्वारा बनाए जाते हैं। हम जो भी सफलता अर्जित करते हैं, वह हम पर किए गए निवेश को ही न्यायसंगत सिद्ध करने के लिए होती है। हम तो केवल सफलता के साधन मात्र हैं। यह भी कह सकते हैं कि सफलता एक सामूहिक बल होती है। यह केवल कुछ ही व्यक्तियों के माध्यम से पराकाष्ठा तक आती है और इस बार इसने तुम्हें चुना है। मैं यह नहीं कह रहा कि तुमने जो कुछ भी अर्जित किया है, तुम्हें उसका श्रेय नहीं दिया जाना चाहिए। जो भी हो, बाँस का हर टुकड़ा, गुरू के हाथों की बाँसुरी नहीं बन जाता। तुम्हें भी स्वयं को इस योग्य बनाना होगा कि गुरू तुम्हें अपनी बाँसुरी बनाने के लिए चुन सकें। परंतु सफलता उन लोगों पर कभी बोझ नहीं बन सकती, जो स्वयं को एक साधन या निमित्त के रूप में देखते हैं। अपने-आप को एक साधन के तौर पर देखो और तुम्हारा पूरा जीवन एक मधुर संगीत बन जाएगा। मेरी नन्ही-सी बिटिया! तुम हर तरह से सबसे अधिक और उससे भी अधिक पाने की क्षमता रखती हो...।"

डॉली ने उसे टोकते हुए कहा, "*अप्पा!* आपका धन्यवाद। आज के बाद और अभी से सफलता मेरे लिए एक ऐसा माध्यम बनेगी जो न केवल मुझे अधिक से अधिक उत्तरदायी बनाएगी बल्कि अपने साथ-साथ दूसरों को भी ऊँचा उठाने का दायित्व देगी। मेरे लिए, सफलता का

यह अर्थ भी होगा कि मैं प्रगति करते हुए, सफलता नामक सामूहिक बल के लिए योग्य साधन बन सकूँ और अंततः, एक दिन मैं दूसरे मनुष्यों के जीवन में, उसके माध्यम के रूप में काम आ सकूँ।"

नीम के पेड़ पर वही तोते लौट आए थे, और वे आपस में बतिया रहे थे। डॉली और अव्यक्त के बीच भी पर्याप्त बातचीत हो चुकी थी। अब उन बातों को जीवन में ढालने का वक्त था...।

सफलता को कभी इतनी आज़ादी मत दो कि
वह आपके अहं को पोषित करे,
इससे आपकी ज़िम्मेदारी की भावना में वृद्धि होनी चाहिए।
सफलता कोई एक स्तर या अवस्था नहीं है।
यह एक उत्तरदायित्व है। जैसे-जैसे सफलता की सीढ़ियाँ
चढ़ें, उसी अनुपात में ज़िम्मेदारी की सीढ़ियाँ भी
चढ़ें। यदि आप सफल होने की इच्छा रखते हो,
तो इसका कुल सार यही निकलता है कि
आप और अधिक ज़िम्मेदार व उत्तरदायी भी होना चाहते हो।

गतिविधि बनाम उत्पादकता

हमें गतिविधि को ही उत्पादकता मानने की भूल नहीं करनी चाहिए। समय व प्रयास का प्रबंधन अलगाव के साथ नहीं कर सकते। उनका प्रबंधन सदैव इसी संदर्भ में किया जाता है कि आप जीवन से क्या चाहते हैं और आप जीवन में कहाँ पहुँचना चाहते हैं। दिशाहीन प्रयास गतिविधि है। दिशा सहित किया गया प्रयास उत्पादकता है।

विकासशील परिपक्वता

वृद्धि और समय को एक-दूसरे से अलग नहीं किया जा सकता। प्रभावी उपायों की मदद से, समय के कारक को घटा तो सकते हैं, परंतु पूरी तरह से मिटा नहीं सकते। बचपन हो या वयस्कावस्था, वह शारीरिक, मानसिक व भावात्मक रूप से समय चाहती है। मानसिक विकास समय चाहता है। परिपक्वता अपना समय चाहती है। वृद्धि तथा विकास अपना समय चाहते हैं, भले ही वे व्यक्तियों से जुड़े हों, किसी संगठन से संबंध रखते हों या फिर सभ्यताओं से! सारी प्रक्रिया में खींचतान व छेड़छाड़ करके, विकास के नाम पर तुरत-फुरत नतीजों वाले समाधानों व शार्टकट उपायों से तत्काल संतोष तो पाया जा सकता है, पर ये कभी दीर्घकालीन परिणाम नहीं दे सकते। कोई भी महत्त्वाकांक्षी लक्ष्य नहीं होते बल्कि महत्त्वाकांक्षी समय सीमाएँ होती हैं। परिपक्वता और कायाकल्प, केवल प्रगतिशील कारक हो सकते हैं और हैं।

अर्थव्यवस्था तेज़ी से पैर पसार रही थी और यह रिटेल श्रृंखला तेज़ी से फल-फूल रही थी। जैसा कि वृद्धि कर रहे प्रत्येक संगठन में होता है, वहाँ भी नेतृत्व और जनबल से जुड़ी समस्याएँ मुँह उठा रही थीं। तीन एम – मार्केट, मनी व मशीनरी (बाज़ार, पैसा व मशीनरी), इन तीनों से कोई परेशानी नहीं थी; वे सब प्रचुर मात्रा में उपलब्ध थे। यहाँ चौथे एम यानि मैनपावर (जनबल) के साथ दिक्कतें आ रही थीं। सक्षम जनबल का दुर्लभ होना, एक औद्योगिक संकट बनता जा

रहा था। केवल यही विकल्प बचता था कि नए लोगों को नियुक्त कर, वांछित सक्षमता के स्तर तक प्रशिक्षित किया जाए। संगठन ने निर्णय लिया कि लोगों को उनके पिछले अनुभवों अथवा पिछले प्रदर्शनों के आधार पर नियुक्त करने की अपेक्षा, उनमें छिपी संभावना या प्रतिभा के आधार पर नियुक्तियाँ की जाएँ। उन्होंने अपने केंद्र को अतीत से हटा कर संभावित भविष्य से जोड़ दिया। सैंकड़ों की संख्या में नई नियुक्तियाँ की गईं। जो लोग नए व कोरे मस्तिष्कों के साथ सब कुछ सीखने के लिए तत्पर थे, उन्हें प्रशिक्षित करने के लिए रिटेल चेन के चेयरमैन राजेश ने अपने मार्गदर्शक अव्यक्त से संपर्क किया।

अंत को ध्यान में रखते हुए, आरंभ करना हमेशा बेहतर होता है। जब उद्देश्य परिभाषित होते हैं, तो उन उद्देश्यों को पाने की प्रक्रियाएँ भी परिभाषित की जा सकती हैं। यह बात समझाने के लिए आवश्यक हो जाता है कि शब्दों का वही अर्थ श्रोताओं तक पहुँचे, जो संप्रेषणकर्ता उन तक पहुँचाना चाहता है। अव्यक्त ने स्वयं ही कुछ धारणाएँ बनाने से पहले, इस विषय में राजेश से विस्तार से चर्चा की। राजेश बहुत बेचैन था। वह तत्काल परिणाम पाना चाहता था। आप बीते हुए कल में, आज के ही परिणाम पाने की अपेक्षा कैसे कर सकते हैं जबकि अभी प्रक्रिया को आने वाले कल से आरंभ किया जाना है? राजेश यह भी जानता था कि अव्यक्त अक्सर अपने प्रशिक्षण कार्यक्रमों को लंबी अवधि के साथ तय करता था। राजेश के पास प्रतीक्षा के लिए समय नहीं था। यद्यपि वह भीतर से बहुत ही आकुल और बेचैन था, परंतु अव्यक्त के प्रति आदर दर्शाते हुए, उसने विनम्रता के साथ आग्रह किया, "कृपया इस काम में देरी न करें। मैं चाहता हूँ कि आप मेरे लिए कुछ ऐसे समाधान प्रस्तुत करें, जो तुरंत नतीजे दे सकें जैसे, एक दिवसीय सेमिनार, दो दिवसीय कार्यशाला या कुछ ऐसा ही – परंतु मैं तत्काल परिणाम पाना चाहता हूँ। प्लीज़... हमारे पास उन लंबे प्रशिक्षण कार्यक्रमों के लिए बिल्कुल वक्त नहीं है।"

अव्यक्त ने एक मुस्कान के साथ कहा, "तुम तो जानते हो, मैं रातों-रात बुद्धू को बुद्ध बनाने वाले काम नहीं करता। अगर तुम सड़क पर पैसा फेंकना ही चाहते हो, तो फेंक दो पर मुझे इस पचड़े में मत उलझाओ। मैं तुम्हारे जुनून को समझता हूँ, और तुम्हारी आकुलता के साथ समानुभूति भी प्रकट कर सकता हूँ। हम यहाँ खिलौनों की मरम्मत या सुधार के बारे में बात नहीं कर रहे, यहाँ इंसानी दिमाग़ों को सही दिशा देने के बारे में बात की जा रही है। किसी भी मस्तिष्क को विकसित करने में समय लगता है। कृषि कार्य की बहुत-सी अवस्थाएँ होती हैं – जैसे मिट्टी को तैयार करना, बीज बोना, खरपतवार को हटाना, उसे पानी व खाद देना, बचाव करना और फसल के पूरे वृद्धि चक्र के दौरान प्रतीक्षा करना... जब तक कि वह फसल कटने के लिए तैयार न हो जाए। हम किसी भी तरह से इस प्रक्रिया को घटा नहीं सकते। प्रकृति के नियमों में कोई शॉर्टकट नहीं होते। प्रकृति किसी भी तरह से खींचतान करने की इजाज़त नहीं देती। तुम खतरे मोल लेकर, प्रकृति के नियमों के विरुद्ध जाते हो। क्या हमने स्कूल और कॉलेज में भारी भूलें नहीं कीं? हम अपनी परीक्षा के लिए केवल आख़िरी घंटों में पढ़ते थे। नतीजन, हमने परीक्षाएँ पास कीं, डिग्रियाँ भी ले लीं परंतु स्वयं को ज्ञान से विमुख कर दिया। हम गणित और रसायन विज्ञान के स्नातक तो बने, परंतु हमें उन विषयों के बारे में कुछ भी तो याद नहीं है। एक क्विक-फ़िक्स प्रोग्राम, यानि झटपट हल देने वाला तरीक़ा, बहुत सारी जानकारी तो दे देगा, परंतु किसी भी तरह का कायाकल्प संभव नहीं हो सकेगा। तुम्हें झूठा संतोष मिलेगा कि तुमने अपने लोगों को प्रशिक्षित कर लिया है और मेरे बैंक के खाते में नाजायज़ पैसा आ जाएगा (अगर पैसा देने वाले के मन में, उसे देते समय असंतोष पैदा हो या उसे नाजायज़ धन ही कहा जाएगा; ऐसा पैसा कभी भले काम में प्रयुक्त नहीं हो पाता।)"

राजेश का चेहरा और कंधा दोनों ही लटक गए। "अब क्या करूँ?"

मानो उसकी आँखें कोई समाधान पाने के लिए गिड़गिड़ा रही थीं।

अव्यक्त ने कोमलता से राजेश की पीठ थपथपाते हुए कहा, "मैं तुम्हें समझता हूँ पर मैं यह चाहता हूँ कि तुम भी मुझे समझो। वृद्धि और समय को अलग नहीं किया जा सकता। प्रभावी उपायों की मदद से, समय के कारक को घटा तो सकते हैं, परंतु पूरी तरह से मिटा नहीं सकते। बचपन हो या वयस्कावस्था, शारीरिक, मानसिक व भावात्मक रूप से समय चाहती है। मानसिक विकास समय चाहता है। परिपक्वता अपना समय चाहती है। वृद्धि तथा विकास अपना समय चाहते हैं, भले ही वे व्यक्तियों से जुड़े हों, किसी संगठन से संबंध रखते हों या फिर सभ्यताओं से! सारी प्रक्रिया में खींचतान व छेड़छाड़ करके, विकास के नाम पर तुरत-फुरत नतीजों वाले समाधानों व शार्टकट उपायों से तत्काल संतोष तो पाया जा सकता है, पर ये कभी दीर्घकालीन परिणाम नहीं दे सकते। कोई भी महत्त्वाकांक्षी लक्ष्य नहीं होते बल्कि महत्त्वाकांक्षी समय सीमाएँ होती हैं। हर विकास से समय का एक पैमाना जुड़ा होता है – पृथ्वी को अपनी ही धुरी पर घूमने में 24 घंटे तथा सूर्य के चारों ओर एक चक्कर लगाने में 365.25 दिन का समय लगता है। हम समय के इस चक्र को बदल नहीं सकते। किसी नवजात को अपनी वाणी का विकास करने में 'अ' महीने, और चलना सीखने में 'ब' महीनों का समय लगता है। समय विकास का वह तत्व है, जो उसमें बहुत गहराई से समाया है। प्राकृतिक नियमों में बदलाव नहीं किए जा सकते। वे मानवीय प्रयासों द्वारा संशोधित नहीं किए जा सकते। सादे शब्दों में कहा जाए, तो ऊँचाई तक जाने के लिए कोई लिफ़्ट नहीं होती। तुम्हें वहाँ तक पहुँचने के लिए सीढ़ियों की ही मदद लेनी होगी।"

राजेश के शारीरिक हाव-भाव जता रहे थे कि वह बेमन से ही कह रहा था, "ठीक है, इसे आपके कहे अनुसार ही लेते हैं।"

अव्यक्त ने कहा, "यह प्रसंग मेरी बात को अच्छी तरह स्पष्ट कर देगा।"

एक भोला-भाला ग्रामीण नगर में आया। भूख लगने पर, वह सड़क के किनारे बनी खाने-पीने की दुकान पर ठहरा और बैरे से पूछा, "तुम मुझे क्या खिला सकते हो, जिससे मेरी भूख शांत हो जाए?" जवाब आया, "वड़ा अच्छा है।" भूखे व्यक्ति ने पूछा, "उस वड़े की क़ीमत क्या होगी, जो मेरी भूख शांत कर देगा?" झट से जवाब आया, "पाँच रुपए।" ग्रामीण व्यक्ति ने पूछा, "क्या तुम कह रहे हो कि वड़ा खाने से मेरी भूख शांत हो जाएगी और उसकी क़ीमत पाँच रुपए है?" अब उस बैरे ने थोड़ा खीझ कर कहा, "तुम्हें वड़ा खाना भी है या नही?" उस आदमी ने वड़ा लाने का आदेश दिया। पहला वड़ा खाया पर उसकी भूख नहीं मिटी। उसने दूसरा वड़ा खाया, पर उससे भी पेट नहीं भरा। फिर उसने तीसरा, चौथा, पाँचवाँ और यहाँ तक कि छठा वड़ा भी मँगा कर खा लिया - उसका पेट मानो कुँआ बन गया था, जो भरने का नाम ही नहीं ले रहा था। वह अब भी भूखा था। अंत में जा कर, सातवें वड़े से भूख शांत हुई। उस भोले-भाले इंसान ने जेब से पाँच का सिक्का निकाला और बैरे के हाथ पर रख दिया। जब बैरे ने पैंतीस रुपयों की माँग की तो वह हैरान रह गया। बैरे ने साफ़ शब्दों में कहा, "तुमने सात वड़े खाए हैं।" गाँव वाले ने पलटवार किया, "मैंने तो तुमसे पहले ही पूछा था, 'उस वड़े की क़ीमत क्या होगी, जो मेरी भूख शांत कर देगा?' और तुमने कहा था 'पाँच रुपए'। सातवाँ वड़ा खाने के बाद मेरा पेट भरा; पहले छह खाने से तो कोई बात ही नहीं बनी इसलिए मैं तो सातवें वड़े के ही पैसे दूँगा। पहले छह वड़े के पैसे मैं नहीं देने वाला।"

"देखो, अगर पहले छह वड़ों के बाद सातवाँ वड़ा न खाया जाता तो उसका पेट ही न भरता। केवल छह वड़ों से कोई बात नहीं बन रही थी। ज़ेन दर्शन में कहा जाता है, 'जब तुम तैयार होगे, तो तुम्हारे

गुरू स्वयं उपस्थित हो जाएँगे; यहाँ बुनियादी तौर पर उन छह वड़ों की बात हो रही है, जो तुम्हें तैयार करते हैं, और सातवें वड़े से वह कायाकल्प हो जाता है। ज़ेन दर्शन की 'सटोरी' अवधारणा (तत्काल जागरण) में भी, मन को विकसित करने की ऐसी प्रक्रिया अपनाई जाती है, जहाँ आकर, वह 'सटोरी' के अनुभव को लेने में सक्षम हो सके। यहाँ तक कि प्रयासहीनता को भी प्रयास के माध्यम से ही पाया जा सकता है।"

अव्यक्त ने आगे कहा, "राजेश! परिपक्वता एक प्रगतिशील कारक है। भले ही यह तत्काल क्यों न सामने आए, वास्तविकता यही होती है कि मन स्वयं को उस बिंदु तक ले आया है, जहाँ आकर यह तत्काल कायाकल्प संभव हो सका। मनुष्य प्रगतिशील परिपक्वता की चार अवस्थाओं से अपना बचाव कर ही नहीं सकता। उसका निर्माण इसी रूप में हुआ है। वे हैं :

पहली, अवचेतन अक्षमता : मैं नहीं जानता कि मैं नहीं जानता। यह ज्ञान के आरंभ से पूर्व, अज्ञान की आनंददायक अवस्था है। जब मैं एक बच्चा था तो यही सोचता था कि मुझे स्टीयरिंग वील के सामने बैठ कर देखना है और कार अपने-आप चलेगी। ठीक इसी तरह, मुझे लोगों के सामने सार्वजनिक व्याख्यान देते समय बार-बार 'उम्म्म' कहने की आदत थी, पर मुझे इस बारे में पता नहीं था।

दूसरी, चेतन अक्षमता : मैं जानता हूँ कि मैं अब तक नहीं जानता कि इसे कैसे करते हैं। यहीं से ज्ञान का आरंभ होता है। फिर मुझे एहसास हुआ कि कार चलाना सीखने के लिए तो और बहुत-सी बातें सीखना आवश्यक था, मैंने खुद को थोड़ा सा मायूस पाया। इसी तरह, किसी ने मुझे बताया कि मैं किस तरह एक वक्ता के रूप में अपनी बात रखते समय, अंतराल को भरने के लिए 'अं...' शब्द का बहुत अधिक प्रयोग करता था।

तीसरी, सजग या चेतन क्षमता : मैं जानता हूँ कि मैं इसे करने का तरीक़ा जानता हूँ। यह अवस्था बहुत ही दुखदायी होती है क्योंकि आप अपने बारे में सजग होते हैं। जैसे-जैसे मैं अभ्यास करने लगा, मैंने खुद को बहुत बेहतर महसूस किया। मेरी ड्राइविंग अब भी इतनी अच्छी नहीं थी। मुझे अक्सर यह सोचना पड़ता कि अब इसके आगे क्या करना है, और तब मैं बहुत बेचैनी और अकुलाहट महसूस करता। एक बार सजग भाव से इस बारे में एहसास होने के बाद मैंने अपनी बोलचाल में 'उम्म्म' शब्द को घटाने का प्रयत्न आरंभ कर दिया। सजग भाव से निरंतर ध्यान रखना व प्रयत्न करना, अब भी बाकी था।

अंततः, अवचेतन क्षमता : मैं जो भी करता हूँ, बहुत अच्छी तरह करता हूँ। यह वह अंतिम अवस्था है, जहाँ आकर योग्यता या सक्षमता हमारा एक स्वाभाविक अंग बन जाती है। हमें इस बारे में विचार नहीं करना होता। अंततः, पर्याप्त अभ्यास के बाद, मैं उस मोड़ पर आ जाता हूँ जहाँ मुझे कार चलाने के दौरान छोटी-छोटी बातों के बारे में सोचना नहीं होता या उन्हें याद नहीं करना होता। इसी तरह, धीरे-धीरे मैंने अपनी बात के बीच में 'अं...' के उच्चारण का प्रयोग घटा दिया और उसके स्थान पर मौन अंतराल को अपनी सहज आदत का एक अंग बना लिया। आज, मुझे सार्वजनिक रूप से लोगों के सामने बोलते समय, अपनी बोलने की कला की श्रेष्ठता के बारे में सोचना तक भी नहीं पड़ता।"

अव्यक्त ने अपनी बात रखते हुए कहा, "यह भी याद रखो राजेश, अक्षमता तीन कारकों से जन्म लेती है। वे हैं : सूचना का अभाव, समझ का अभाव तथा अनुभव का अभाव। केवल सुनने से ही पहले प्रकार के अभाव को दूर कर सकते हैं, जो कि मेरे कार्यक्रम होंगे। आत्म-मनन से दूसरे प्रकार के अभाव को दूर किया जा सकता है। यही कारण है कि हमें सत्रों के बीच समय की आवश्यकता होती है।

और केवल क्रियान्वयन से ही तीसरे प्रकार के अभाव को दूर किया जा सकता है, यही कारण है कि मैं सदा लंबी अवधि के कार्यक्रमों को ही प्राथमिकता देता हूँ।"

राजेश ने हामी दी, "किसी भी शिक्षक के तौर-तरीक़े तो एक शिक्षक ही जान सकता है। आज मुझे एहसास हो गया है कि मैं अपने लिए वांछित परिणामों को तो परिभाषित कर सकता हूँ; परंतु विशेषज्ञ को वे परिणाम पाने के लिए प्रक्रियाओं व समय-सीमाओं को भी परिभाषित करना होगा।"

अव्यक्त ने आगे कहा, "जैसे कि मैं ही बार-बार कहता हूँ, किसी को रातों-रात बुद्धू से बुद्ध नहीं बनाया जा सकता। मैं इस बात के लिए भी पूरी तरह से आश्वस्त हूँ कि हम सभी एक बुद्धू से बुद्ध के रूप में उत्तरोत्तर परिपक्व हो सकते हैं। मनुष्य को अधिक और उससे भी अधिक पाने के लिए बनाया गया है... ताकि वह प्रत्येक रूप में प्रचुरता का अनुभव पा सके।

**अक्षमता या अयोग्यता तीन कारकों से जन्म लेती है।
वे हैं - सूचना का अभाव, समझ का अभाव तथा अनुभव का
अभाव। केवल सुनने से ही पहले प्रकार के
अभाव को दूर कर सकते हैं,
आत्म-मनन से दूसरे प्रकार के अभाव को दूर किया जा
सकता है और केवल क्रियान्वयन से ही
तीसरे प्रकार के अभाव को दूर किया जा सकता है।
यद्यपि, किसी को रातों-रात बुद्धू से बुद्ध नहीं बनाया जा
सकता, मैं इस बात के लिए भी पूरी तरह से
आश्वस्त हूँ कि हम सभी एक बुद्धु से बुद्ध के रूप में
उत्तरोत्तर परिपक्व हो सकते हैं।**

स्वामी कौन है?

या तो आप स्वयं अपने जीवन को संभालें या आदतें आपके जीवन का संचालन करेंगी। मालिक कौन है और गुलाम कौन है? हमें अपनी समझ में यही बात बैठानी होगी।

सेमिनार का विषय था, 'यहाँ से कहाँ?' सेमिनार के प्रमुख वक्ताओं के रूप में देव और अव्यक्त आमंत्रित थे। देव प्रबंधन के क्षेत्र में एक विख्यात कोच था और अव्यक्त को सामाजिक सुधारों के क्षेत्र में अग्रणी माना जाता था। वे दोनों मिलकर, देश के बड़े और जाने-माने लोगों को, 'यहाँ से कहाँ?' नामक विषय पर संबोधित करने वाले थे।

देव और अव्यक्त, दोनों की गिनती सर्वश्रेष्ठ वक्ताओं में की जाती थी। उनके शब्दों में इतनी ताकत थी कि वे किसी मृतप्राय: जीवन में भी प्राण फूँक सकते थे। वे जो भी बोलते, जिन भी प्रश्नों के उत्तर देते, जो भी चर्चाएँ करते, वे सुधार तथा कायाकल्प से जुड़ी होतीं। बड़ी अजीब-सी बात थी कि देव अव्यक्त से ईर्ष्या रखता था। सेमिनार के अंत तक, देव ने अव्यक्त के उत्तरों का मुँहतोड़ जवाब देने और उन्हें काटने में कोई कसर नहीं छोड़ी। सेमिनार में हिस्सा लेने वालों के लिए दो बुद्धिजीवियों व विचारकों की यह जंग बौद्धिक विलास से कम नहीं थी।

सेमिनार के बाद, लोग रात के खाने के साथ, आपस में भाईचारा

बढ़ा रहे थे। कॉकटेल्स भी परोसे गए थे, जिन्हें आप आधुनिक युग में अनदेखा कर ही नहीं सकते। अव्यक्त पूरी तरह से शराब के ख़िलाफ़ था और इस वक़्त उसके आसपास भीड़ लग चुकी थी। देव एक सख़्त तरल अध्यात्मवादी था और उसे भी लोगों ने घेर रखा था। शराब के असर ने देव के अहं को और भी भड़का दिया। देव एक हाथ में स्कॉच का गिलास व दूसरे हाथ में सिगरेट लिए, अव्यक्त की ओर बढ़ा चला आया, मानो उससे कोई पुराना बदला चुकाने आ रहा हो। देव जैसी हस्ती को सम्मान देते हुए भीड़ इस तरह पीछे हटी कि एक रास्ता-सा बन गया। अव्यक्त ने एक मुस्कान के साथ देव का स्वागत करते हुए कहा, "लगता है कि इन्होंने तुम्हारी अंर्तदृष्टियों से बहुत कुछ सीखा है। वे मेरे साथ वही बाँट रहे थे। वे कह रहे थे कि तुम्हारे कुछ विचार तो वास्तव में अनूठे हैं और एक नई राह बनाने की ताकत रखते हैं।"

देव ने धन्यवाद देते हुए कहा, "मैंने तुम्हें अक्सर कहते सुना है, 'सिद्धांतों के मामले में चट्टान की तरह अडिग रहो और संबंधों के मामले में, नदी की तरह बहो।' संबंधों के नाम पर ही हमारे साथ एक-एक जाम क्यों नहीं टकराते?"

अव्यक्त ने ठहाका लगाया और बोला, "वाह! ये तो अनूठी बात है। मुझे संबंधों के नाम पर शराब पीने का न्यौता दिया जा रहा है। मैं तो हमेशा से यही सोचता था 'शराब पीना या न पीना,' यह तो सिद्धांतों का मामला होता है। खैर देव, तुम्हारे अपने तौर-तरीक़े हैं। तुम चाहते हो कि मैं तुम्हारे साथ पीऊँ, ऐसा ही है न? जब तक, मैं तुम्हारे साथ खड़े होकर, एक गिलास के घूँट भर रहा हूँ, तुम्हें इस बात से कोई अंतर कैसे पड़ सकता है कि मैं क्या पी रहा हूँ या मेरे गले के नीचे क्या उतर रहा है?" ऐसा कह कर अव्यक्त ने फ्रूट पंच (फलों का रस) का एक गिलास उठा लिया।

'अंत में सिर्फ़ मेरी और मेरी ही बात रहेगी,' अक्सर अहं के मारे लोगों का यही सबसे बड़ा लक्षण होता है। देव इस बात को इतनी आसानी से ख़त्म होने देने वालों में से नहीं था। देव ने बहस करते हुए कहा, "ऐसा क्यों है कि तुम जैसे लोग अपने-आपको कुछ आदतों से दूर रखने की वजह से अपने बारे में इतनी ऊँची राय बना लेते हो? और हम जैसे लोगों में क्या बुराई है, जो जीवन के इन छोटे-मोटे आनंद का उपभोग करते हैं? यहाँ तक कि शरीर के काम करने के तौर-तरीक़ों की सारी जानकारी रखने वाले कई डॉक्टर भी शराब पीते हैं। तो इस बारे में इतना हल्ला मचाने की क्या ज़रूरत है?"

अव्यक्त ने अपनी बात रखते हुए कहा, "शराब तो केवल प्रासंगिक है। हम शराब के लिए नहीं, बल्कि आदतों के लिए हल्ला मचाते हैं। मैं नहीं कह रहा कि ये आदतें अच्छी होती हैं या ये आदतें बुरी होती हैं। लत चाहे शराब की हो या चाय की, टी.वी. की या अख़बार की, ग़लत ही है।" अव्यक्त ने फ्रूट पंच से एक घूँट भरते हुए कहा, "अगर आज मुझे ये फ्रूट पंच पीने को न मिलता, तो मुझे कोई अंतर न पड़ता, परंतु तुम्हारे गिलास में जो है, यदि तुम्हें वह न मिलता, तो बेशक तुम बेचैन हो जाते। ये लतें व्यक्ति के प्रवाह और प्रसन्नता में बाधा देती हैं इसलिए इन्हें ग़लत कहा जाता है।"

देव ने घुड़की देते हुए कहा, "हुँह, तुम सबके सब विशिष्ट लोग हो। तुम जो करते हो, वह सब सही है और जो तुम नहीं करते, वह सब ग़लत है। अगर हम तुम्हारी तरह हैं, तो हम अच्छे लोग हैं; अगर हम तुम्हारी तरह नहीं हैं, तो हम बुरे हैं।" यह कह कर देव वहाँ से चला गया। निःसंदेह, वह अंत में अपनी ही बात ऊपर रखने में सफल रहा था। यह तो पूरी तरह से निश्चित हो गया था कि देव आज के बाद अव्यक्त के साथ कोई मंच साझा नहीं करने वाला।

देव को सेमिनार के लिए बुलाने वाले आयोजकों में से एक ने धीमे

शब्दों में अव्यक्त से क्षमा याचना की। अव्यक्त ने कहा, "जब आप अपनी शांति को हर चीज़ से परे और ऊपर रखते हैं, तो कोई भी व्यक्ति या वस्तु उसे भंग नहीं कर सकते। जब आप अपने अहं को हर चीज़ से ऊपर रखते हैं, तो हर चीज़ व हर व्यक्ति से आपको परेशानी होती है। मेरे लिए, मेरी शांति ही सबसे पहली प्राथमिकता है। मैं इस रास्ते पर बहुत आगे तक आ चुका हूँ और देव (या उस जैसे लोग) मेरी शांति को अपने वश में नहीं कर सकते।"

सेमिनार में भाग लेने वाले एक व्यक्ति ने आगे आकर कहा, "यदि आप बुरा न मानें तो मैं आपको पूरा आदर-मान देते हुए एक बात पूछना चाहता हूँ। मैं सचमुच यह जानना चाहता हूँ कि आदतें अपनाने में क्या बुराई है? जब आप यह कहते हैं कि अच्छी या बुरी आदतें कोई नहीं होतीं, बल्कि सभी आदतें ही बुरी होती हैं?"

अव्यक्त ने स्पष्ट करते हुए कहा, "आदतें या लतें मानसिक फ़ोनोग्राफ़ रिकॉर्ड होती हैं। किसी भी आदत के बार-बार दोहराव से मानसिक ब्लूप्रिंट बन जाता है। जब भी व्यक्ति, दिमाग़ में खुदे उन रिक्त स्थानों पर अपने ध्यान की सुई टिकाता है, तो वह उसी ब्ल्यूप्रिंट को फिर से बजाने लगता है। दोहराव से वे लकीरें और भी गहरा जाती हैं और कुछ समय बाद, रिकॉर्ड अपने-आप बजने लगता है, बार-बार बजने लगता है। यह मानसिक ढाँचा ही आदत कहलाने लगता है और इतनी बुरी तरह से पनपता है कि इसे बदलना कठिन हो जाता है। इस तरह हम अपनी आदतों के गुलाम हो कर, अपनी आज़ादी, अपना आत्म-संयम व अपना नियंत्रण खो देते हैं। ये लतें हमारे अस्तित्व को रोबोट-नुमा बनाकर ही दम लेती हैं।"

अव्यक्त ने बात का खुलासा करते हुए कहा, "क्या हमने पावलोव प्रभाव के बारे में नहीं सुना? इवान पावलोव अपने कुत्तों को खाना खिलाते समय, एक धातु का घंटा बजाते थे। कुछ समय बाद, जो

कुत्ते भोजन देखते ही लार टपकाने लगते थे, अब वे घंटे का स्वर सुनते ही लार टपकाने लगते थे, भले ही उन्हें भोजन दिखाई दे या नहीं? क्या मनुष्य भी पावलोव के कुत्तों की तरह प्रभावित हो सकता है? पर ये लतें होती ही ऐसी हैं। अगर मैं सिगरेट नहीं पीता, तो मैं मल-त्याग नहीं कर सकता; अगर हाथ में कुछ पढ़ने के लिए न हो, तो मैं पॉट पर नहीं बैठ सकता; अगर सुबह की चाय पीने को न मिले, तो मेरे सिर में दर्द होने लगेगा; अगर रात को केला नहीं खाता, तो सो नहीं सकूँगा; जब मुझे तनाव होता है, तो उस समय मुझे एक ड्रिंक की सख़्त ज़रूरत होती है; भले जो भी हो जाए, मैं तो घर जा कर अपना मनपसंद टी.वी. धारावाहिक देखूँगा, नहीं तो आसमान टूट पड़ेगा... घंटी बजाओ और मेरी लार टपकेगी। साल्वेशन या सलाइवेशन (मुक्ति या लार टपकना)!"

अव्यक्त ने कहा, "संक्षेप में, अगर आप किसी चीज़ की इच्छा होने पर वह नहीं पाते, जो आपको चाहिए और ये बात आपको परेशान करती है, तो जान लें कि इसने आपको वश में कर लिया है। जिसने आपके ऊपर मालिकाना हक़ जमा लिया है, उसी ने आपकी शांति को भी अपने वश में कर लिया है। आपके जितने बाहरी रूप से स्वामी होंगे, आप उतने ही कम शांतिपूर्ण होते जाएँगे। अगर अख़बार देर से आता है, तो यह आपकी शांति भंग करता है। अगर कॉफी आपके स्वाद के हिसाब से नहीं बनती तो यह आपकी शांति भंग करती है, अगर आप चाहने पर भी मंदिर नहीं जा पाते, तो इससे आपकी शांति भंग होती है। यहाँ तक कि पूजा व उपासना स्थल पर जाना भी एक सीमाबद्ध यांत्रिक प्रक्रिया - एक आदत बन जाती है। अगर मंदिर जाने या न जाने से आपकी शांति भंग होती है, तो जान लें कि उस असीम शक्ति व बल के साथ भी आपका संबंध मात्र आदतन ही है। जिस बात से आपको शांति नहीं मिलती और जिससे आपकी शांति भंग होती है, वह आध्यात्मिकता कैसे हो सकती है?"

"देव को यहाँ ठहरना चाहिए था।" सेमिनार में हिस्सा लेने वाले लोगों में से एक ने कहा। बाक़ी कइयों ने हामी भरी, "हाँ, बिल्कुल सही कहा।"

अव्यक्त ने सफ़ाई दी, "आप जिस शांति का अनुभव करते हैं, उसी में उचित प्रकार से जीने का प्रमाण छिपा है। आदतें आपकी शांति को भंग करती हैं इसलिए सभी आदतें बुरी हैं। 'मना कर पाने की शक्ति' को विकसित करने से ही संकल्प शक्ति का विकास होता है। अगली बार, जब भी आपको चाहने पर कुछ न मिले और ये बात, आपको बुरी तरह से परेशान कर दे, तो यह याद रखें कि उसने आप पर काबू पा लिया है। उस समय 'मना कर पाने की शक्ति' को प्रयोग में लाएँ। पूरे एक सप्ताह तक अपने-आप को उस वस्तु से दूर रखें। दोबारा उसके पास जाएँ। परंतु उसके न मिलने से, वही परेशानी या दुःख अनुभव हो, तो फिर से एक सप्ताह तक अपने अभ्यास को जारी रखें... यह अभ्यास तब तक जारी रखें, जब तक आप उस पर हमेशा के लिए काबू न पा लें या आपको उसकी आवश्यकता ही न रहे। एक बार में एक सप्ताह का प्रयोग करें व पूरे जीवनकाल के लिए विजय पा लें।"

अव्यक्त ने बात का सार प्रस्तुत करते हुए कहा, "यह सवाल बहुत बड़ा है कि आपमें से स्वामी यानि मालिक कौन है? अधिकतर उत्तरों में तो यही पता चलेगा कि आपसे अलग कोई वस्तु या व्यक्ति है, तो आपका अस्तित्व बहुत शांतिपूर्ण नहीं है। आप जितनी अधिक संख्या में स्वयं को स्वामी महसूस करेंगे, आप पाएँगे कि आप संपूर्ण रूप से व्याप्त परम शांति को अनुभव कर सकते हैं।"

अव्यक्त ने बात को समाप्त किया, "हमारे जीवन में जो भी वस्तु आती है, उसे हमारे साथ रहते हुए, हमारी ताकत बनना चाहिए या उसे चाहिए कि हमें छोड़ दे, मुक्त कर दे। ऐसा नहीं होना चाहिए

कि वह हमारे साथ रहते हुए, हमारी कमज़ोरी बन जाए। यहाँ तक कि अव्यक्त भी, अपने–आपको एक लत नहीं चुनाव मानता है। मुझे अपनी कमज़ोरी नहीं बल्कि ताकत बनने की अनुमति दें।"

स्वामी ने दूसरों को स्वामी बनने का निमंत्रण देते हुए वहाँ से विदा ली।

**अगर आप किसी चीज़ की इच्छा होने पर वह नहीं पाते,
जो आपको चाहिए और ये बात आपको परेशान करती है,
तो जान लें कि इसने आपको वश में कर लिया है।
जिसने आपके ऊपर मालिकाना हक़ जमा लिया है,
उसी ने आपकी शांति को भी अपने वश में कर लिया है।
आपके जितने बाहरी स्वामी होंगे, आप उतने ही कम
शांतिपूर्ण होते जाएँगे। आप जिस शांति का अनुभव करते हैं,
उसी में उचित प्रकार से जीने का प्रमाण छिपा है।
आदतें आपकी शांति को भंग करती हैं
इसलिए सभी आदतें बुरी हैं। 'मना कर पाने की शक्ति' को
विकसित करने से ही संकल्प शक्ति का विकास होता है।
अगली बार, जब भी आपको चाहने पर कुछ न मिले और ये
बात आपको बुरी तरह से परेशान कर दे,
तो यह याद रखें कि उसने आप पर काबू पा लिया है। उस
समय 'मना कर पाने की शक्ति' को प्रयोग में लाएँ। पूरे एक
सप्ताह तक अपने–आप को उस वस्तु से दूर रखें। दोबारा
उसके पास जाएँ। परंतु उसके न मिलने से यदि वही परेशानी
या दु:ख अनुभव हो, तो फिर से एक सप्ताह तक अपने
अभ्यास को जारी रखें... यह अभ्यास तब तक जारी रखें, जब
तक आप उस पर हमेशा के लिए काबू न पा लें या आपको
उसकी आवश्यकता ही न रहे। एक बार में एक सप्ताह का
प्रयोग करें व पूरे जीवनकाल के लिए विजय पा लें।**

चेतना का प्रकटीकरण

हम सभी को जीवन इसलिए ही दिया गया है कि हम इसमें कुछ और जोड़ सकें। जब एक मनुष्य उच्चतम सजगता के साथ अपना जीवन व्यतीत करता है, तब उसका जीवन मानवता को परिपक्वता से भरे, वे कुछ वर्ष पाने में सहायता प्रदान करता है, जिन्हें वह उसके बिना ही जीने वाला था। प्रत्येक व्यक्ति, जो उच्चतम सजगता के साथ जी रहा है, वह वास्तव में ईश्वरीय कार्य कर रहा है... उसे अस्तित्व द्वारा यह उत्तरदायित्व सौंपा गया है कि वह मानवीय चेतना के प्रकटीकरण में अपनी भूमिका अदा करे।

अरे! दोबारा नहीं...

यदि आप महसूस करते हो कि यह एक दोहराव है, तो आप इस अनुभव के साथ विकसित नहीं हो रहे। जब आप कहीं रूक जाते हो या स्थिर हो जाते हो, तभी वह अनुभव एक दोहराव लगने लगता है।

यजुस अपने प्राणायाम में पूरी तरह से खोया हुआ था। सूर्यास्त से पूर्व उठना व पूरे नब्बे मिनट तक योगाभ्यास करना, यजुस पिछले तीन वर्षों से इस अनुशासन का पालन करता आ रहा है। आज उसका मन भीतर से शांत नहीं था। आज उसका मन सामान्य स्तर से कहीं अधिक अस्थिर था। प्रश्न पूछना भी मानवीय बुद्धिमता के भावों में से ही एक है। प्रश्न आपको स्पष्टता की ओर ले जा सकते हैं; प्रश्न आपको कोलाहल की ओर ले जा सकते हैं। "मुझे प्राणायाम की इसी पद्धति का अभ्यास कितने समय तक करते रहना चाहिए?" यजुस के मन में यही प्रश्न अपना सिर उठा चुका था।

मन सदैव विविधता चाहता है। इसे तो नित नया तमाशा चाहिए। उदाहरण के लिए, एक ही प्रकार का भोजन करना शरीर के लिए अच्छा है। शरीर इसे पचाना व संभालना सीख लेता है। आंतरिक व्यवस्था स्वयं को उसी के अनुसार ढाल भी लेती है परंतु जब आप बार-बार एक ही तरह का भोजन करते हैं, तो मन को नीरसता का अनुभव होने लगता है। यह तो बदलाव चाहता है। इस तरह हम अपने मन की तृष्णा को शांत करने के लिए तरह-तरह के खाद्य पदार्थ खाते

हैं और परिणामवश रोगी बन जाते हैं। एक ही समय पर उठना, नियत समय पर भोजन करना और एक ही समय पर सोने के लिए जाने से, शरीर का अपनी जैविक ताल से अनुकूलन बना रहता है और हम एक स्वस्थ जीवनशैली जी पाते हैं। हर काम के लिए समय और हर काम बिल्कुल समय पर – यही तो अनुशासन है और यही शरीर को पूरी तरह भाता भी है, पर मन को ऐसी एकरस चर्या से घुटन महसूस होने लगती है। "अगर आज भी, बीते हुए कल का दोहराव ही है, तो इसकी तुक ही क्या बनती है?" मन अक्सर यही विचार करने लगता है, इस प्रकार मन आपको अनुशासनहीनता की लत की ओर खींच ले जाता है।

दरअसल, मन की एकरसता या नीरसता से स्वयं को दूर ले जाने की प्रवृत्ति ही हमें नशे की तरह-तरह की लतों की ओर खींच ले जाती है। किसी भी तरह का नशा सेंट्रल नर्वस सिस्टम (केंद्रीय तंत्रिका तंत्र) को दबाते हुए, मन को भ्रमित कर देता है। सामान्य परिस्थितियों में, केंद्रीय तंत्रिका तंत्र, अंगों से इंद्रिय संबंधी सूचनाएँ ग्रहण करता है, उनका विश्लेषण करता है और फिर एक उपयुक्त प्रतिक्रिया देता है। यद्यपि, जब कोई नशे के प्रभाव में होता है तो शराब या निकोटीन, केंद्रीय तंत्रिका तंत्र की इंद्रिय सूचना विश्लेषण योग्यता में बाधा देते हैं। इसी के कारण, क्षीण निर्णय निर्धारण क्षमता, अनुपयुक्त व्यवहार, इंद्रियों की घटती प्रतिक्रिया, मानसिक संसाधन क्षमता में कमी, गहन भाव तथा अवरोधन आदि लक्षण सामने आते हैं। हालाँकि, इस आंतरिक तमाशे में बहुत विविधता होती है और मन इसे मनोरंजक पाता है, वह लतों के विभिन्न रूपों से ग्रस्त हो जाता है। यही कारण है कि किसी भी व्यक्ति को मन के पुनरूद्धार के बिना लत से मुक्ति नहीं दी जा सकती।

यजुस का मन उससे खेल खेल रहा था, "मुझे कितने समय तक इसी प्राणायाम का अभ्यास करते रहना चाहिए?" जब एक बार किसी

प्रश्न का जन्म हो जाए, तो जब तक उसका समाधान न हो जाए या उत्तर न मिल जाए, तब तक वह परेशानी का कारण बना रहता है। इसे अर्जुन की दशा कहते हैं। जब तक आपको उस प्रश्न का उत्तर नहीं मिल जाता, तब तक आप उस काम को भी निपुणता से नहीं कर सकते, जिसमें आप पूरी तरह से निपुण हैं। अव्यक्त यजुस के पिता होने के साथ-साथ गुरू भी हैं इसलिए उसने उनके पास जाने का निर्णय लिया। यह शरीर कभी झूठ नहीं बोलता। यजुस के चेहरे के भावों से ही अव्यक्त ने अनुमान लगा लिया कि उसके पुत्र का मन अशांत था।

"जब आपने मुझे इस प्राणायाम की दीक्षा दी तो आपने इसे इक्कीस दिन तक निरंतर करने को कहा था।" यजुस ने कहा। "मैं पिछले तीन वर्षों से इसका निरंतर अभ्यास करता आ रहा हूँ। अब ये थोड़ा नीरस लगने लगा है – वही अभ्यास, वही कार्य, दिन-ब-दिन दोहराते चले जाना। यदि आप केवल मेरे पिता होते, तो मेरे लिए अपनी खीझ को प्रकट करना बेहद सरल होता; परंतु आप मेरे गुरू भी हैं। यही कारण है कि मैं बात को टालता आ रहा था; पर अब मैं सहन नहीं कर सकता।"

अव्यक्त ने कहा, "यदि तुम महसूस करते हो कि यह एक दोहराव है, तो तुम इस अनुभव के साथ विकसित नहीं हो रहे। जब तुम कहीं रुक जाते हो या स्थिर हो जाते हो, तभी वह अनुभव एक दोहराव लगने लगता है। वृद्धि की प्रक्रिया में कोई दोहराव नहीं होता, यद्यपि यह कहीं-कहीं ऐसा प्रतीत होता है।"

"मैं जानता हूँ तुम कहोगे कि मैं प्रायः ऐसा ही करता हूँ, परंतु फिर भी, मैं तुम्हें एक कहानी सुनाना चाहता हूँ।" अव्यक्त ने कहा। "बहुत समय पहले की बात है, चीन में बौद्ध मठ हुआ करते थे, जिनमें बौद्ध भिक्षु रहते थे। वे अपना भोजन स्वयं उगाते, अपने कपड़े भी स्वयं

तैयार करते। वे पूरी तरह से आत्म-निर्भर थे। इन भिक्षुओं ने दर्शन के साथ-साथ मार्शल आर्ट्स जैसे शारीरिक अभ्यासों की शिक्षा भी ली थी। गाँव में रहने वाले एक पिता ने निर्णय लिया कि वह भी अपने पुत्र को बौद्ध मठ में भेजेगा। पिता ने बौद्ध साधुओं को वचन दिया कि उसका पुत्र कड़ी मेहनत करेगा और उनकी आज्ञा का पालन करेगा। साथ ही यह भी कहा कि वह भी अतिरिक्त परिश्रम करेगा ताकि अपने श्रम व योगदान से उनकी दयालुता का बदला चुका सके। बौद्ध भिक्षु मान गए, वह लड़का अपने परिवार से अलग, उनके पास बौद्ध मठ में रहने लगा। पहले दिन, भिक्षुओं ने उसे पहनने के लिए एक साधारण सा चोगा दिया और काम पर लगा दिया। "वह हांडी उठाओ, उसे पानी से भरो और वहाँ रखे बड़े-से पत्थर पर रख दो।" उस लड़के को इस आदेश का मतलब समझ नहीं आया परंतु उसने ऐसा ही किया। उस कमरे में कहीं आग भी नहीं थी इसलिए वह समझ नहीं पाया कि हांडी का पानी किस काम आएगा। तब भिक्षु ने कहा, "अब अपने दोनों हाथों से हांडी का पानी इस तरह उलीच दो।" यह सुनने में बड़ा ही विचित्र लगा, परंतु लड़के ने आज्ञा का पालन किया। कुछ ही देर में, पत्थर की सतह गीली हो गई और पानी की हांडी खाली हो गई, और उसकी बाज़ुएँ भी अकड़ गई थीं। तभी वह भिक्षु वापस लौटा और बोला, "अब इस हांडी को फिर से भर लाओ।" उसने पहले दिन तीन बार यह सब दोहराया, अगले दिन फिर से तीन बार सब दोहराया। एक महीने बाद, पुत्र को अपने पिता के इस निर्णय पर पछतावा होने लगा।"

यजुस ने बीच में टोकते हुए कहा, "क्या आप मेरी ओर कटाक्ष कर रहे हैं?"

अव्यक्त ने मुस्करा कर अपनी बात जारी रखी, "अंततः तीन महीने बाद, उस लड़के को काम से अवकाश देते हुए अपने घर जाने की अनुमति दी गई। वह बहुत ही उत्साहित था और इस बात की भी प्रसन्नता थी कि कुछ दिन के लिए तो रोज़ के काम से मुक्ति मिलेगी।

घर में सभी उससे बार-बार पूछते रहे, "तुमने क्या सीखा? क्या तुमने मार्शल आर्ट्स की कला सीखी? क्या तुम हाथों से लकड़ी का पटिया तोड़ सकते हो? ध्यान के लिए क्या सिखाया गया? इन बातों ने उसे बेचैन कर दिया क्योंकि उसने तो सचमुच कुछ भी नहीं किया था। वह तो हांडी को पानी से भर कर खाली करने का काम ही करता आया था। बस इसके सिवा तो कुछ नहीं सीखा। लड़के को इतना गुस्सा आया कि वह ज़ोर से चिल्लाया, 'मैंने कुछ नहीं सीखा' और उसने अपना हाथ लकड़ी की मोटी मेज़ पर ज़ोर से पटका। वह अचानक ही दो टुकड़ों में बँट गया। तभी उसे एहसास हुआ कि उसने क्या सीखा था।"

अव्यक्त ने अपने पुत्र का हाथ अपने हाथों में लेकर कहा, जब तुमने प्राणायाम का अभ्यास आरंभ किया था, तो तुम चार तक गिनते हुए श्वास को भीतर ले जाते थे और पाँच तक गिनते हुए श्वास को बाहर छोड़ते थे। अब...।"

"अब मैं चवालीस तक की गिनती के साथ एक श्वास चक्र पूरा करता हूँ।" यजुस ने उत्तर दिया।

"तो इसमें दोहराव का प्रश्न कहाँ से आ गया पुत्र?" अव्यक्त ने कहा।

अव्यक्त ने अपने सुर में हल्के कड़ेपन के साथ अपनी बात को जारी रखा, "बोरियत, एकरसता व दोहराव से बचने का बहाना बना कर, तुम लोग बदलाव, विविधता, बदलने की योग्यता व विभिन्नता के सदंर्भों का उपयोग करते हो और किसी भी चीज़ के साथ लंबे समय तक जुड़ाव नहीं रख पाते। जब कोई बीज, मिट्टी में लंबे समय तक अपनी जड़ें जमाए रखेगा, तभी उसकी जड़ें विकसित होंगी और वह धीरे-धीरे एक वृक्ष में बदलेगा। हालाँकि, अगर मैं हर कुछ दिन बाद मिट्टी को खोदता रहूँ, उस बीज को निकाल कर बार-बार दूसरी जगह पर रोपता रहा हूँ, तो वह पौधा तक नहीं बन सकेगा।"

यजुस के शारीरिक हाव–भाव बदल चुके थे। अब वह अपने पिता का पुत्र नहीं रहा था। यह तो एक शिष्य, अपने गुरू के आगे, कृतज्ञता से भरे नेत्रों के साथ, श्रद्धावश हाथ जोड़े बैठा था। उसका मन एक स्याही सोखने वाले काग़ज़ की तरह हो गया था। वह पूरी तरह से ग्रहणशील मुद्रा में था।

अव्यक्त ने कहा, "समय के साथ ही विशेषज्ञता आती है, परंतु तुम लंबे समय तक कोई कार्य करते ही नहीं। किसी भी कार्य की शुद्धता समय के साथ ही आती है, परंतु तुम तो बनावटी श्रेष्ठता में ही प्रसन्न हो। यदि बाहरी तौर पर देखा जाए, तो यह उसी योगासन जैसा ही दिखता है; परंतु प्रत्येक अभ्यास के साथ, आंतरिक अनुभव और भी गहन और उच्च होता चला जाता है। ऐसा लगता है कि यह वही पुराना मंत्र और उसका जाप है किंतु आंतरिक शांति गहन और उच्च है। भले ही प्रक्रिया एक ही जान पड़े, किंतु अनुभव सदा एक सा नहीं होता। विकास की प्रक्रिया में कोई दोहराव नहीं होता, दोहराव में केवल ठहराव होता है। आप जो करते हैं, वही जीवन नहीं है; आप अपने हर काम में जो गुणवत्ता लाते हैं, इसका संबंध उससे है। यदि इसे लंबे समय तक अभ्यास में नहीं लाया जाता, तो उच्चतम अवस्था व गहनता का अनुभव कभी नहीं किया जा सकता।"

यजुस ने हस्तक्षेप किया, "ओह पिताजी, अब मैं समझा कि जब आप कहते हैं कि प्रबोध पाने से पहले गुरू लकड़ी काट रहे थे और पानी भर रहे थे, तो आपकी बात का क्या अर्थ होता है। प्रबुद्ध होने के बाद भी वे लकड़ी काट रहे थे और पानी भर रहे थे। और गुरू कहते हैं : प्रबोध ने मेरे कार्यों में कोई परिवर्तन नहीं किया, परंतु निश्चित रूप से मेरे द्वारा किए जाने वाले कार्यों की गुणवत्ता में अंतर आया है।"

"मेरे बच्चे, बिल्कुल सही कहा।" अव्यक्त ने बात को और स्पष्ट करते हुए कहा, "आर्किटेक्ट को अपना पूरा जीवन रेखाचित्र ही खींचने हैं।

डॉक्टर को अपना पूरा जीवन, रोगी की छाती पर स्टेथोस्कोप ही रखना है। अध्यापक को प्रति वर्ष उसी कक्षा में लौटकर नए सिरे से वही सब पढ़ाना होगा। 'न्यूटन का गति का पहला नियम है...' हमें अपना बाक़ी का पूरा जीवन रसोई में रोटी और दाल ही बनाने होंगे... और बेटा, तुम्हें अपना पूरा जीवन प्राणायाम का अभ्यास करना ही होगा। और यद्यपि, कार्य में प्रार्थना बनने की शक्ति है; प्रार्थना में ध्यान बनने की शक्ति है; और ध्यान में इतनी शक्ति है कि वह आपको उसके साथ एकाकार कर सकता है। प्रत्येक कार्य में उच्चतम अवस्था व गहनता का अनुभव लिया जा सकता है। यह सब कुछ आपके द्वारा किए जाने वाले कार्य की अपेक्षा, उसे प्रदान की गई गुणवत्ता पर निर्भर करता है।"

अव्यक्त ने बात को समाप्त करते हुए कहा, "बोरियत और एकरसता इसलिए लगते हैं क्योंकि तुम्हें लगता है कि जीवन एक दोहराव है, परंतु जीवन अपने इस नमूने को अपने-आप दोहरा ही नहीं सकता। जीवन में हमेशा नवीनता बनी रहती है। जब कोई गुलाब का फूल खिलता है, तो यह पिछले किसी गुलाब के फूल के खिलने का दोहराव नहीं है। प्रकृति में हमेशा एक रहस्यमयी ताज़गी बरकरार रहती है। तो यजुस, यह आवश्यक नहीं कि जीवन में बदलाव आए, परंतु जीवन के प्रति तुम्हारे नज़रिए में बदलाव आना चाहिए। तुम्हें किसी नए क्षितिज की आवश्यकता नहीं, परंतु तुम्हारे पास मौजूदा क्षितिज को देखने के लिए नई दृष्टि होनी चाहिए। तुम्हारे लिए सबसे अधिक और उससे भी अधिक की शुभकामनाओं सहित...।"

यजुस अपना पूरा जीवन पिता के साथ ही बिताता आया है, और फिर भी लगता है कि आज पहला ही दिन है... यह अनुभव उच्चतम और गहन था।

आर्किटेक्ट को अपना पूरा जीवन रेखाचित्र ही खींचने हैं।
डॉक्टर को अपना पूरा जीवन,
रोगी की छाती पर स्टेथोस्कोप ही रखना है।
अध्यापक को प्रति वर्ष उसी कक्षा में लौटकर,
नए सिरे से वही सब पढ़ाना होगा।
'न्यूटन का गति का पहला नियम है...' हमें अपना बाक़ी का
पूरा जीवन रसोई में रोटी और दाल ही बनाने होंगे... और बेटा,
तुम्हें अपना पूरा जीवन प्राणायाम का अभ्यास करना ही होगा।
और यद्यपि, कार्य में प्रार्थना बनने की शक्ति है;
प्रार्थना में ध्यान बनने की शक्ति है;
और ध्यान में इतनी शक्ति है कि वह आपको उसके साथ
एकाकार कर सकता है।
प्रत्येक कार्य में उच्चतम अवस्था व
गहनता का अनुभव लिया जा सकता है।
यह सब कुछ आपके द्वारा किए जाने वाले कार्य की अपेक्षा,
उसे प्रदान की गई गुणवत्ता पर निर्भर करता है।
तुम्हें किसी नए क्षितिज की आवश्यकता नहीं,
परंतु तुम्हारे पास मौजूदा क्षितिज को देखने के
लिए नई दृष्टि होनी चाहिए।

प्रत्येक वस्तु के लिए एक स्थान

प्रत्येक वस्तु के लिए एक स्थान तथा प्रत्येक वस्तु अपने स्थान पर। हर काम के लिए समय, और हर काम अपने समय पर। इसे ही व्यवस्थित होना कहते हैं। पहला, परिभाषित करने की योग्यता और फिर परिभाषित या तयशुदा संकल्प को लागू करने की क्षमता! एक बार जब आप अपने आसपास की वस्तुओं को व्यवस्थित रखने का आनंद पा लेंगे, तभी आप जान सकेंगे कि हम एक अव्यवस्थित जीवन जीने के लिए कितनी भारी क़ीमत अदा करते हैं। जब आप जीवन में एक बार व्यवस्थित हो जायेंगे, आप कभी ख़ुद को खोया हुआ महसूस नहीं करेंगे। व्यवस्थित जीवन का अपना एक प्रवाह होता है।

माता-पिता ने हल्की घबराहट के साथ विदा दी। उनकी बेटी आज पहली बार अकेली सफ़र कर रही थी। वह गोवा में, अपने दादा-दादी के साथ क्रिसमस का त्योहार मनाने जा रही थी। नताशा के लिए, सोलह साल की उम्र में अकेले उड़ान भरने का उत्साह ही काफ़ी था। उसकी 'अकेले गोवा जाने की परियोजना' पर रिश्तेदारों ने बहुत ध्यान दिया था और उसे यह पसंद भी आया। दरअसल, वह पड़ोस में भी इस बारे में बड़ी शेखी बघार चुकी थी। दादा-दादी के साथ क्रिसमस मनाने का चाव किसे था, दरअसल अकेले उड़ान भरने का अवसर मिलने के कारण ही नताशा को इस दौरे में इतनी रुचि थी।

नताशा हाथों में बोर्डिंग पास थामे, बबलगम चबाते हुए, बड़े ही घमंड से गलियारे से गुज़री, जो किशोरों के ख़ास लक्षणों में से है। उसके बोर्डिंग पास पर 'उनतीस बी' लिखा था। वह जानती थी कि उसके माता-पिता, अधिकतर दूसरे वयस्कों की तरह, बबलगम का गुब्बारा फूलता देखना पसंद नहीं करते, पर यही वजह थी कि उसे बबलगम इतनी अच्छी लगती थी। इसकी मदद से वह दूसरों को आसानी से बेचैन कर देती थी। इसकी वजह से ही वह हमेशा दूसरों का ध्यान अपनी ओर खींच पाने में सफल रहती। उसने 'उनतीस ए' सीट ली और मन ही मन सौदबाज़ी करने लगी कि जैसे ही कोई उस सीट का दावेदार आएगा, तो वह उसे अपनी सीट पर बैठने के लिए मना लेगी ताकि वह खिड़की से दिख रहे नज़ारों का मज़ा ले सके। 'अगर वह बंदा नकचढ़ा निकला तो... नहीं, मुझे ऐसा नहीं लगता... मेरी जैसी प्यारी-सी किशोरी से कौन ऐसा बर्ताव करेगा...? उसका अपना दिमाग़ ही अदालत बना हुआ था। 'क्या वह वाला लड़का है, क्या ये वाली औरत है? अरे नहीं,... कहीं ये आदमी न हो...।' उसका दिमाग़ गलियारे की ओर आने वाले हर चेहरे को परख रहा था। हमारा दिमाग़ कितने अनावश्यक काम करता है, और हमें पता तक नहीं चलता कि यह कितना ज़्यादा काम करता है। 'ये इन्हीं बुर्ज़ुगवार की सीट होगी।' नताशा ने एक अधेड़ उम्र के आदमी को देखा, जिसकी आँखें उनतीस नंबर की पंक्ति को देखती आ रही थीं। ऐसी वयस्क संगति के प्रति अपनी नापसंद ज़ाहिर करने के लिए, उसने उनकी दिशा में देखते हुए बबलगम का एक और गुब्बारा फुला दिया।

उस व्यक्ति ने ऊपर बने लॉकर में, अपना लैपटॉप डाला, नताशा को एक मुस्कान दी और 'उनतीस बी' पर आकर बैठ गया। यह वयस्कों का व्यवहार है - किसी बच्चे से खिड़की वाली सीट के लिए खींचतान न की जाए - हालाँकि इसे सामान्य व्यवहार नहीं कह सकते। लोग विमान में भी सीट के लिए लड़ते हैं, भले ही उनकी उड़ान नब्बे मिनट

की ही क्यों न हो, वे ऐसे पेश आते हैं मानो उन्होंने विमान ख़रीद लिया हो। कुछ ही मिनटों में, उड़ान आकाश में थी। नताशा बार-बार खिड़की में और साथ बैठे व्यक्ति को देख लेती थी।

बच्चे के साथ सहज माहौल बनाने के लिहाज़ से उस व्यक्ति ने अपना हाथ आगे बढ़ाया। "अव्यक्त! बहादुर नन्ही बच्ची... क्या तुम अकेली सफ़र कर रही हो?"

"मैं नताशा हूँ।" उसने जवाब दिया। "आप सही भी कह रहे हैं और ग़लत भी! मैं बहादुर तो हूँ पर नन्ही बच्ची नहीं हूँ। मैं सोलह साल की हूँ।" अव्यक्त ने ठहाका लगाया और फिर बोला, "सॉरी बेटी। खैर, अकेले सफ़र करने का एहसास कैसा लगता है?"

नताशा ने जवाब दिया, "यह अपने-आप में बहुत रोमांचक है। मैं अकेले ही इस यात्रा का आनंद ले रही हूँ। अपने दादा-दादी के घर जा रही हूँ। आप अपने बारे में बताएँ। आप गोवा क्यों जा रहे हैं?"

अव्यक्त ने उत्तर दिया, "मैं एक आर्किटेक्ट यानि वास्तुकार हूँ। मैं अपने ग्राहकों में से, एक के लिए गोवा में सागर तट पर विला तैयार करवा रहा हूँ। परियोजना अपने अंतिम रूप में है और मैं अंतिम निरीक्षण के लिए ही जा रहा हूँ। नताशा, तुम अपने जीवन में क्या बनना चाहती हो?"

इस दौरान, विमान में नाश्ते का समय हो गया था और एयरहोस्टेस ने बीच में टोकते हुए कहा, "माँसाहारी या शाकाहारी?" नताशा ने उत्तर दिया, "माँसाहारी।" अव्यक्त का जवाब था, "शाकाहारी"। नताशा ने अपनी बबलगम टिशू पेपर में निकाल दी। अगले कुछ पलों तक, वे दोनों ही अपने भोजन की ट्रे में व्यस्त रहे। नताशा की ओर से कोई उत्तर न आने पर, अव्यक्त ने यही अनुमान लगाया कि संभवतः नन्ही लड़की को उसका साथ नहीं भा रहा था या फिर चर्चा का विषय नहीं

भाया था इसलिए उसने तय किया वह उसे अपने में ही मग्न रहने देगा। एक बार फिर, यह सादा किंतु वयस्कों वाला व्यवहार था।

नताशा ने ही चुप्पी तोड़ी। "मुझे ख़ूबसूरत इमारतें बहुत पसंद हैं। क्या यही आपका प्रधान कार्य है – ऐसी इमारतें तैयार करना, जो सुंदर और अलग दिखें?"

अव्यक्त ने लेमन जूस का घूँट भरा व नताशा की ओर मुड़ा। "मुझे तीन तरह के काम निभाने होते हैं – पहला, स्थानों को परिभाषित करना; दूसरा, बाहरी व आंतरिक सज्जा पर ध्यान देना; और तीसरा, पहले और दूसरे काम के प्रभावी निष्पादन के लिए उचित मार्गदर्शन देना। अगर खुली आँखों से देखा जाए, जैसे कि तुम देख रही हो, तो बाहरी व आंतरिक साज-सज्जा... छवि व दिखने में सुंदर लगना ही सबसे बड़ा रोमांच है। एक वास्तुकार परियोजना पर काम करने वाले के लिए, एक शाप या वरदान, दोनों में से कुछ भी हो सकता है, जो कि इस बात पर निर्भर करता है कि वह काम करते समय तकनीकी तौर पर कैसे सहयोग देता है? यदि व्यक्तिगत रूप से कहूँ, तो किसी वास्तुकार की महानता का अनुमान इस बात से लगाया जा सकता है कि वह स्थानों को परिभाषित करने की कितनी योग्यता रखता है। क्या मेरी बात समझ पा रही हो?"

नताशा ने साफ शब्दों में कहा, "नहीं, ये रोचक तो हैं पर मैं आपकी बात का मतलब नहीं समझ पा रही। स्थानों को परिभाषित करने से आपका क्या तात्पर्य है? अगर आपको लगता है कि मैं नहीं समझ पाऊँगी, तब आप इस बात को रहने दें। हो सकता है कि जब मैं उस अवस्था में पहुँच जाऊँ, तो अपने-आप सब समझ आने लगे। खैर, मैं तो अभी इतने यक़ीन से भी नहीं कह सकती कि मैं कोई आर्किटेक्ट बनना भी चाहती हूँ या नहीं?"

"अच्छा, मैं देखता हूँ कि इस बात को इस तरीक़े से कहूँ कि तुम भी

समझ सको।" अव्यक्त ने कहा। उस स्तर पर आकर संप्रेषण करना, जहाँ सामने वाला आपकी बात को आसानी से समझ सके... यह भी वयस्कों द्वारा किए जाने वाले व्यवहार की श्रेणी में ही आता है।

अव्यक्त ने कहा, "सादे शब्दों में, स्थान को परिभाषित करने का अर्थ है : 'प्रत्येक वस्तु के लिए एक स्थान तथा प्रत्येक वस्तु अपने स्थान पर।' उदाहरण के लिए इस सुंदर-सी ट्रे को ही लो। ब्रेड के लिए एक जगह और उसी जगह पर रखी ब्रेड; मक्खन के लिए एक जगह; जैम के लिए एक जगह; जूस के लिए एक जगह और पानी के लिए एक जगह... और हर चीज़ अपने-अपने स्थान पर है। अगर यह सब किसी और तरीक़े से रखा गया होता तो शायद, तुम यह सब कुछ एक ही ट्रे में नहीं रख सकती थीं।"

अव्यक्त ने जेब से अपना पर्स निकाला। उसने उसे नताशा को दिखाते हुए कहा, "यहाँ देखो, इसमें नोट रखने के लिए जगह बनी है, सिक्के रखने के लिए जगह बनी है, क्रेडिट कार्ड रखने की जगह है, बिज़नेस कार्ड रखने की जगह है... हर वस्तु के लिए एक स्थान और हर वस्तु अपने स्थान पर। यह सब कुछ आदर्श रूप से व्यवस्थित करने से ही संबंध रखता है।"

रुचि व बात की समझ को दर्शा रही आँखों को देखने के बाद अव्यक्त ने अपनी बात जारी रखी, "नताशा, तो अगर मुझे तुम्हारे लिए कोई घर बनाना है, तो मेरा सबसे महत्त्वपूर्ण उत्तरदायित्व यही होगा कि मैं तुम्हारी सभी माँगों तथा आवश्यकताओं को ध्यान में रखूँ, और यह भी देखूँ कि मैं दिए गए स्थान में सभी स्थानों को परिभाषित कैसे कर सकता हूँ... और इस उद्‍देश्य की पूर्ति के लिए, हमें हर वस्तु के लिए स्थान और हर वस्तु अपने स्थान पर, के नियम को मान कर चलना होगा।"

नताशा ने जवाब दिया, "काश! मेरे पिता ने हमारा घर बनाने के लिए आपको नियुक्त किया होता। मेरे घर में, हर चीज़ हर जगह पड़ी रहती है। मेरे घर में किसी भी वस्तु के लिए पर्याप्त स्थान नहीं है और यह दिखने में हमेशा बिखरा-बिखरा सा लगता है। मैं हमेशा अपने पिता से बड़ा घर बनवाने के लिए कहती रहती हूँ पर वे मेरी बात सुनते ही नहीं।"

अव्यक्त ने कहा, "निश्चित रूप से, एक बड़ा स्थान स्थायी समाधान नहीं हो सकता। इस नाश्ते के लिए एक बड़ी ट्रे अनिवार्य हल नहीं कही जा सकती; दरअसल इस इतनी छोटी-सी जगह में बड़ी ट्रे को संभालना मुश्किल हो जाएगा। मैं सलाह दूँगा कि तुम अपनी छुट्टियों के बाद घर लौटो तो अपनी जीवनशैली में, एक सादा-सा बदलाव ले आओ। तुम देखोगी कि यह तुम्हारे जीवन को कितना बदल सकता है। तय कर लो कि तुम अपने जूते-चप्पल कहाँ रखना चाहती हो? जब यह निर्णय ले लो तो ध्यान दो कि किसी भी हालात में, तुम अपने जूते-चप्पल कहीं और उतार कर न रखो। अपने ड्रेसिंग टेबल को कई हिस्सों में बाँट दो, जिसमें कंघी, पाउडर, हेयरबैंड तथा डिओ आदि... के लिए अलग-अलग जगह बनी हो। जो भी जगह उपलब्ध हो, उतनी ही जगह में, प्रत्येक वस्तु के लिए स्थान सुनिश्चित करो और ध्यान दो कि तुम हर चीज़ को तय की गई जगह पर ही रख रही हो। अपनी अलमारी को भी बाँट दो; भले ही वह एक शेल्फ़ क्यों न हो। अपनी वर्दी, कभी-कभी पहने जाने वाले व रोज़मर्रा के कपड़ों आदि के लिए जगह निश्चित करो। अपने स्कूल के बैग में भी किताबों, कॉपियों व पेन आदि के लिए स्थान परिभाषित करो...। अपने कंप्यूटर के फ़ोल्डर्स को नए सिरे से व्यवस्थित करो... अपने फ़ोल्डर्स के लिए सुस्पष्ट व आसानी से समझ में आने वाले नाम चुनो और उन परिभाषित फ़ोल्डरों के अंदर ही अपनी सारी फ़ाइलें रखो। सब कुछ इतना व्यवस्थित हो कि तुम बंद आँखों से

भी, अपने बाथरूम के शेल्फ़ से टूथपेस्ट और टूथब्रश उठा सको। अगर घर में अचानक बत्ती गुल हो जाए, तो तुम आसानी से, कमरे के दाएँ कोने में स्थित शेल्फ़ से टिशू ले सको। तुमने तय कर लिया है कि तुम अपनी साइकिल की चाबी कहाँ रखोगी; और इसके बाद चाबी वहीं मिलेगी। हर रोज़ सुबह चाबी खोजने का तमाशा बंद हो जाएगा। अब तुम्हें अपनी गणित की कॉपी को खोजने के लिए पूरे घर को सिर पर उठाने की आवश्यकता नहीं रहेगी। हर वस्तु के लिए एक स्थान और हर वस्तु अपने स्थान पर होगी। नताशा! एक बार जब तुम अपने आसपास की वस्तुओं को व्यवस्थित रखने का आनंद पा लोगी, तभी तुम जान सकोगी कि हम एक अव्यवस्थित जीवन जीने के लिए कितनी भारी क़ीमत अदा करते हैं। जब तुम जीवन में एक बार व्यवस्थित हो जाओगी, तो कभी खुद को खोया हुआ महसूस नहीं करोगी। व्यवस्थित जीवन का अपना एक प्रवाह होता है। अव्यवस्थित लोग हमेशा खोए-खोए दिखते हैं, और उनके साथ हर चीज़ कहीं खो जाती है। हालाँकि, मेरे जैसा आर्किटेक्ट हर वस्तु के लिए एक स्थान परिभाषित कर सकता है, पर तुम्हें ही प्रत्येक वस्तु को उसके स्थान पर बनाए रखना होगा। तो यह सब व्यवस्थित होने से ही संबंधित है।"

जब एयरहोस्टेस ट्रे उठा रही थी, तो नताशा ने अव्यक्त से कहा, "आप मुझसे इस तरह बातें कर रहे हैं, मानो मुझसे लंबे अरसे से परिचित हैं। यह सच है, आपने बिल्कुल सही अंदाज़ा लगाया कि इस समय मेरे जीवन में क्या चल रहा है, ख़ासतौर पर साइकिल की चाबी का, रोज़ का तमाशा! पर मि. अव्यक्त मैं कह सकती हूँ, आपने मेरे भीतर अपने-आपको व्यवस्थित रखने के लिए एक दिलचस्पी पैदा कर दी है।"

अव्यक्त ने आगे कहा, "नताशा, यह सब केवल स्थान पर ही नहीं बल्कि समय पर भी लागू होता है। व्यवस्थित होने का अर्थ यही है कि आप प्रत्येक वस्तु के लिए समय परिभाषित करें और उस तयशुदा

समय में ही प्रत्येक कार्य करें। व्यायाम के लिए एक वक़्त, पढ़ाई का एक समय, दोस्तों के लिए एक समय, परिवार के लिए एक समय, खेलों के लिए एक समय, टी.वी. देखने के लिए एक समय और सोने व जागने के लिए एक समय... हर काम के लिए समय हो, और हर काम उसी समय पर हो। इससे समय की कम बरबादी होगी, उसका बेहतर उपयोग हो सकेगा, जीवन को बेहतर संतुलन मिलेगा और सबसे अधिक, निरंतर समय उपलब्ध रहने से, बहुत कुछ नया भी पाया जा सकेगा। नताशा, मैं यही व्याख्या, प्रत्येक संभावित संसाधन पर लागू कर सकता हूँ। व्यवस्थित होने का सार यही है : पहला, परिभाषित करने की योग्यता और फिर परिभाषित या तयशुदा संकल्प को लागू करने की क्षमता! एक सुव्यवस्थित व्यक्ति स्वयं अपना ही वास्तुकार होता है, हम अपने लिए उपलब्ध प्रत्येक संसाधन – स्थान, समय व वित्त आदि... के साथ अपने ही वास्तुकार हो सकते हैं और हमें होना भी चाहिए।"

उड़ान ज़मीन पर उतरने को तैयार थी। नताशा ने एक और बबलगम मुँह के हवाले किया, अपनी सीट बेल्ट बाँधी और अपनी आँखें बंद कर लीं। अव्यक्त ने भी आँखें बंद कर लीं। कुछ ही मिनट बाद उसने नताशा की आवाज़ सुनकर अपनी आँखें खोलीं। "आपने अभी मुझसे जो कुछ भी कहा है, वह सब धीरे-धीरे दिमाग़ में अपनी जगह बना रहा है और मुझे ऐसा लग रहा है कि इस बदल रही सोच के लिए मुझे आपको धन्यवाद देना चाहिए। आप बड़ी आसानी से मुझसे विमुख हो कर अपनी यात्रा पूरी कर सकते थे। यह प्रयास करने और नन्ही-सी लड़की का आदर-मान देने की पहल के लिए बहुत-बहुत धन्यवाद! हो सकता है कि उस वास्तुकार ने ही तय किया हो कि मैं 'उनतीस ए' पर और आप 'उनतीस बी' पर एक साथ यात्रा करेंगे और मुझे आपसे लाभ होगा। मैं आपके शब्दों को व्यर्थ नहीं जाने दूँगी। मैं अब भी नहीं जानती कि मैं पेशे से आर्किटेक्ट होना चाहती हूँ या नहीं,

पर मैं निश्चित तौर पर अपने जीवन की आर्किटेक्ट बनूँगी। मैं एक सुव्यवस्थित जीवन व्यतीत करूँगी।"

"मुझे भी तुम्हारे साथ यात्रा का बहुत आनंद आया। ईश्वर तुम्हारा भला करे! तुम जो भी करना चाहो, उसके लिए सबसे अधिक और उससे भी अधिक पा लेने की शुभकामनाओं सहित... क्या मैं तुमसे एक बबलगम उधार ले सकता हूँ?" अव्यक्त ने नताशा से एक बबलगम ली और अपने मुँह में डाल ली। उसने बबलगम का गुब्बारा फुलाना चाहा पर नाकामयाब रहा। वह हल्का-सा शर्मिंदा भी दिखा, जबकि नताशा के चेहरे पर एक मुस्कान छा गई, जिससे वह सुंदर किशोरी और भी सुंदर और प्यारी दिखने लगी। जब वयस्क बच्चों जैसी हरकतें करते हैं, तो बच्चों को अच्छा लगता है। यह भी अव्यक्त की ओर से एक और वयस्क व्यवहार का अंश था... ऐसा नहीं था कि वह बबलगम का स्वाद लेना चाहता था; वह तो नताशा के चेहरे पर एक मुस्कान देखना चाह रहा था।

हर काम के लिए समय हो, और हर काम
उसी समय पर हो। इससे समय की कम बरबादी होगी,
उसका बेहतर उपयोग हो सकेगा, जीवन को बेहतर संतुलन
मिलेगा और सबसे अधिक, निरंतर समय उपलब्ध रहने से,
बहुत कुछ नया भी पाया जा सकेगा।
व्यवस्थित होने का सार यही है,
पहला, परिभाषित करने की योग्यता और फिर परिभाषित या
तयशुदा संकल्प को लागू करने की क्षमता!
एक सुव्यवस्थित व्यक्ति स्वयं अपना ही वास्तुकार होता है,
हम अपने लिए उपलब्ध प्रत्येक संसाधन - स्थान,
समय व वित्त आदि... के साथ अपने ही वास्तुकार हो सकते हैं।

जितना कम होगा, उतना ही ज़्यादा होगा

आप कहते हैं, "मुझे खाना अच्छा लगता है।" इसी कारण से, निश्चित रूप से कम खाएँ। आप एक लंबी आयु पाएँगे ताकि भरपूर खा सकें। आप कहते हैं, "मुझे सोना अच्छा लगता है।" इसी कारण से, निश्चित रूप से थोड़ी नींद लें। आप एक लंबी आयु पाएँगे ताकि भरपूर नींद ले सकें। आप कहते हैं, "मैं उससे बहुत प्यार करता हूँ।" इसी कारण से, निश्चित रूप से, उसे थोड़ी आज़ादी दें। तभी यह संबंध समय की कसौटी पर ख़रा उतर सकेगा। आप कहते हैं, "मैं ऊँचाई तक पहुँचना चाहता हूँ।" इसी कारण से, निश्चित रूप से, आधारशिला तैयार करने में भरपूर समय का निवेश करें। तब वह आधार आपको ऊपर तक जाने में मदद करेगा। जितना कम होगा, उतना ही ज़्यादा होगा। जितना ज़्यादा होगा, यह उसे उतना ही घटा देगा।

सभी कठिनाइयों के विरुद्ध

धरती माँ कभी बीज के प्रति अपना स्नेह नहीं दर्शाती। यह बीज के अंकुरित होने की प्रक्रिया को कभी सरल नहीं होने देती। वास्तव में, यह प्रत्येक बीज के प्रति अपना पूरा विरोध जताती है। बीज को अंकुरित होना ही पड़ता है और धरती की ओर से सामने आने वाले हर प्रतिरोध का सामना करना ही होता है, ताकि वह मिट्टी से फूट कर बाहर आ सके। ठीक इसी तरह, सभी महान व्यक्ति साधारण मनुष्य ही थे, जो परिस्थितिवश महान चुनौतियों के संपर्क में आए। इतिहास उन साधारण मनुष्यों की गाथाओं से भरा हुआ है, जिन्होंने अपने नियंत्रण से भी परे दिखने वाली ताकतों पर जीत हासिल की और विजेताओं के रूप में सामने आए।

जहाँ तक आँखें देख सकती थीं, पहाड़ों पर चारों ओर हरियाली फैली थी। ताज़ी हवा आरोग्यकर और उपचारक लग रही थी। यह एक छोटा-सा गाँव था, जिसकी आबादी अब भी, शहरी सभ्यता से अछूती और निर्दोष थी। यह इतना छोटा-सा स्वर्ग था कि कोलंबस जैसे खोजियों की निगाहों से भी बचा हुआ था। "मैं जब से इस स्थान पर आया हूँ, मुझे पक्का विश्वास हो गया है कि स्वर्ग भी इन क्षितिजों से परे नहीं होते होंगे।" अव्यक्त ने अपने बेटे को लिखा।

दशकों तक अथक सेवा के बाद, अव्यक्त को एक दिन अचानक एहसास हुआ कि वह तो एक सार्वजनिक संपत्ति बन कर रह गया

था। प्रत्येक व्यक्ति उसका समय चाहता था और वह हमेशा दूसरों की भलाई के लिए अपना समय देने को तैयार रहता। वह भी उसी विश्वास को बाँटता, जिसकी गूँज स्पाइडरमैन-2 में भी सुनाई दी थी : "बुद्धिमता कोई विशेष लाभ या अधिकार नहीं बल्कि एक उपहार है। इसका उपयोग मानव जाति के कल्याण के लिए किया जाना चाहिए।" प्रत्येक के लिए उपस्थिति रहने की इसी प्रक्रिया में अव्यक्त को एहसास हुआ कि उसके पास अपने लिए तो समय ही नहीं बचा था, मानो वह खुद से दूर हो गया हो। उसके मन में अपना साथ पाने की एक अजीब-सी भावना व इच्छा पैदा हुई, जिसका वर्णन नहीं किया जा सकता इसलिए उसने अपने लिए विश्राम काल लेने का निर्णय लिया। अव्यक्त ने तय किया कि वह एक वर्ष के लिए हर व्यक्ति तथा हर वस्तु से दूर, अपने ही बनाए खोल में चला जाएगा। उसे पश्चिमी घाट के पर्वतों के समीप, एक गाँव मिल गया और उसने वहीं डेरा डाल लिया। अव्यक्त ने किताबों से भरे एक बॉक्स और एक बैग में भरे कपड़ों के साथ, उस जगह क़दम रखा, जहाँ लोग कम थे पर प्रकृति का साथ भरपूर था।

ग्यारह माह तक, उस वातावरण के बीच रहने के बाद, अव्यक्त एक बार फिर से उन लोगों के बीच जाने के लिए तैयार था, जिन्हें वह अपनी बुद्धिमता का लाभ दे सकता था, उनकी भलाई के लिए कुछ कर सकता था, परंतु उसका बेटा उसके लिए बहुत मायने रखता था। इसलिए उसने तय किया कि उसके बेटे को भी उस अद्भुत लोक का अनुभव लेना चाहिए। उसने अपने बेटे को, अपने साथ गाँव में एक सप्ताह बिताने का न्यौता दिया, जिसके बाद वे दोनों ही घर लौट सकते थे।

दिन में एक बार, पास में बसे गाँवों में से किसी एक के पास से बस गुज़रती थी, जो कि अव्यक्त के स्वर्ग से करीब तीन किलोमीटर की दूरी पर था। अव्यक्त वहीं बस स्टॉप पर खड़ा अपने बेटे के आने की

प्रतीक्षा कर रहा था। बस देखते ही उसकी आँखें नम हो आईं और अपने बेटे को बाँहों में भरने के लिए हृदय अकुला उठा।

जैसे ही उसका बेटा बस से उतरा, उस किशोर ने एक बच्चे जैसे उछाह और उमंग के साथ अपना बैग ज़मीन पर पटका, अपने पिता की ओर लपका और उन्हें कस कर गले से लगा लिया। मानो वक़्त उन दोनों के लिए ही थम सा गया था। वे दोनों उस आलिंगन में इतने मग्न हो गए थे कि उनके लिए जैसे शब्दों का अस्तित्व ही समाप्त हो गया था। फिर वे अव्यक्त के स्वर्ग की ओर जाने वाली लंबी सैर पर चल दिए। अव्यक्त का बेटा लगातार बोलता रहा; उसे तो पिता को कितना कुछ बताना था।

वे करीब एक किलोमीटर ही गए होंगे कि उसका बेटा पैदल चलने के नाम पर बड़बड़ाने लगा। अव्यक्त ने मुस्करा कर कहा, "तुम भी अजीब हो। तुम ट्रेडमिल पर पूरे साठ मिनट की मशक्कत के बाद भी कहीं नहीं पहुँचते और उसके बारे में इतना उत्साहित महसूस करते हो। जब ट्रेडमिल पर नहीं होते तो, पार्किंग लॉट से शॉपिंग मॉल तक कुछ मीटर की दूरी भी भार जान पड़ती है। अपने आसपास दिख रहे कुदरत के नज़ारों का आनंद लो और अपने द्वारा उठाए गए हर क़दम का उत्सव मनाओ, उससे जुड़े उल्लास को प्रकट करो। इस तथ्य को याद करके मन को प्रसन्न करो कि आज तुम कितने समय के बाद अपने पिता के साथ हो और इस समय तुम्हें अपने भीतर ले जाने के लिए कितनी ताज़ी हवा मिल रही है। अपने माथे पर पड़ी रेखाओं को होठों की मुस्कान में बदल दो। आओ, मेरे बच्चे! ज़रा मेरी बूढ़ी हड्डियों से होड़ लेकर तो दिखाओ।"

अव्यक्त के बेटे ने मुस्करा कर कहा, "आप जानते हैं कि हम सब आपको इतना याद क्यों करते हैं? आप जैसे हर चीज़ को कितना आसान बना देते हैं। आपकी उपस्थिति में जीवन कितना सरल और

प्रयासहीन हो जाता है। आपके बिना तो, ज़िंदगी सही मायनों में एक मुसीबत बन गई थी। मैं तो आपको बता भी नहीं सकता कि आपके वहाँ न होने से, मेरे लिए जीना कितना मुहाल हो गया था।

अव्यक्त ने यही तय किया उस समय अपने बेटे से कुछ न कहे और वे दोनों चुपचाप, उसके निवास की ओर बढ़ते चले गए। दिन ढलने के बाद, वे जलते अलाव के सामने बैठे थे। चाँद की भव्य चाँदनी और पृष्ठभूमि में चमकते जुगनुओं के बीच अव्यक्त ने अपने बेटे से उसकी तथाकथित समस्याओं और ज़िंदगी की ओर से की गई बेरहमियों के बारे में पूछा। "मेरे प्यारे बेटे... क्या तुम्हें भूकंप, तूफ़ान, बाढ़, आँधी, दंगों, लंबे समय तक चलने वाले रोग, लकवे या दुर्घटना आदि जैसी मुश्किल का सामना करना पड़ा?" अव्यक्त ने अपनी बात को तनिक व्यंग्य के साथ पेश किया।

अव्यक्त के बेटे को समझ आ गया कि पिता उसे कुरेदने की कोशिश कर रहे थे। उसने उन्हें ताका और फिर अपनी नज़रें जलते अलाव पर टिका दीं। अव्यक्त ने अपनी बात जारी रखी, "हम दोनों बहुत लंबे समय के बाद मिल रहे हैं इसलिए मैं ऐसी कोई बात नहीं कहना चाहता जिससे तुम्हारे दिल को ठेस लगे पर मैं यह अपेक्षा भी रखता हूँ कि मेरा बेटा पूरी परिपक्वता के साथ अपना जीवन व्यतीत करे। अगर तुम चाहो, तो मैं तुम्हारे साथ अपने कुछ विचार बाँटना चाहूँगा।"

यह उन कुछ ख़ास तरह की स्थितियों में से थी, जहाँ व्यक्ति का मन कुछ भी सुनने की गवाही नहीं देता, पर कौतूहल के आगे हार जाता है... उसके बेटे ने हौले से हामी भरते हुए गर्दन हिलाई। अव्यक्त ने अपनी कुर्सी को, उसकी कुर्सी के थोड़ा और पास खींच लिया और बोला, "मनुष्य का अहं जीवन की समस्याओं के बारे में बनी परीकथाओं में ही रमा रहता है। हमारा अहं भले ही जो भी, कोई भी धारणा क्यों न दे, हमारी अधिकतर समस्याएँ तो हम स्वयं ही चुनते

हैं। हम जिन्हें समस्याएँ कहते हैं, वे चाहे छोटी हों या बड़ी; हमारी अपनी ही उपज होती हैं। तुम अपने डैशबोर्ड पर हल्का लाल निशान देखते ही समस्या को चुन लेते हो, पर कार का तेल बदलवाने की ज़रूरत को टालते रहते हो। तुम भीड़ से भरी सड़क पर कार जाम होने को लेकर परेशान हो सकते हो, पर इससे यह तथ्य नहीं बदलेगा कि तुमने स्वयं ही इस परेशानी को मोल लिया है। अपने साधनों से अधिक व्यय करके, अपने क्रेडिट कार्डों का सीमा से अधिक उपयोग करके तुम अपने लिए भावी समस्याएँ पैदा कर रहे हो। हम जानते हैं कि जब हम बार-बार, अपने जीवन के सबसे महत्त्वपूर्ण संबंधों को पोषित करने को टालते हैं, तो इससे धीरे-धीरे रोष व अलगाव पैदा होने लगता है। हम स्वयं ही रोज़मर्रा के जीवन में, अनावश्यक समस्याओं, छोटी चुनौतियों व असुविधाओं को न्यौता देते रहते हैं।"

अब अव्यक्त का बेटा अलाव की ओर देखने की बजाय, सीधा अपने पिता की आँखों में झाँक रहा था। अव्यक्त ने कहा, "निःसंदेह, प्राकृतिक आपदा या अनपेक्षित रूप से लंबी बीमारी पर मनुष्य का वश नहीं होता परंतु बाक़ी अधिकतर परेशानियाँ हमारी अपनी बनाई गई होती हैं। आज हम जंगल की जिस आग का सामना कर रहे हैं, यह वही चिंगारी है जिसे हमने बीते हुए कल में नज़रअंदाज़ कर दिया था। वर्तमान से जुड़ी अधिकतर समस्याएँ, पिछले कल की उपेक्षित चुनौतियाँ ही तो होती हैं।"

अव्यक्त ने कहा, "मेरे बेटे! अगर तुम अपने जीवन को महान ऊँचाइयों तक ले जाना चाहते हो, तो तुम्हें अपने-आप को बड़ी चुनौतियों का सामना करने के लिए तैयार करना होगा। अगर तुम महान लक्ष्य बनाने के बाद, बड़ी चुनौतियों का सामना करने की इच्छा रखते हो तो पहले तुम्हें प्रतिदिन सामने आने वाली, इन छोटी-मोटी परेशानियों व दिक्कतों से पार पाना होगा; यही तो तुम्हारी ऊर्जा को सोख लेती हैं, तुम्हें आगे नहीं जाने देतीं। जीवनशैली में थोड़े-से बदलाव, थोड़े

अनुशासन व पद्धतिबद्ध तरीक़े से जीने की आदत के साथ, इन दिक्कतों से पार पाया जा सकता है।"

अव्यक्त का बेटा कुर्सी से उठा और फ़र्श पर बैठते हुए, अपनी पीठ उसकी टाँगों से टिका दी। इस तरह उसे अपने पिता से थोड़ी निकटता का एहसास मिला। "पिता, आपकी बात सुनना ही मेरे लिए बहुत है। मुझे कुछ खाने की भी इच्छा नहीं है; मैं तो जैसे अपनी दुनिया ही भूल गया हूँ।" अव्यक्त ने बेटे को बाँहों में भरा और अपनी बात जारी रखी।

"सबसे पहले तो, तुम 'समस्या' शब्द को जिस आज़ादी के साथ प्रयोग में लाते हो, तुम्हें वह आदत छोड़नी होगी। समझने की कोशिश करो कि समस्या और चुनौती शब्द में ज़मीन-आसमान का अंतर है। अगर मैं जंगल में निहत्था, किसी शेर का सामना कर रहा हूँ तो ये एक समस्या है परंतु अगर मेरे पास मशीन गन है, तो अब वह शेर की समस्या है। मेरी चुनौती यह है कि मुझे सही समय पर गोली दागनी है। तो याद रखो, अगर मेरे सामने आने वाली स्थिति मेरे संसाधनों से कहीं बड़ी है, तो इसे समस्या कह सकते हैं। अगर मेरे संसाधन, उस स्थिति से कहीं बड़े हैं तो इसे केवल एक चुनौती ही कहा जाएगा। मुझे बस अपने संसाधनों का सही तरह से उपयोग करना है ताकि उन हालातों पर काबू पाया जा सके। अधिकतर ऐसा ही होता है, मनुष्य अपने जीवन को समस्या के तौर पर ही लेता है क्योंकि वह उन स्थितियों को वश में करने वाले संसाधनों पर गौर ही नहीं करता। मनुष्य की दुर्दशा का कारण यही है कि हम समस्याओं को अपने से बड़ा और उनसे निबटने की अपनी योग्यता को हमेशा कम ही आँकते हैं।"

पानी का गिलास लाने के बहाने, अव्यक्त पुत्र को जलते अलाव के पास छोड़कर अंदर चला गया। वह चाहता था कि उसका बेटा अभी सुने गए शब्दों को मन ही मन गुने, उन पर मनन करे। यद्यपि शब्दों

से ज्ञान प्राप्त होता है किंतु मौन व मनन के क्षणों में ही वे विवेक व बुद्धिमता में बदलते हैं। यदि जानकारी किसी व्यक्ति का कायाकल्प नहीं कर पाती, तो वह मानसिक कचरे से अधिक कुछ नहीं है।

जब अव्यक्त लौटा तो बेटे के लिए पानी की बोतल लेता आया। जिस तरह, व्यवसाय में अनपेक्षित सेवा पहल से ग्राहक निष्ठा बनती है, उसी तरह निजी संबंधों में अनपेक्षित स्नेह का प्रदर्शन प्रेम के बंधन को और भी सुदृढ़ कर देता है। 'लव यू पिताजी,' उसके बेटे ने बड़े ही अपनेपन से कहा और पानी के कुछ घूँट गटक लिए।

अव्यक्त ने कहा, "जीवन में सामने आने वाली चुनौतियाँ तुम्हें दबाने या रोकने नहीं आतीं। दरअसल, वे तो तुम्हारी सहायक होती हैं, तुम्हें यह खोजने में मदद देती हैं कि तुम सही मायनों में क्या हो। चुनौतियाँ तो तुम्हारा भला ही करती हैं; क्योंकि, जब तुम जीत जाते हो तो वे तुम्हें उससे बड़ी चुनौतियों का सामना करने के लिए सहायता देती हैं और इस तरह तुम्हारा विकास होता चला जाता है। जब तुम घुटनों के बल चलने वाले छोटे बच्चे थे, तो तुम्हारी माँ चुनौती के तौर पर खिलौने को तुमसे थोड़ा दूर, आगे की ओर रख देती थी और तुम्हें उस तक पहुँचने की चुनौती देती थी। ज्यों ही तुम उस खिलौने तक पहुँच कर उसे छूने की कोशिश करते, वह उसे फिर से थोड़ा दूर कर देती ताकि तुम थोड़ा और आगे तक घुटनों के बल चल कर आओ। माँ का वह प्रयास एक निर्दयता थी या स्नेह का एक रूप, वह तुम्हारे विकास में उत्प्रेरक की भूमिका निभा रही थी। जब तुम अपने पैरों पर खड़े हो कर चलने लगे, तो माँ हमेशा तुमसे कुछ क़दम की दूरी पर खड़े हो कर तुम्हें अपने पास आने की चुनौती देती। यह सच है, तुम कई बार गिरते और तुम्हें चोट भी आती, पर क्या ये तुम्हारे बड़े होने की प्रक्रिया का एक हिस्सा नहीं था? ठीक इसी तरह, अस्तित्व भी सदा अपने प्रिय सृजन – मनुष्य के लिए चुनौतियाँ विकसित करता

रहता है, ताकि वह जान सके कि वह किस मिट्टी का बना है, उसकी वास्तविक क्षमता क्या है?"

अचानक ही हवा थम गई, मानो आसपास खड़े पेड़ भी चुपचाप अव्यक्त की बातों को सुनने के लिए दम साधे खड़े थे। हवा की अनुपस्थिति में अलाव की स्थिर लपटें और भी प्यारी लग रही थीं। इन घटनाओं के कारण चाँद क्यों शरमा गया, यह बात तो किसी कवि की कल्पना से भी परे थी, क्योंकि उसने हमेशा की तरह बादलों में अपना मुँह छिपा लिया था।

अव्यक्त ने जम्हाई लेते हुए कहा, "माफ़ करना बेटा! मुझे लगता है कि अब हमें रात का खाना खाकर सो जाना चाहिए। मैं चाहता हूँ कि तुम सोने से पहले इन सभी बातों पर सोच-विचार करो। अगर अंग्रेज़ों ने भारत पर राज न किया होता, तो जीवन ने एक बैरिस्टर को अपने भीतर छिपे महात्मा गाँधी को खोज निकालने का कभी अवसर न दिया होता। एक स्कूल की अध्यापिका ने अभावग्रस्त व सड़क पर दम तोड़ रहे लोगों के लिए, अपने भीतर छिपी मदर टेरेसा को न पाया होता। रंगभेद नीति के बिना नेल्सन मंडेला इतिहास के पन्नों पर कहीं खो गए होते। यदि दमन न हुआ होता, तो संभवतः यह जगत विख्यात मार्टिन लूथर किंग को भी न जान पाता। यदि धर्म के नाम पर आम आदमी का शोषण न हुआ होता, तो हमें ईसा मसीह न मिलते। यदि मानव जाति इतने दुःखों से पीड़ित न होती, तो बुद्ध कभी सामने न आते। यदि रावण न होता, तो राम की हनुमान से भेंट न हुई होती; यदि दुर्योधन न होता तो, भगवद्-गीता भी न होती। जब कृष्ण कहते हैं, "जब-जब अधर्म व अनाचार में वृद्धि होती है, तो प्रभु अवतार धारण करते हैं।" कृपया यह समझने की कोशिश करो, मेरे बेटे! अधर्म का अवसर उत्पन्न होने पर ही, प्रभु इस धरा पर जन्म ले पाते हैं।"

अव्यक्त ने कहा, "बेटा, क्या तुम जानते हो, धरती माँ कभी बीज के

प्रति अपना स्नेह नहीं दर्शाती? वह बीज के अंकुरित होने की प्रक्रिया को कभी सरल नहीं होने देती। वास्तव में, वह प्रत्येक बीज के प्रति अपना पूरा विरोध जताती है। बीज को अंकुरित होना ही पड़ता है और धरती की ओर से सामने आने वाले हर प्रतिरोध का सामना करना ही होता है, ताकि वह मिट्टी से फूट कर बाहर आ सके। इसके बाद ऐसा दैवीय संयोग पैदा होता है कि वह धरती, जो अब तक उस अंकुर को फूटने से रोक रही थी, वही उसका पालन-पोषण करती है, उसे आगे बढ़ने में सहायक होती है। प्रकृति अपने ही तरीक़े से बीज का परीक्षण करती है; यदि वह उसे धरती पर उगने योग्य जान पड़ता है, तो वह उसे वे सभी संसाधन उपलब्ध करवाती है, जो उसके पूरी क्षमता तक उगने में सहायक हो सकते हैं। जो बीज धरती के भीतर से फूटने में असफल हो जाते हैं, वे मर कर धूल में ही मिल जाते हैं।"

अव्यक्त ने अपनी कुर्सी से उठ कर कहा, "ठीक इसी तरह, सभी महान व्यक्ति साधारण मनुष्य ही थे, जो परिस्थितिवश महान चुनौतियों के संपर्क में आए। इतिहास उन साधारण मनुष्यों की गाथाओं से भरा हुआ है, जिन्होंने अपने नियंत्रण से भी परे दिखने वाली ताकतों पर जीत हासिल की और विजेताओं के रूप में सामने आए।

अव्यक्त मेज़ पर खाना लगाने के लिए भीतर चला गया। उसके बेटे को एहसास हुआ कि ईश्वर ने केवल कच्ची सामग्रियाँ ही क्यों बनाई हैं और उन्हें अंतिम रूप देने का कार्य मनुष्य को ही क्यों सौंपा है... बिना रंगे कैनवस, ऐसे गीत, जो कभी गाए नहीं गए और ऐसी चुनौतियाँ, जिन पर अभी तक विजय नहीं पाई गई, ...और उन्हीं को पूरा करते-करते मनुष्य यह जान लेता है कि वह किस मिट्टी का बना है। ईश्वर ने उसे किन क्षमताओं व योग्यताओं के साथ इस धरती पर भेजा है। हवा फिर से चलने लगी, चाँद फिर से निकल आया और आग भी नाचने लगी। यद्यपि वे नहीं जानते थे कि अव्यक्त शीघ्र ही उन्हें भी पीछे छोड़ जाएगा। वह एक बार फिर से सार्वजनिक संपत्ति

बनने के लिए लौट रहा था, क्योंकि एक और दुनिया भी थी जिसका स्वर्ग के रूप में कायाकल्प करना अभी बाकी था।

समस्या और चुनौती शब्द में ज़मीन–आसमान का
अंतर है। अगर मैं जंगल में निहत्था,
किसी शेर का सामना कर रहा हूँ तो ये एक समस्या है परंतु
अगर मेरे पास मशीन गन है,
तो अब वह शेर की समस्या है।
मेरी चुनौती यह है कि मुझे सही समय पर गोली दागनी है।
तो याद रखो, अगर मेरे सामने आने वाली स्थिति,
मेरे संसाधनों से कहीं बड़ी है,
तो इसे समस्या कह सकते हैं। अगर मेरे संसाधन,
उस स्थिति से कहीं बड़े हैं तो इसे केवल
एक चुनौती ही कहा जाएगा।
मनुष्य की दुर्दशा का कारण यही है कि हम समस्याओं को
अपने से बड़ा और उनसे निबटने की
अपनी योग्यता को हमेशा कम ही आँकते हैं।

सीमा-रेखा से परे

जब आप बिल्कुल हार मानने के कगार पर होते हैं, बस ठीक वहीं से थोड़ा और सब्र रखने की ज़रूरत होती है... थोड़ा सा और आगे आने की ज़रूरत होती है। वही सीमा रेखा से परे जाने का बिंदु होता है। जब आपको लगता है कि अब सब ख़त्म हो गया, वहीं थोड़ा सा और जारी रखने की ज़रूरत होती है। जिसे आप समाप्ति का बिंदु मानते हैं, वहीं से आगे जाना होता है। अपने हर प्रयास में और अपने लिए चुने गए हर रास्ते पर, उस काल्पनिक अंतिम रेखा से परे जायें। अंत तक स्थिरता के साथ डटे रहेंगे तो अंत भी शक्तिशाली बन जाएगा। इसी अनंत निरंतरता के साथ चलते रहें।

तीन वाहन तकरीबन पहुँच ही गए थे, परंतु एक काली एस यू वी ने बाकी दो कारों को पछाड़ते हुए, पार्किंग लॉट की आख़िरी खाली जगह पर कब्ज़ा जमा ही लिया। बाक़ी दोनों कारों ने कुछ ही क्षण की देरी से ये अवसर गँवा दिया, जिसका अर्थ था कि अब उन्हें अपनी कारों को पास वाली गली में खड़ा करना होगा और वापस जिम तक आने के लिए करीब 200 मीटर पैदल चलना होगा। कई बार इंसान अपने लिए भी किसी पहेली से कम नहीं होता। वही लड़का, जो जिम में जा कर ट्रेडमिल पर कुछ किलोमीटर चलता है, वह जिम आने के लिए 200 मीटर की पैदल चाल में परेशानी महसूस करता है। अर्पिता के चेहरे पर इस छोटी-टी जीत को हासिल करते ही एक मुस्कान खेल गई, वह अपनी एस यू वी से बाहर निकली। कई बार ऐसे छोटे-मोटे रोमांच

भी हमें ओलंपिक विजेताओं जैसा एहसास दे जाते हैं।

अर्पिता ने जिम के चेंजिंग-रूम में जा कर कसरत करने वाले कपड़े पहन लिए। जिम के कार्डिओ सेक्शन में काफ़ी भीड़ थी। छह ट्रेडमिल मशीनें, चार क्रॉस ट्रेनर और तीन साइकिलें इस्तेमाल हो रही थीं और इसमें इतने आश्चर्य की बात भी नहीं थी। अभी जनवरी का पहला ही सप्ताह था और ये सब नए साल के लिए बने संकल्पों का असर था। अव्यक्त को देखते ही अर्पिता के चेहरे की मुस्कान और भी गहरा गई। बाईस साल की लड़की के लिए, पचास साल के अव्यक्त को, पूरी धार्मिक निष्ठा के साथ जिम में कसरत करते देखना, किसी महान प्रेरणा से कम नहीं था।

अव्यक्त ने पूछा, "तुम्हारा काम कैसा चल रहा है?" अर्पिता ने एक साल पहले, इस उम्मीद के साथ डाइट किचन का काम शुरू किया था कि हेल्थ-फ़ूड ज्वांइट का यह नया विचार, जल्द ही लोगों के बीच चर्चा का विषय होगा। इससे पहले कि वह अपने मुँह से कुछ कह पाती, उसके चेहरे के भावों ने ही सब कुछ बयाँ कर दिया था। "अब भी कोई बात नहीं बनी। मैंने अपनी ओर से कोई कसर नहीं छोड़ी, परंतु कुछ भी तो काम नहीं आ रहा। शायद मैं बिज़नेस करने के लिए बनी ही नहीं हूँ। हर नया विचार और रणनीति, सोच के स्तर पर तो अच्छे लगते हैं, परंतु जब इन्हें अमल में लाने का वक़्त आता है तो सोचे गए नतीजे सामने नहीं आ पाते। इसने मेरे अहं को बुरी तरह से बिखेर कर रख दिया है। मैं अपने परिवार में हर सदस्य के साथ लड़ी हूँ ताकि उन्हें एहसास दिला सकूँ कि मेरे विचारों में कोई कमी नहीं है। वे नहीं चाहते कि मैं यह काम करूँ। मैंने तो सोचा था कि अंत में जीत मेरी होगी, परंतु इस समय तो वही सब मेरा मज़ाक उड़ा रहे हैं।" उसके गालों में पड़ने वाले गड्ढे उसकी पहचान थे, पर इससे पहले कि वह अपना वाक्य पूरा कर पाती, उसके गालों के गड्ढे और मुस्कान ओझल हो चुके थे।

तभी, पास वाले दो ट्रेडमिल खाली हो गए। अर्पिता और अव्यक्त ने एक-दूसरे को देख कर हामी दी और उन पर आ गए। उसी समय, पास वाली गली में कार लगा कर आए उन लड़कों ने कार्डियो सेक्शन में क़दम रखा और फिर कुछ पलों की देरी से चूक गए...। अर्पिता के गालों के गड्ढे लौट आए थे...। वह मुस्करा रही थी, यद्यपि अव्यक्त समझ नहीं सका कि उसकी इस मुस्कान का क्या राज़ था। ट्रेडमिल पर तीन मिनट तक चलने के बाद, अव्यक्त जॉगिंग करने लगा। पचास साल के अव्यक्त को जॉगिंग करता देख अर्पिता को भी जोश आया। दो ही मिनट बाद अर्पिता भी जॉग करने लगी, हालाँकि उसने आज तक अपने-आप को कभी ट्रेडमिल पर जॉग करने के लायक नहीं समझा था, वह केवल तेज क़दमों से चलने का ही व्यायाम करती आई थी। पाँच ही मिनटों में अर्पिता बेदम हो गई और उसे लगने लगा कि अब जॉग बंद कर देनी चाहिए। अव्यक्त ने हौंसला दिया, "अर्पिता चलो... चलो... करो भई... दो मिनट और करो।" वह उस इंसान की बात कैसे टाल सकती थी जिसकी वह इतनी इज्ज़त करती थी। उसने दो मिनट तक और जॉग किया। अव्यक्त ने फिर से हिम्मत बँधाई, "अर्पिता... बहुत ख़ूब... बहुत अच्छे... तुम सही ताल में आ गई हो... इस गति को खोने मत दो... चलो... तीन मिनट तक और करो... बस तीन मिनट... अपने दिमाग़ की बात सुनो... यह चाहता है कि तुम अभी और जॉग करो।"

ज़िंदगी में अक्सर लोग अपन मनचाहे मुकामों पर इसलिए पहुँच पाते हैं क्योंकि कोई उनकी देखरेख करने के लिए होता है और उन्हें आगे बढ़ने में मदद देता है। अर्पिता को भी आज वही मदद चाहिए थी। आठ, नौ, दस, हो गया... ग्यारह, बारह, तेरह... अर्पिता खुद ही अपनी सीमाएँ तोड़ते हुए, बीस मिनट तक जॉग करती रही। एक घंटे बाद, जब वह कसरत के कपड़े बदलने जा रही थी, तो उसने देखा कि अव्यक्त जूस बार में उसका इंतज़ार कर रहा था। उसने अर्पिता

को अपने पास बैठने का संकेत दिया। अर्पिता से पूछने के बाद उसने 'गाजर–चुकंदर–पैपरमिंट जूस' के दो गिलास लाने का ऑर्डर कर दिया।

अर्पिता अब भी अपना पसीना पोंछ रही थी। अव्यक्त ने अपनी कोहनी मेज़ पर रखी और अपनी ठोडी हथेली पर टिका कर, अर्पिता को देख कर कहा, "तुम अभी कुछ ही वर्ष पहले तक एक छात्रा थी। क्या तुमने रात को की जाने वाली पढ़ाई के दौरान कभी यह अनुभव लिया? एक ऐसा बिंदु आता है जब तुम्हें बहुत ज़ोर से नींद आती है और अगर तुम किसी तरह, उन क्षणों से परे जा कर, कुछ मिनटों के लिए जाग लेती हो... तो उसके बाद तुम्हारी नींद उड़ जाती है। अर्पिता ने ज़ोर–ज़ोर से गर्दन हिला कर हामी दी।

अव्यक्त ने अपनी बात जारी रखी, "क्या तुमने कभी ऐसा अनुभव भी लिया है... तुम घर लौटती हो और तुम्हें ज़ोरों की भूख लगी होती है। ऐसा लगता है कि भूख के मारे जान ही निकल जाएगी। तुम मम्मी से कहती हो कि वे तुम्हें कुछ खाने को दें। मम्मी को खाने के लिए कुछ तैयार करने में कुछ ही मिनट का वक़्त लगता है; परंतु, तुम्हें ये कुछ पल भी बहुत भारी पड़ते हैं। तुम्हारे पेट में बल पड़ रहे हैं और तभी दरवाज़े की घंटी बजते ही, तुम दरवाज़ा खोलने चल देती हो। तुम्हें दरवाज़े पर अपनी सबसे पक्की सहेली दिखाई देती है। तुम उसे डाइनिंग टेबल पर अपने साथ खाने का न्यौता देती हो, पर वह तुम्हारे प्रस्ताव को ठुकरा देती है। इस तरह, तुम दोनों तुम्हारे लिविंग रूम में बैठ कर गप्प लगाने लगते हो। वह दुनिया–जहान की सारी बातें करने के बाद, आधा घंटा खपा कर लौट जाती है। अब सबसे बड़े आश्चर्य की बात यह सामने आती है कि, तुम्हारी भूख मर गई है; मतलब कह सकते हैं कि तुम्हारा कुछ खाने का मन ही नहीं कर रहा।" "बेशक ऐसा हुआ है।" अर्पिता ने कबूल किया।

अव्यक्त ने आगे पूछा, "क्या तुम इस अनुभव से भी कभी गुज़री हो... तुम किसी पार्टी में जाती हो और लोग पहले से डांस फ़्लोर पर नाच रहे हैं। दूसरे तुम्हें भी वहाँ घसीट ले जाते हैं और तुम बेमन से नाचने लगती हो। नाचने के कुछ ही मिनट बाद, तुम्हें थकान सी महसूस होती है और तुम तय करती हो कि बस अब और डांस नहीं करोगी। तभी डी जे तुम्हारा मनपसंद गाना लगा देता है और तुम उस गाने पर नाचने के लिए खुद को मना लेती हो... इसके बाद तो तुम खुद को नाचने से रोक ही नहीं पातीं। एक ऐसा मोड़ या बिंदु भी आता है, जिसके बाद तुम कोई थकान महसूस करने की बजाय, खुद को जोश और उमंग से भरपूर पाती हो, और इतनी ऊर्जा से भरपूर महसूस करती हो कि डांस फ़्लोर को छोड़ने का ही मन नहीं करता।"

मेज़ पर 'गाजर–चुकंदर–पैपरमिंट जूस' के दो गिलास कब के रखे जा चुके थे, परंतु दोनों में से किसी ने भी उस ओर झाँका तक नहीं था। अर्पिता अव्यक्त की बात पर हामी देते हुए मुस्करा रही थी। अव्यक्त ने कहा, "यहाँ तक कि आज भी, जब तुम ट्रेडमिल पर थी तो क्या तुमने लक्ष्य किया कि एक ऐसा बिंदु आ गया था, जहाँ आकर तुम बस करना चाहती थीं? पर तुम किसी तरह हिम्मत बटोर कर, उस बिंदु से आगे आईं और उस हद से भी आगे निकल सकीं, जिसे तुम अपने लिए संभव तक नहीं मानती थी।"

अर्पिता ने मेज़ पर कोहनी टिकाते हुए, ठोडी को दोनों हाथों की हथेलियों में रख लिया और अपना चेहरा अव्यक्त की ओर हल्का सा झुका दिया। अव्यक्त ने आराम से कुर्सी से टेक लगाई, दोनों हाथ छाती पर बाँधे व बात को आगे बढ़ाते हुए कहा, "यह एक नियम है... अस्तित्ववाद संबंधी नियम। ज़िंदगी आपके रास्ते में एक काल्पनिक अंतिम रेखा खींच देती है। उसके पास साधारण कोटि को दूसरों से अलग करने का यही एक तरीक़ा है। प्रत्येक साधारण स्तर का व्यक्ति, उसी काल्पनिक अंतिम रेखा को ही अंतिम जान कर वहीं थम

जाता है। केवल कुछ चैंपियन ही उस काल्पनिक अंतिम रेखा से परे जा पाते हैं। ज़िंदगी हमेशा अपनी प्रचुरता को उस काल्पनिक अंतिम रेखा से परे रखती है। उस काल्पनिक अंतिम रेखा से ठीक आगे, एक स्वर्ग बाँहें फैलाए, हमारी प्रतीक्षा करता रहता है। थोड़ा और आगे चलो... जो भी अंतिम रेखा दिखे, उसे कबूल मत करो। ज़िंदगी ने हमारे चलने वाले सभी रास्तों पर जाल बिछा रखे हैं। इसी तरह वह चैंपियनों और नाकाबिल लोगों में भेद कर पाती है। साधारण स्तर के व्यक्ति उसे ही अंतिम रेखा मानते हैं और वहीं ठहर जाते हैं। असाधारण व्यक्ति जानता है कि यदि वह उस काल्पनिक अंतिम रेखा से परे जा सकता है, तो किसी भी तरह की अंतिम रेखाएँ शेष नहीं रहेंगी।"

"अर्पिता! ज़िंदगी से जुड़े सभी जादू और करिश्मे, उस काल्पनिक अंतिम रेखा से परे जाने पर ही सामने आते हैं। रात को की जाने वाली पढ़ाई, भूख, नृत्य या दौड़ का ही उदाहरण क्यों लें... यहाँ तक कि संबंधों में भी ऐसा ही होता है। कई बार, आप जिस संबंध को दिल से सराहते हैं, वह एक अजीब से मोड़ पर आ खड़ा होता है... ऐसा लगता है मानो सब कुछ पल भर में बिखर जाएगा। यदि संबंध से जुड़े दो लोगों में से, कोई एक भी थोड़ा सा और सब्र कर ले, तो वही संबंध ऐसी गहराइयों तक जा पहुँचेगा, जिनकी किसी ने कल्पना तक नहीं की होगी। कविता लिखते समय, प्रायः कवि ऐसे बिंदु पर आ जाता है जिसके बाद एक भी पंक्ति दिमाग़ को नहीं सूझती। उसका दिमाग़ जैसे कोरा हो जाता है। एक अच्छा कवि जानता है कि अगर वह कुछ देर और, उसी अवस्था में रहा तो निश्चित रूप से अगली पंक्ति सूझ जाएगी और पूरी कविता एक ही प्रवाह में सामने आ जाएगी। उसकी भावनाओं का ज्वार फिर से उमड़ने लगेगा। यह किसी संप्रेषक के लिए एक और शब्द, किसी चित्रकार के लिए ब्रश के एक और स्ट्रोक, किसी व्यवसायी के लिए एक और दिन का सवाल है, अर्पिता... एक

और दिन। जब तुम बिल्कुल हार मानने के कगार पर होते हो, बस ठीक वहीं से थोड़ा और सब्र रखने की ज़रूरत होती है... थोड़ा सा और आगे आने की ज़रूरत होती है। वही सीमा रेखा से परे जाने का बिंदु होता है। जब तुम्हें लगता है कि अब सब ख़त्म हो गया, वहीं थोड़ा सा और जारी रखने की ज़रूरत होती है। जिसे तुम समाप्ति का बिंदु मानते हो, वहीं से आगे जाना होता है। अपने हर प्रयास में और अपने लिए चुने गए हर रास्ते पर, उस काल्पनिक अंतिम रेखा से परे जाओ। अंत तक स्थिरता के साथ डटे रहोगे तो अंत भी शक्तिशाली बन जाएगा।"

तब तक, अर्पिता अव्यक्त के साथ इतना जुड़ाव महसूस करने लगी थी कि न केवल उन दोनों में आपसी संप्रेषण हो रहा था बल्कि उनमें आपसी कंपनों व स्पंदनों का भी आदान-प्रदान हो रहा था। अर्पिता अव्यक्त के कंपनों को अपनी ओर आकर्षित कर पा रही थी।

अव्यक्त ने कहा, "मेरी बच्ची! इसे हम सूक्ष्म स्तर पर, 'काल्पनिक रेखा से परे' का नियम कहते हैं। जब इसी तथ्य को स्थूल स्तर तक लाया जाता है, तो यह क्रिटिकल मास 'क्रांतिक द्रव्यमान' का नियम बन जाता है। जब कुछ निश्चित महत्त्वपूर्ण संख्या, निश्चित सजगता पा लेती है, तो यह सजगता एक से दूसरे दिमाग़ तक प्रेषित होती है। जब कुछ सीमित लोग ही, किसी एक उपाय या तरीक़े को सीखते हैं, जो यह उन लोगों की सजग संपत्ति बन कर रह जाती है परंतु एक ऐसा बिंदु भी आता है, जब अगर एक भी और व्यक्ति को इस सजगता से जोड़ दिया जाए तो एक ऐसा सशक्त क्षेत्र सामने आता है कि इस सजगता को तकरीबन सभी लोग अपने जीवन में अपना लेते हैं! उस समय मानवता की चेतना व सजगता के स्तर में नाटकीय व सामूहिक परिवर्तन व कायाकल्प देखने को मिलेगा। ऐसा तब होता है जब क्रांतिक द्रव्यमान बदलाव के बिंदु तक आ जाता है। जब आध्यात्मिक चेतना से भरपूर कुछ लोगों की निश्चित संख्या सामने

आती है, तो यह संसार आध्यात्मिक क्रांति का साक्षी बनता है। क्या हमने नहीं देखा कि सोशल नेटवर्किंग साइटों के साथ क्या हुआ? वहाँ मात्रात्मक परिवर्तन ही गुणात्मक परिवर्तन लाने का कारण बन गया। विचार हो या उत्पाद, संदेश हो या व्यवहार... क्रांतिक द्रव्यमान के बिंदु पर आने के बाद, यह वायरस की तरह फैलता है... मानो वैचारिक स्तर पर कोई महामारी आ गई हो। उस बिंदु से परे, विकास या वृद्धि सदैव ज्यामितीय रूप से उत्तरोतर होती है। अंतिम रेखा से ठीक परे, क्रांतिक द्रव्यमान का बिंदु वह जादुई क्षण है, जब सब कुछ जंगल की आग की तरह फैलने लगता है... सब कुछ जैसे एकबारगी बदल जाता है। मैं तुम्हारे लिए सबसे अधिक और उससे भी अधिक की कामना करता हूँ... और अर्पिता तुम अपने जीवन के प्रत्येक पहलू में, अधिक और उससे भी अधिक... को अनुभव करोगी, बस तुम्हें काल्पनिक अंतिम रेखाओं से परे देखने की आदत बरकरार रखनी होगी।"

अव्यक्त और अर्पिता अपने पार्किंग लॉट की ओर चल दिए। अव्यक्त ने अपनी कार का दरवाज़ा खोलते हुए, अर्पिता को देखा व कहा, "एक बिंदु (.) का अर्थ होता है समाप्त होना परंतु यदि इसमें दो और बिंदु लगा दें, (...), तो यह निरंतरता का निशान बन जाता है, एक अनंत निरंतरता का प्रतीक बन जाता है। इसी अनंत निरंतरता के साथ चलती रहो।"

परीक्षा की घड़ियाँ

बंदूक से निकली गोली, कभी लौट कर बंदूक में नहीं आ सकती। उसे तो निशाने पर लगना ही होगा। शुरू किए गए किसी भी काम को पूरा तो होना ही चाहिए। राह में आने वाला बड़ा पत्थर आपके मार्ग की बाधा है या आगे जाने के लिए एक ऊँचा पायदान, यह इस बात पर निर्भर करता है कि आप उसे कैसे प्रयोग में लाते हैं। हमें उपनिषदों का ज्ञान देने वाले ऋषि-मुनियों ने कहा है, *चरैवेति, चरैवेति*। अर्थात्, 'चलते रहो, चलते रहो, कहीं पर भी थमो नहीं। कहीं पर भी स्थिर न हो। निरंतर प्रयास करते रहो। कहीं मत रुको। कहीं पर भी विश्राम मत लो। चलते रहो। आगे बढ़ते रहो...।'

"गुड मॉर्निंग! कैसे हैं?" "ओह! मैं तो सातवें आसमान पर हूँ।"

"आप सुनाएँ, कैसा चल रहा है?" "खुश हूँ! मैं बहुत खुश हूँ। और आपसे बहुत स्नेह रखता हूँ।"

"ज़िंदगी कैसी कट रही है?" "बेशक! बड़े मज़े में कट रही है। मैं तो दिन-रात विस्तार के बारे में ही सोचता हूँ। मैं तो आज तक इस रूप में नहीं जिया। बस आनंद ही आनंद है प्यारे!"

जब भी इस बिरादरी के लोग आपस में मिलते, तो वे आपस में इसी तरह की बातें करते और ऐसे ही भाव देते। परंतु उस धरती पर बहुत बदलाव आ चुके थे, जिसे कोलंबस ने खोजा था। भूकंप के केंद्र से

परे जा कर भी हमेशा झटके महसूस किए जाते हैं। मीलों-मीलों दूर, दिन-ब-दिन, झटकों का असर बरकरार रहता है। क्या दुनिया के कुछ हिस्सों में आया भूकंप, दुनिया के दूसरे हिस्सों के लिए भयंकर सुनामी नहीं लाया? विनाश के स्त्रोत के अतिरिक्त, दूसरे स्थानों पर भी बहुत से लोगों की जानें गईं। हालाँकि आर्थिक भूकंप 'अवसरों की धरती' पर आया था, बाक़ी दुनिया में भी इसका कंपन महसूस किया गया क्योंकि पूरी दुनिया सिमट कर एक आर्थिक वैश्विक गाँव बन गई है।

मनुष्य का एकमात्र तारनहार, ईश्वर, बहुत ही क्रूर हास्यप्रियता रखता है। यह आवश्यक नहीं कि उसकी लीला, मनुष्य के होठों पर मुस्कान ही लाएगी। कभी-कभी, उसकी लीला इंसान को रुला भी देती है पर तब, यह पूछने की कोई तुक नहीं रह जाती कि आँकड़े 15, 30 या 40 क्यों हैं? सचमुच यह पूछने की कोई तुक नहीं बनती कि खेल के नियम क्यों हैं या टेनिस कैसे खेला जाता है? एक शतरंज की बिसात पर चौंसठ खाने क्यों होते हैं? एक गोल्फ़ के मैदान में 18 छेद क्यों होते हैं? क्रिकेट में 22 यार्ड्स (गज) को सब जगह मान्यता क्यों दी जाती है, परंतु सीमा रेखा कैसे बदलती रहती है? इन सब सवालों को पूछने का कोई मतलब ही नहीं बनता। खेल के चाहने वाले, खेल के नियमों पर सवालिया निशान लगाने पर, आपको मूर्ख कहेंगे। अगर मनुष्य के हाथों रचे गए खेलों के साथ ऐसा होता है, तो उस प्रभु के रचे खेलों के बारे में क्या कहा जाए? वह इतनी क्रूर हास्यप्रियता के साथ अपनी लीला रचता है कि मनुष्य को बार-बार... कठिन घड़ियों का सामना करना होता है। उसके इन खेलों व लीला के बारे में कुछ नहीं कहा जा सकता। इसकी बजाय, खेलने के नियम सीखें, खेल में निपुणता पाएँ, इसे अच्छी तरह से खेलें और जीत कर दिखाएँ। मनुष्य को उसकी लीला या खेल के बारे में यह विश्वास होना चाहिए कि अंत हमेशा सुखद व सुंदर होने के साथ-साथ मनुष्य के अनुकूल ही होता है। आरंभ से यह जान कर चलें कि अंत सुखद ही होगा। यह भरोसा

रख कर चलें कि कोई भी माता-पिता अपने बच्चे को पढ़ने के लिए ऐसी कहानी नहीं देते, जिसका अंत सुखद न हो, और जीवन के इस खेल को पूरी निर्भीकता के साथ खेलें।

अभी तो इस बिरादरी में बोले जाने वाले जुमले और लोगों के भाव बिल्कुल ही अलग दिख रहे थे। "मुश्किल वक़्त है।" "हमें उनमें से 100 को निकालना पड़ा।" "हमें बहुत चुभन महसूस हो रही है।" "मैं अपने सपनों को आँखों के आगे चकनाचूर होते देख रहा हूँ।" ये जुमले इस बिरादरी के लिए बिल्कुल ही नए थे। हालाँकि जब मेरे पड़ोसी के घर में आग लगती है, तो मैं कोई मदद नहीं कर सकता, बस घबराहट महसूस करता हूँ। जिस तरह शारीरिक रोग संक्रमण फैला सकते हैं, उसी तरह मानसिक संताप भी संक्रमित होता है। उदासी व दुख से भरे विचारों तथा नकारात्मक सोच के बहुत-से आदान-प्रदान के कारण, जो लोग प्रत्यक्ष रूप से इस चीज़ से प्रभावित नहीं थे, वे भी अपना मानसिक केंद्रबिंदु, बौद्धिक संतुलन व भावात्मक केंद्र खोने लगे। जिस चीज़ की उपेक्षा नहीं की जा सकती, हमें उसे सहन करना सीखना चाहिए। जब भागने का कोई विकल्प न रहे, तो हमें निश्चित रूप से लड़ने का विकल्प अपनाना चाहिए। एक जीवनरक्षक नौका की आवश्यकता थी। अव्यक्त आ पहुँचा। लोग उसके आसपास आ बैठे। वह मुस्करा कर बोला, "मेरे पास सब कुछ बदलने के लिए कोई जादू की छड़ी नहीं है, पर मेरे पास चलते समय सहारा देने वाली छड़ी ज़रूर है, जो हमें खड़े होकर चलने व आगे बढ़ने के लिए सहारा व ताकत देगी।"

अव्यक्त ने कहा, "हमने अच्छे वक़्त का भरपूर आनंद लिया है। हमें इस मुश्किल वक़्त को भी सहना होगा। मैं तुमसे वादा करता हूँ कि हम अद्भुत समय का अनुभव ले सकेंगे। प्राचीन रोम में, एक व्यक्ति राजा के सिर पर फूलों का ताज थामे रहता और बीच-बीच में ये शब्द दोहराता, "तुम नश्वर हो।" इन शब्दों का उद्देश्य यही था कि

उस व्यक्ति को याद दिलाया जाता रहे कि इतना शक्तिशाली होने पर भी वह एक मनुष्य ही था, एक नश्वर जीव! मुझे तो ऐसा लगता है कि हमें ईश्वर के साथ खेल करने छोड़ देने चाहिए और यह समझना चाहिए कि ऐसे वक़्तों में हमें सारे जवाब नहीं मिल सकते। हम नश्वर जीव हैं, मनुष्यों के पास बहुत से प्रश्न होते हैं पर ये आवश्यक नहीं कि उनके पास सारे उत्तर भी हों। गिरने का अर्थ यह नहीं कि कोई असफल हो गया। 'आगे बढ़ते रहने' की यह इच्छा ही हमें इस बिंदु तक लाई है और यही इच्छा, हमें आगे तक भी ले जाएगी। एक सूर्यास्त के बाद सब कुछ नीचे आ जाता है। एक सूर्योदय के बाद सब कुछ ऊपर जाएगा। उस एक सूर्योदय की तलाश में लगे रहें, जिसके बाद सब कुछ बदल जाएगा। एक और दिन... एक और बार... बस उस अंतहीन दिखने वाली सड़क पर एक क़दम और बढ़ाएँ, जिसके आगे कोई मंज़िल तक नहीं दिखती। इस ग्रह पर आने वाला प्रत्येक मनुष्य, तथा पूरी मानवता; इतिहास के विविध कालों में, जीवन में ऐसे मोड़ या बिंदु का सामना करती आई है, जब आगे जाना ही व्यर्थ लगने लगता है, जब घटनाओं और परिस्थितियों के कारण हर चीज़ का दम सा घुटने लगता है, जब केवल यही हल संभव जान पड़ता है कि उस सड़क के बीच बैठ जाएँ और दुनिया व बाक़ी सब को अपने आसपास से निकल जाने दें। आज, हम समझते हैं कि हम उन हालात से क्यों गुज़रे और उस बीते कल में, हम पर क्या बीती? इसी तरह, हम आने वाले कल में यह समझ जाएँगे कि वर्तमान में हम इन हालात से क्यों गुज़रे और आज हम पर ये सब क्यों बीता?"

प्राथमिक चिकित्सा से चोट का इलाज नहीं किया जा सकता, परंतु इससे उसमें और बिगाड़ होने की संभावना घट जाती है। चिकित्सा अपना समय लेगी। वैश्विक तंत्रों में, वर्षों के अधूरेपन को एक दिन में ठीक नहीं किया जा सकता। माउंट ऐवरेस्ट की ऊँचाई तक पहुँचने में कितनी मेहनत लगती है? वहाँ से गिरने में कितनी देर लगती है?

अगर हम उस अंतर को समझते हैं, तो हम समझ जाएँगे कि उत्थान में हमेशा समय लगता है और पतन अचानक व तात्कालिक होता है। अव्यक्त केवल मानसिक प्राथमिक-चिकित्सा प्रदान कर रहा था। जीवन का यह खेल बेहद कठिन है, परंतु यह ऐसा खेल भी नहीं, जिसे खेला न जा सके। दर्शकों में कुछ तो इतना भारी दिल लिए बैठे थे कि वे अव्यक्त की बातों का सार नहीं समझ सके। अक्सर ऐसा ही होता है, जिन लोगों को समाधानों की सबसे अधिक आवश्यकता होती है, वही उन पर सबसे कम ध्यान देते हैं। यह बात कितनी सच है कि विकास को सिखाया नहीं जा सकता, इसे तो पकड़ना होता है। हालाँकि कुछ लोग ऐसे भी थे, जो सहमति में सिर हिला रहे थे और एक-दूसरे को ऐसी नज़रों से देख रहे थे, जो कह रही थीं 'मैं समझ गया।'

अव्यक्त ने बात को स्पष्ट करते हुए कहा, "मैं इस दौर को बुरा वक़्त या बुरा दौर नहीं कहना चाहता क्योंकि यह 'सुधार की अवधि' है। जो कुछ भी उगाया जाता है उसे फसल कहते हैं। जो अपने-आप उग जाता है, उसे खरपतवार कहते हैं। फसल मानवीय श्रम का परिणाम व प्रभाव है। एक अच्छी अर्थव्यवस्था में, प्रत्येक व्यक्ति धन अर्जित करता है। एक बुरी अर्थव्यवस्था में, केवल अच्छे लोग ही पैसा कमा पाते हैं। ऐसे ही वक़्त के दौरान आप जान पाते हैं कि आप किस मिट्टी के बने हैं? आप कोई फसल हैं या खरपतवार? निवेश, काम की तुलना में कहीं बेहतर व अच्छे परिणाम देने लगे थे इसलिए काम अपनी गरिमा व मर्यादा खोने लगा था। काम और निवेश, इन दोनों का मेल अर्थव्यवस्था के लिए बहुत अच्छा है पर जब निवेश काम का ही स्थान ले लेता है, तो यह अर्थव्यवस्था के लिए किसी अभिशाप से कम नहीं होता। धन से इतना धन कमाया जा रहा था कि मानवीय योग्यता, क्षमता, शिक्षा, नेतृत्व, अनुभव, विशेषज्ञता व संगठनों का क्रमबद्ध विकास अपना मूल्य खोने लगे थे। अगर हर व्यक्ति लॉटरी

जीत कर ही पैसा बनाने लगे, तो पवित्रता का काम ही क्या रहा? हम जो अनुभव कर रहे थे, वह सही मायनों में, कड़ी मेहनत से कमाए गए धन द्वारा अर्जित, जीवन स्तर का उत्थान नहीं था। हम उस समय क्रेडिट कार्ड अर्थव्यवस्था का अनुभव ले रहे थे, एक उधार की अर्थव्यवस्था – एक ऐसी अर्थव्यवस्था, जहाँ एक आम आदमी की उधार लेने की क्षमता, उसकी आय अर्जित करने व उधार चुकाने की क्षमता के अनुपात में नहीं थी – मैं इसे 'झूठे धन' की अर्थव्यवस्था कहता हूँ। मैं इसे 'काल्पनिक धन' की अर्थव्यवस्था कहता हूँ। एक सुधार की आवश्यकता थी, और वही सुधार हो रहा है।"

चेहरों पर यहाँ–वहाँ मुस्कानें दिखने लगीं। यदि समस्या को परिभाषित कर दिया जाए, तो वह उसके समाधान का प्रारंभ होता है। अव्यक्त ने आगे कहा, "मानवता का निर्माण कुछ निश्चित मूल्यों के आधार पर हुआ है, जैसे – वचनबद्धता, दृढ़ संकल्प, ईमानदारी, निष्ठा, अखंडता, लोच व पसीना बहाने की इच्छा आदि। एक ऐसा दौर आ गया था, जब प्रबंधन कर्मचारियों का शोषण कर रहा था। वह अनुचित था। हम हाल ही में ऐसे दौर से गुज़रे हैं, जब कर्मचारी अपने बायोडाटा में निखार और ऊँचे वेतन पाने के लिए अपने संगठनों को अस्थायी आधारों के रूप में प्रयोग कर रहे थे। यह भी अनुचित था। रोटी देने वाले और रोटी कमाने वाले को एक ऐसी व्यवस्था व संतुलन के बीच काम करना होता है ताकि दोनों को ही लाभ हो सके। एक सुधार की आवश्यकता थी और सुधार हो रहा है। अच्छे दौर अनुत्पादकता का बचाव कर लेते हैं। बुरे वक़्त अनुत्पादकता को उभार कर सामने ले आते हैं और अब वही हो रहा है। हमारे लिए परीक्षा की घड़ियाँ हैं, परंतु अच्छाई को कभी पूरी तरह से परित्यक्त नहीं किया जाता। वैसे भी इस दौर में तुम्हें मज़बूत बनते हुए, स्वयं पर भरोसा रखना होगा। भारी बोझ ढो कर चलने वाला इंसान तभी तक आराम से चल सकता है, जब तक वह चल रहा है। जिस पल वह रुकेगा, उसका बोझा और

भी भारी हो जाएगा व रास्ता और भी लंबा लगने लगेगा। आप जितना ज़्यादा लंबे समय तक किए जाने वाले काम को टालते हैं, उसे आरंभ करना उतना ही कठिन होता जाता है। इसलिए लगातार चलायमान रहें। भले ही आपकी गति धीमी क्यों न हो, बस आपको चलते जाना है, चलते जाना है। जीवन तो केवल गेहूँ और भूसे को अलग कर रहा है। अगर आप में हिम्मत है, तो बस चलते रहें... काँटों के पार गुलाब आपकी प्रतीक्षा में हैं। थकान का एहसास होना तो स्वाभाविक ही है, पर आपको रुकना नहीं है। जब हम जीवन में रिर्वस गियर लेने से इंकार कर देते हैं, तो हम अपने-आप को टॉप गियर में डाल देते हैं।"

अव्यक्त ने कहा, "श्री कृष्ण ने कहा है, "हे भारत (अर्जुन), जब-जब धर्म की हानि होती है या उस पर कोई संकट आता है; जब अधर्म नियंत्रण के बाहर हो जाता है, तभी मैं अपनी सभी शक्तियों के साथ पुन: अवतार धारण करता हूँ ताकि विश्वास की फिर से स्थापना हो सके।' मेरे प्रिय मित्रों, मुझे तो लगता है कि ईश्वर ने हमें थोड़ा सा सावधान किया है। मुझे नहीं लगता कि वे सुधार लाने के लिए बुरी अर्थव्यवस्था के संदर्भ का उपयोग करेंगे! हमने अच्छे दौर का भरपूर आनंद लिया है। हमें अब कठिन दौर का भी सामना करना है। और, मैं आपसे वादा करता हूँ कि आप आने वाले समय में और भी अद्‌भुत दौर का अनुभव ले सकेंगे।"

एक नेता से सांत्वना की नहीं, बल्कि समाधानों की अपेक्षा की जाती है। लोगों को दिलासा नहीं, बल्कि आगे बढ़ने की प्रेरणा की आवश्यकता होती है... अव्यक्त ने अपनी बिरादरी को सशक्त बनाने के लिए कहा, "बंदूक से निकली गोली, कभी लौट कर बंदूक में नहीं आ सकती। उसे तो निशाने पर लगना ही होगा। शुरू किए गए किसी भी काम को, पूरा तो होना ही चाहिए। राह में आने वाला बड़ा पत्थर, आपके मार्ग की बाधा है या आगे जाने के लिए एक ऊँचा पायदान, यह इस बात पर निर्भर करता है कि आप उसे कैसे प्रयोग

में लाते हैं। हमें उपनिषदों का ज्ञान देने वाले ऋषि–मुनियों ने कहा है, 'चरैवेति, चरैवेति।' बुद्ध अपने सभी प्रवचनों के अंत में, प्रायः यही कहते थे, 'चरैवेति, चरैवेति' अर्थात्, 'चलते रहो, चलते रहो, कहीं पर भी थमो नहीं। कहीं पर भी स्थिर न हो। निरंतर प्रयास करते रहो। कहीं मत रुको। कहीं पर भी विश्राम मत लो। चलते रहो। आगे बढ़ते रहो...। *'चरैवेति, चरैवेति।'* सबसे अधिक और उससे भी अधिक पाने की कामना करो..., और अधिकतम से भी अधिक से कम पर तो किसी भी क़ीमत पर मत मानो...।"

मनुष्य का मन ही मनुष्य है। यदि आपने उसके मन को बदल दिया तो जान लें कि आपने मनुष्य को बदल दिया। उस दिन, अव्यक्त के अनुभव लेते हुए, उन लोगों में कुछ तो बदलाव आया ही था। उस आंतरिक बदलाव का असर, देर–सवेर दिखाई ज़रूर देगा।

यह 'किसी तरह' नहीं है! यह है 'किस तरह'?

सर्वोत्कृष्ट बनने की अनिच्छा, उत्तरदायित्व स्वीकार करने में ना-नुकुर और नेतृत्व से संकोच रखते हुए दूर भागना, किसी भी व्यक्ति की योग्यताओं की राह में बड़ी बाधा बन सकते हैं। आप जितने बेहतर हैं, आप अपने-आपको ऊँचाई पर उतना ही अधिक प्रयोग में ला सकते हैं। आप जितने बेहतर हैं, अपने-आपको ऊँचाई पर उतना ही अधिक प्रभावी बना सकते हैं। तो केवल एक अनुयायी मात्र नहीं बल्कि अपने भीतर एक नेता बनने की इच्छा उत्पन्न करें।

सफलता से मीठा कुछ नहीं होता। असफलता से अधिक कड़वा कुछ नहीं होता। यह एक ऐसा संगठन है, जिसने दोनों को ही चखा है, और अब वे इन दोनों में अंतर करना जानते हैं। पिछला वित्तीय वर्ष असफल रहा था, पर यह वर्ष ज़बरदस्त और सनसनीख़ेज़ रहा। पिछले साल की वार्षिक समालोचना मीटिंग की यादें, अब भी उन कर्मचारियों के बीच ताज़ा थीं, जो संगठन के बुरे दौर के बावजूद उसके साथ रहे। कुछ लोग असहाय होने के कारण साथ थे, कुछ लोग एक उम्मीद के साथ थे और कुछ लोगों ने संगठन के सी.बी.ओ. यानि चीफ़ बिलीफ़ ऑफ़िसर, अव्यक्त पर पूरा भरोसा होने के कारण, संगठन का साथ नहीं छोड़ा था।

अव्यक्त ने पिछले साल की मीटिंग में, मायूसी से ढुलके हुए कंधों से

भरी सभा को समाप्त करते हुए कहा था, "इस साल हमने पराजय का सामना किया है। हम दूसरों की तुलना में जो प्राप्त करते हैं, उसे सफलता नहीं कहते पर हम जिस लायक हों, उसकी तुलना में जो पाते हैं, वही सफलता कहलाती है। घोंघे की गति से आगे बढ़ना, किसी घोंघे के लिए सफलता हो सकती है, परंतु किसी खरगोश के लिए तो नहीं! बेशक, किसी खरगोश की गति से आगे न बढ़ पाने को हम घोंघे की असफलता भी नहीं कहेंगे। जब हम वह नहीं कर पाते जो हम कर सकते हैं, तो वह हमारे लिए उलझन बन जाता है। यही वजह है कि मैंने कहा, हमने अपने-आप को ही हराया है। हम अपने प्रतियोगियों से नहीं हारे, हमने अपने ही हाथों पराजय का स्वाद चखा है। मैं इस पराजय का सारा उत्तरदायित्व अपने सिर लेता हूँ। यह पराजय नेतृत्व के स्तर पर थी। जो बीत गई, सो बात गई। हमें अपने-आप को जगाने के लिए सख़्त झटके की ज़रूरत थी और शायद यह वही था। इससे संगठन के अहं को ठेस पहुँची है। सामूहिक भय ही साहस है। सामूहिक ठेस ही क्रांति का बीज है। अब ख़ास बात यह है कि हमें इस ठेस को प्रदर्शन की दिशा में निर्देशित करना होगा। सफलता महानतम नैतिक बदला है। आप वर्षा आने से बहुत पहले उसका अनुमान लगा सकते हैं। उसकी खुशबू पहचान सकते हैं। उसी तरह मैं भी सफलता की गंध पा सकता हूँ। यह हमारी ओर आ रही है। जैसे कि हम सब अगले वित्तीय वर्ष की ओर कदमताल कर रहे हैं, मैं आप सबको यह बताना चाहता हूँ कि 'जब एक विजेता पराजित होता है, तो वह सदा एक बेहतर विजेता बनने के लिए सामने आता है।' मैंने अपने मन ही मन में, अंत का मानसिक चित्रण कर लिया है। मैंने अपने मन में एक पथ का भी चयन कर लिया है और इस बार हम कुछ करके दिखाने वाले हैं।"

बेशक, उन्होंने कर दिखाया। यह अगले वर्ष की समालोचना मीटिंग थी। प्रत्येक के पैर थिरक रहे थे। हर संगठन के पास अपने विजेता

और नाकाबिल लोग होते हैं। नेतृत्व की सफलता इसी में छिपी है कि विजेताओं की गिनती, नाकाबिल लोगों से अधिक हो। हालाँकि कुछ लोग, बहुत से लोगों का भार नहीं उठा सकते, पर बहुत से लोग मिल कर, निश्चित रूप से कुछ का भार उठा सकते हैं। इस बार तो ऐसा लग रहा था मानो मीटिंग विजेताओं का ही समूह हो। एक के बाद एक, प्रत्येक कर्मचारी उठ कर, मंच पर गया और अपने व्यक्तिगत प्रदर्शन की समालोचना की। आज तो पूरा दिन तालियों की गड़गड़ाहट और खड़े हो कर अभिनंदन करने के ही नाम रहा। भरपूर जश्न मनाया गया। क्या समारोह सफलता का ही राग नहीं होते?

पूरे संगठन में, केवल सात व्यक्ति ऐसे थे, जो चैंपियन विजेताओं की सूची में अपना नाम नहीं लिखा सके। उन्हें भी मंच पर जा कर, अपनी भावनाएँ बाँटने को कहा गया। सात में पाँच तो अपनी असफलताओं के लिए तर्क व सफ़ाइयाँ देने में सफल रहे। बेचारी आत्माएँ! संभवत: उन्हें एहसास ही नहीं हुआ कि असफलता के लिए सफ़ाइयाँ पेश करने का अर्थ होता है, अपने लिए और अधिक असफलताओं को निमंत्रण देना! असफलता के लिए सफ़ाइयाँ देने या तर्क प्रस्तुत करना कुछ ऐसा ही है मानो आप दर्द निवारक बाम का प्रयोग कर रहे हैं, उससे दर्द तो घट सकता है परंतु उससे निशान कभी नहीं मिटते।

जब अव्यक्त ने पिछले साल की मीटिंग में कहा था, "जब भी कोई विजेता पराजित होता है, तो वह हमेशा एक बेहतर विजेता बनने के लिए लौटता है।' तो वह उन लोगों की ओर संकेत कर रहा था जो असफलता की चोट को सफल होने के संकल्प में बदल देते हैं। बाक़ी बचे दो व्यक्ति उसी श्रेणी के थे। जिस समय वे मंच पर आए, उनकी आँखें लाल सुर्ख़ हो रही थीं। उन्होंने बीते हुए वर्ष के बारे में ज़्यादा बात नहीं की पर वे आने वाले वर्ष की बार-बार चर्चा करते रहे। उनके शारीरिक हाव-भाव, भिंची हुई मुट्ठियाँ, हथेलियों की तालियाँ, सिर हिलाकर हामी भरना, इंकार की मुद्रा में नहीं बल्कि बार-बार हामी देते

हुए सिर को ऊपर–नीचे करना, और इन सबके अतिरिक्त, उनकी आँखों में छिपा संदेश, जो शब्दों में प्रकट नहीं हो सका – वह सब उनकी सफल होने की दृढ़ निष्ठा को ही प्रकट कर रहा था। वे लोग चाहे जो भी बोले, उन बातों के अलावा उन्होंने एक बात एक–सी कही, “मैं किसी तरह अगले साल चैंपियन की श्रेणी में आकर दिखाऊँगा। मैं नहीं जानता कि ये कैसे होगा, परंतु मैं इसे किसी भी तरह से संभव करना चाहता हूँ।” दोनों बार, जब ये वाक्य कहा गया, अव्यक्त दोनों बार वक्ताओं को देख कर मुस्कराया, और जो कोई भी अव्यक्त को जानता था, उसे पता था कि इस मुस्कान के पीछे कोई गहरा अर्थ छिपा था। जब कोई मुस्कान केवल चेहरे की माँसपेशियों की कसरत या मात्र कार्पोरेट शिष्टाचार नहीं होती, बल्कि चेहरे पर निरंतर खिली रहती है, तो यह सदा गहन विचारों तथा भावनाओं का प्रतिबिंब होती है।

अव्यक्त की ओर से छोटे–से संबोधन के साथ मीटिंग का समापन हुआ। “बहुत–बहुत बधाई! हम सभी इन क्षणों को पाने के हक़दार हैं। फिर भी, आपको थोड़ा सावधान रहने को कहना चाहता हूँ। केवल ऊपर तक चले जाना ही सफलता नहीं कहलाता, सही मायनों में वहाँ बने रहना ही सफलता है। सफलता कोई एक बार में पाई जाने वाली उपलब्धि नहीं होती, इसकी निरंतरता बनी रहनी चाहिए। पिछले वर्ष, आपमें से तकरीबन सभी ने जाना कि आप कितने अच्छे हैं। इस वर्ष, अपने–आप को और बेहतर बनाने का प्रयास किया। हमें व्यक्तिगत रूप से तथा संगठन के रूप में भी, अपने लिए बने मापदंडों को बढ़ाते रहना चाहिए। इस वर्ष, मैं आपको अंकों के अतिरिक्त, बिल्कुल नए तरह के लक्ष्य सौंप रहा हूँ ताकि आप उन्हें पा कर दिखा सकें।”

फिर, मानो वह यही चाहता था कि वे उस रोमांच पर विचार करें, उसने पानी का गिलास उठाने के बहाने, जान–बूझ कर अपनी बात को बीच में ही रोक दिया। कमरे में उत्सुकता व बेचैनी का अजीब–सा

मिश्रण दिखाई दिया। अव्यक्त ने, पूरे मनोयोग से प्रतीक्षा कर रही सभा से कहा, "अक्षम व अपरिपक्व नेतृत्व द्वारा, मानवीय संभावना व प्रतिभा का अधिकतम सीमा तक उपयोग न होने के कारण ही, आज का कॉर्पोरेट जगत पतन के गर्त में जा रहा है। तो इसका समाधान क्या हो सकता है? आपमें से अधिक से अधिक व्यक्तियों को, ऐसे कॉर्पोरेट वातावरण की तलाश करनी चाहिए, जो आपको आपकी नेतृत्व क्षमताओं के अभ्यास की अनुमति दे सके। आपमें से अधिक से अधिक लोगों को, नेतृत्व की कमान संभालने के लिए आगे आना चाहिए। यह कहने के साथ, मैं आपको आने वाले वर्ष में, ऐसे अवसर दूँगा कि आप अपनी नेतृत्व क्षमताओं का अभ्यास कर सकेंगे। अच्छे विजेताओं वाला एक संगठन, अपनी सफलता में हमेशा इज़ाफ़ा करता रहता है। अच्छे नेताओं वाला एक संगठन, अपनी सफलताओं को कई गुना करता रहता है। आप लोगों के लिए मेरा लक्ष्य यही है कि मैं आपमें से अधिकतर लोगों को एक नेता के रूप में उभरते देखना चाहूँगा। संगठन में खेलों की तरह कोई एक नेता नहीं होता, संगठन को यह वरदान प्राप्त होता है, कि इसमें अनेक नेताओं के लिए स्थान बनाया जा सकता है।"

अव्यक्त ने पूछा, "कोई जीनियस नेता बनने की अपेक्षा अनुयायी बनना क्यों पसंद करेगा? अगर बिल गेट्स किसी दूसरे व्यक्ति के नेतृत्व में होते; यदि जे आर डी टाटा के पास निर्णय लेने की स्वतंत्रता न होती; यदि महात्मा गाँधी भी किसी के अनुयायी होते; यदि मदर टेरेसा किसी दूसरे मनुष्य के नेतृत्व में होतीं; अगर रिचर्ड बाख़ स्टेनोग्राफ़र होते... तो इतिहास वह न होता, जो आज हमें दिखाई देता है। सर्वोत्कृष्ट बनने की अनिच्छा, उत्तरदायित्व स्वीकार करने में ना-नुकुर और नेतृत्व से संकोच रखते हुए दूर भागना, किसी भी व्यक्ति की योग्यताओं की राह में बड़ी बाधा बन सकते हैं। आप जितने बेहतर हैं, आप अपने-आपको ऊँचाई पर उतना ही अधिक प्रयोग में

ला सकते हैं। आप जितने बेहतर हैं, अपने-आपको ऊँचाई पर उतना ही अधिक प्रभावी बना सकते हैं। तो केवल एक अनुयायी मात्र नहीं बल्कि अपने भीतर एक नेता बनने की इच्छा उत्पन्न करें। हमारे जगत की एक त्रासदी ऐसी है, जिस पर कभी हमारा ध्यान नहीं गया और न ही इसे कभी दर्ज़ किया गया, हमें प्रभावी नेतृत्व के लिए जीनियस नहीं मिले और नेतृत्व ग्रहण करने में उनकी निरंतर अरुचि सामने आती रही।"

चरवाहा अपनी निन्यानवे भेड़ों के सही-सलामत लौट आने की ही खुशी नहीं मनाता, उसे उस इकलौती भेड़ की भी चिंता लगी रहती है, जो झुँड के साथ वापस नहीं लौटी। तो अव्यक्त उन दोनों की ओर बढ़ा, जिन्होंने दृढ़ संकल्प का परिचय दिया था, वह उन्हें अपने केबिन में ले गया। उनकी घबराहट को देखते हुए, अव्यक्त ने उन्हें सहज करने के लिए कहा, "मैं तुम दोनों के सशक्त व दृढ़ संकल्प को सराहता हूँ। मैं तुमसे इसलिए बात करना चाहता था क्योंकि आज मुझे तुममें कुछ कर गुज़रने की ललक दिखाई दे रही है। तुम दोनों ने एक ही बात कही, 'मैं नहीं जानता कि ये कैसे होगा, परंतु मैं इसे किसी भी तरह से संभव करना चाहता हूँ।' अगर तुम नहीं जानते कि कोई काम 'कैसे' करना है, तो तुम इसे संभव कैसे कर सकोगे? एक इच्छा से परिपूर्ण सोच और लक्ष्य में यही अंतर होता है : जब आप किसी काम को करने की इच्छा रखते हैं तो आप नहीं जानते कि 'कैसे;' परंतु एक लक्ष्य के होने पर आप 'कैसे' को भी परिभाषित कर सकते हैं। 'मैं तो बस यूँ ही चलता रहा और एक दिन अचानक माउंट एवरेस्ट की चोटी पर जा पहुँचा,' अगर एडमंड हिलेरी ऐसा कहते तो क्या आप यक़ीन करते? 'मैं तो हर रोज़ यूँ ही ऑफ़िस आता रहा और कड़ी मेहनत करता रहा और एक दिन मुझे भी यह देख कर आश्चर्य हुआ कि हम महान ऊँचाइयों तक पहुँच गए थे।' अगर सैम वॉल्टन ऐसा कहते, तो क्या आप यक़ीन करते? 'मैं तो यूँ ही एक

के ऊपर एक ईंटें रखता चला गया और संयोग से इतना बड़ा ढाँचा अपने-आप ही तैयार हो गया।' अगर कोई ईंटें लगाने वाला मिस्त्री आपसे ये कहे तो क्या आप यक़ीन करेंगे? क्या आप नहीं जानते कि एडमंड हिलेरी ने न केवल प्लान-ए, बल्कि प्लान-बी, प्लान-सी और प्लान-डी तक बना रखे होंगे ताकि प्लान-ए के नाकामयाब होने पर, आगे बढ़ने में बाधा न आए। क्या आप नहीं जानते कि सैम वॉल्टन ने निरंतर काम किया और अपने व्यवसाय की योजनाओं पर कई-कई बार मेहनत की और साल दर साल यही सिलसिला जारी रखा, जब तक उनकी एक रणनीति कारगर नहीं हो गई? और मैं पूरे विश्वास के साथ कह सकता हूँ कि वे अब भी इसमें सुधार के लिए काम कर रहे होंगे। क्या तुम नहीं जानते कि किसी भी राज मिस्त्री के काम से पहले, आर्किटेक्ट की योग्यता का भी योगदान होता है? मेरे प्यारे मित्रों, सफलता के लिए 'पता नहीं कैसे' नहीं, बल्कि हमेशा 'कैसे' का ही प्रयोग करना होता है, तभी उसे पाया जा सकता है।"

अव्यक्त ने उन्हें सहज करने के लिए और जो कुछ भी कहा, उसे मानसिक रूप से पचाने का समय देने के लिहाज़ से, चाय के लिए पूछा। उसने कहा, "आप लोग अपनी चाय का आनंद लो और फिर हम आगे बात करेंगे।" उन्हें सोच-विचार का समय देने के लिए ही, वह जान-बूझकर अपने ऑफ़िस से बाहर आ गया। लोग जो कुछ भी सुनते हैं, उसकी तुलना में, वे जो कुछ भी गुनते हैं; वह कहीं ज़्यादा मायने रखता है। एक सी.बी.ओ. होने के नाते, अव्यक्त का काम यही था कि वह लोगों को, स्वयं पर भरोसा रखने के लिए मार्गदर्शन दे और उन्हें अपने द्वारा किए गए हर काम पर विश्वास रखना सिखाए। तो वह सहज भाव से यह तथ्य जानता था कि लोगों को बात की गहराई में जा कर विचार करने के लिए समय दिया जाना चाहिए।

अव्यक्त कुछ देर बाद लौट आया। उसने बड़ी गर्मजोशी से उनकी पीठ थपथपाई, और अपने स्थान पर बैठकर आगे बोला, "परिणाम

पाने के लिए, किसी प्रक्रिया की पूरी विस्तार से योजना तैयार करना, कुछ ऐसा ही है मानो आप एक अच्छे मार्ग का नक्शा तैयार कर रहे हों। सही नक्शा पास होने का अर्थ यह नहीं लगाया जा सकता कि हम हमेशा सही रास्ते पर ही चलेंगे, पर अगर हम रास्ता भटक जाएँ तो यह मार्गदर्शक का काम करेगा। जब आप किसी प्रक्रिया की पूरी योजना तैयार करते हैं, तो वह भी यही काम आती है। बहुत से लोग कहते हैं, 'मैं कभी योजना नहीं बनाता क्योंकि अक्सर कुछ भी तो योजना के अनुसार नहीं होता।' कोई काम तयशुदा तरीक़े से नहीं हो रहा, यह जानने के लिए भी तो एक योजना की ज़रूरत होगी। एक ऐसा छात्र, जो अपनी पढ़ाई के लिए पहले से योजना तैयार करता है, वह हमेशा उस छात्र की तुलना में बेहतर प्रदर्शन कर पाता है, जो 'किसी तरह' अच्छा प्रदर्शन करना चाहता है। एक कर्मचारी जिसके पास अपने पूरे दिन के काम की योजना है, वह उस कर्मचारी से कहीं अधिक प्रभावी होगा, जो प्रतिदिन ऑफ़िस आकर सोचता है कि अब क्या करे। ख़ाका तैयार करने के दौरान ही सुधार करना कहीं आसान होता है; एक बार ढाँचा तैयार हो जाए, तो सुधार लाना थोड़ा कठिन हो जाता है। ठीक इसी तरह, 'कैसे' (प्रक्रिया की विस्तृत योजना) की योजना तैयार करने से, आप उसे अमल में लाने के दौरान, आपात स्थितियों के लिए कहीं बेहतर प्रबंध कर सकेंगे। प्रत्येक व्यक्ति सफलता पाने की कामना रखता है, किंतु प्रत्येक व्यक्ति तो सफल नहीं होता और इसके बीच का अंतर बिल्कुल सादा व स्पष्ट है – क्या उसने अपने क़दम आगे बढ़ाने से पहले 'कैसे' की सारी योजना को किसी काग़ज़ पर उतारा है? जो लोग योजना बनाने में असफल रहते हैं, वे असफल होने की योजना बना रहे हैं।"

अव्यक्त ने कहा, "अंत में, मैं यही कहना चाहूँगा, मैं हमेशा इन पंक्तियों को दोहराता हूँ 'मेरे हृदय ने अंत देखा है और मेरे मस्तिष्क ने पथ देखा है।' हृदय लक्ष्य पाने की आकांक्षा रखता है और अब मस्तिष्क

को 'कैसे' की प्रक्रिया का ख़ाका बनाना ही होगा। हृदय हमेशा यही पुकारता रहेगा – 'किसी तरह,' और मेरा विश्वास करो, ऐसा प्रत्येक हृदय करता है। इसे एक ऐसे प्रखर मस्तिष्क की आवश्यकता होती है, जो सोच सकता है और 'किस तरह' का उत्तर खोज कर दे सकता है। हे दोस्तों! मैं जानता हूँ कि तुम्हारा दिल पूरी तरह से तैयार है। अब अपने दिमाग़ को काम पर लगा दो। और यह याद रखो, तुम जितने बेहतर हो, ऊँचाई पर पहुँचकर, उतने ही प्रभावी हो सकते हो। हमेशा ऊँचाई तक जाने का लक्ष्य बनाए रखो। सबसे अधिक और उससे भी अधिक पा लेने की शुभकामनाओं के साथ...।"

हम कभी करोड़ों रूपयों का दुरुपयोग नहीं करेंगे, क्या हम कभी करेंगे? किंतु फिर भी, हम प्रायः, कुछ सलाहों को अपने जीवन में न उतारते हुए, बरबाद कर देते हैं, जबकि वे सही मायनों में बेशकीमती होती हैं। वे दोनों, इन सलाहों का दुरुपयोग करेंगे, या इन्हें अमल में लाएँगे, यह तो केवल वक्त ही बताएगा।

जब आप किसी काम को करने की इच्छा रखते हैं
तो आप नहीं जानते कि 'किस तरह;' परंतु एक लक्ष्य होने पर
आप 'किस तरह' को भी परिभाषित कर सकते हैं।
परिणाम पाने के लिए, किसी प्रक्रिया की पूरी विस्तार से
योजना तैयार करना, कुछ ऐसा ही है
मानो आप एक अच्छे मार्ग का नक्शा तैयार कर रहे हों।
सही नक्शा पास होने का अर्थ यह नहीं लगाया जा सकता कि
हम हमेशा सही रास्ते पर ही चलेंगे,
पर अगर हम रास्ता भटक जाएँ तो
यह मार्गदर्शक का काम करेगा।

जब आप किसी प्रक्रिया की पूरी योजना तैयार करते हैं,
तो वह भी यही काम आती है। एक ऐसा छात्र,
जो अपनी पढ़ाई के लिए पहले से योजना तैयार करता है,
वह हमेशा उस छात्र की तुलना में बेहतर प्रदर्शन कर पाता है,
जो 'किसी तरह' अच्छा प्रदर्शन करना चाहता है।
एक कर्मचारी जिसके पास अपने पूरे दिन के काम की
योजना है, वह उस कर्मचारी कहीं अधिक प्रभावी होगा,
जो प्रतिदिन ऑफ़िस आकर सोचता है कि अब क्या करे।
प्रत्येक व्यक्ति सफलता पाने की कामना रखता है,
किंतु प्रत्येक व्यक्ति सफल होता तो नहीं और इसके
बीच का अंतर बिल्कुल सादा व स्पष्ट है – क्या उसने अपने
क़दम आगे बढ़ाने से पहले 'किस तरह' की सारी योजना को
किसी काग़ज़ पर उतारा है? जो लोग योजना बनाने में असफल
रहते हैं, वे असफल होने की योजना बना रहे हैं।

अच्छे लोगों को धनी होना चाहिए

किसी भी नेक व अच्छे इंसान के हाथों में पैसा आएगा, तो वह एक बेहतर जगत की रचना के लिए उसका उपयोग करेगा। यही पैसा अगर किसी दुष्ट के हाथ लग जाएगा, तो वह मौजूदा दुनिया को ख़त्म करने के लिए इसका प्रयोग करेगा। इस दुनिया से बुराई को जड़ से मिटाने का एक ही तरीक़ा है, बुरे व दुष्ट लोगों को आर्थिक रूप से निर्धन कर दिया जाए। इसे पाने का एकमात्र तरीक़ा यही है कि अच्छे लोगों को आर्थिक रूप से समृद्ध किया जाए। इस तरह, प्रत्येक अच्छे व्यक्ति का यह नैतिक उत्तरदायित्व बनता है कि वह संपन्न बने।

• • •

परिस्थिति-आधारित लीडरशिप

नेतृत्व एक निर्दयी खेल है। आपको ये पहेली हल करनी होगी, पर सभी टुकड़े आपके पास नहीं हैं। तो, आपकी सफलता, पूरी तरह से आप पर निर्भर नहीं करती और फिर भी, दूसरों की असफलता, आपकी भी असफलता है। सादे शब्दों में कहें तो, शिक्षा के क्षेत्र में, उत्तर प्रश्नों पर निर्भर होते हैं; परंतु नेतृत्व में, समाधान परिस्थितियों पर निर्भर होते हैं। जो नेता इस दर्शन के साथ नेतृत्व करता है कि ऐसी कोई समस्या नहीं होती जिसका 'समाधान नहीं' होता, वही आने वाले कल का नेता कहलाता है।

वह प्रत्येक अध्यापक का गौरव था। उसकी ग्रहण करने, याद रखने व उस याद को दोहराने की क्षमता अतुलनीय थी। इसमें कोई आश्चर्य नहीं था कि वह अपनी बोर्ड परीक्षा में, राज्य स्तर पर, इंडियन इंस्टीट्यूट ऑफ़ टेक्नोलॉजी में टॉपर और हाल ही में, अहमदाबाद के इंडियन इंस्टीट्यूट ऑफ़ मैनेजमेंट, से पढ़कर निकलने वाले दस टॉप छात्रो में से एक रहा था। जब उसे अपना पहला नियोजक चुनना था, तो उसके सामने विविध प्रकार के विकल्प मौजूद थे, पर उस देशभक्त नागरिक ने, उस मिट्टी में ही रहने का निर्णय लिया, जिसमें वह पला-बढ़ा था। वह एक भारतीय कंपनी में प्रॉडक्ट मैनेजर के रूप में जा रहा था, जो कि अब वैश्विक हो चुकी थी। वेद और अव्यक्त बालकनी में बैठे, चाय के प्यालों से चुस्कियाँ भर रहे थे। आमतौर पर, आसपास चहचहाते पक्षी, गुज़रते बादल, ठंडी हवा, क़ीमती निवास

स्थान – इन सब बातों से बड़ा ही कवितामयी प्रभाव आ जाता है, परंतु, सड़क को निहार रही, 6 फ़ीट x 4 फ़ीट की बालकनी, हकीक़त तो वही थी। इसके साथ ही यातायात का शोर भी गुँथा था, पर लोग अक्सर इस शोर के इतने आदी हो जाते हैं कि अब उन्हें इससे किसी तरह की बाधा महसूस नहीं होती। इस व्यवस्था में कुछ भी तो सपनों जैसा नहीं था, परंतु यह निश्चित तौर पर, एक सपने की शुरूआत बनने जा रही थी।

आपको अपनी सफलता से कहीं अधिक संतोष, उन लोगों की सफलता से मिलता है, जिन्हें आपने अपने हाथों से गढ़ा हो। अव्यक्त के लिए, ये क्षण, एक पिता के लिए गौरव के क्षण थे। वेद में वे सभी गुण थे, जो एक पिता अपने पुत्र में चाह सकता है। पुत्र ने पिता से कहा, "अप्पा! आप तो मुझसे भी ज़्यादा घबराए हुए दिख रहे हैं!"

अव्यक्त ने उत्तर दिया, "वेद यह असफलता का भय नहीं, किंतु श्रेष्ठता का उद्वेग है। तुमने अपने परिणामों से हमारी अपेक्षाओं को सातवें आसमान पर पहुँचा दिया है। तुमने अपेक्षाओं के मापदंड बहुत ऊँचे कर दिए हैं। हम तुमसे केवल श्रेष्ठ, और केवल श्रेष्ठ की ही चाह रखते हैं। मैं जानता हूँ कि तुम इसे निभा पाओगे, किंतु...।"

वेद ने बात काटी, "मैं जानता हूँ अप्पा! प्रत्येक सफल छात्र, अपने जीवन में भी सदा सफलता अर्जित करेगा, यह आवश्यक नहीं होता। मुझे वह जानने की ज़रूरत है, जिसे मैं स्कूल में नहीं सीख सका?"

अव्यक्त ने स्कूल बस में जा रहे बच्चों को देख कर हाथ हिलाया। सादी, बिना किसी क़ीमत की विलासिताएँ! बच्चे हमेशा जवाब देते हैं, और पता नहीं क्यों, किसी भी बच्चे की तरफ़ से आई कोई भी प्रतिक्रिया, होठों पर मुस्कान ले आती है। वेद चाय के खाली प्यालों को रसोईघर के सिंक में रखने चला गया। एक सवाल पूछने के बाद, उत्तर के लिए शांतिपूर्वक प्रतीक्षा करना, और किसी भी तरह से बेचैनी

या मायूसी महसूस न करना, क्या यह अपने-आप में एक व्यवसायिक गुण नहीं है? जब वेद लौटा, तो अव्यक्त ने कहा, "जीवन का मंच पूरी तरह से तैयार होकर नहीं आता। इसकी सेटिंग भी पूरी तरह से संपूर्ण नहीं होती। शिक्षा के क्षेत्र में तुम्हें दूसरों से आगे निकलना था, पर अब तुम्हें दूसरों के साथ प्रदर्शन करना है। शिक्षा के क्षेत्र में, तुम्हें प्रतियोगिता करनी थी, पर अब तुम्हें चीज़ों को पूरा करना है। नेतृत्व एक निर्दयी खेल है। तुम्हें ये पहेली हल करनी होगी, पर सभी टुकड़े तुम्हारे पास नहीं हैं। तो, तुम्हारी सफलता, पूरी तरह से तुम पर निर्भर नहीं करती और फिर भी, दूसरों की असफलता, तुम्हारी भी असफलता है। सादे शब्दों में कहें तो, शिक्षा के क्षेत्र में, उत्तर प्रश्नों पर निर्भर होते हैं; परंतु नेतृत्व में, समाधान परिस्थितियों पर निर्भर होते हैं। नेतृत्व का अर्थ केवल पद, स्थान, रिपोर्ट, अनुपात, चाटुकारिता, भत्तों व लाभ से नहीं है... इसका संबंध बुद्धि से है। अनपेक्षित परिस्थितयों को जीतने की योग्यता, आवश्यकता के क्षणों में चतुराई दिखाने, दूसरों को सशक्त बनाने, जब कोई समाधान न दिखे, तो उस समय अपनी रचनाशीलता दिखाने... बुनियादी तौर पर परिस्थिति को वश में करने के अनुभव को ही नेतृत्व कहा जा सकता है।"

अव्यक्त ने बात को आगे बढ़ाया, "अम्मा कभी किसी कॉलेज में या, किसी नेतृत्व प्रशिक्षण कार्यक्रम में नहीं गईं, परंतु वे परिस्थितिजन्य नेतृत्व की मास्टर रही हैं। परिवार में, हममें से प्रत्येक कितना अलग रहा है, और हमारी रुचियाँ भी कितनी विविध हैं। वे जानती हैं कि रसोई के संसाधनों का प्रबंधन (इसे हेर-फेर करना भी कह सकते हैं) किस तरह करना है और एक ही व्यंजन को नए-नए स्वादों व रूपों में कैसे परोसना है ताकि हम सभी संतुष्ट हो सकें। यद्यपि, मैं दिन-प्रतिदिन के व्यावसायिक जीवन में देखता हूँ, तथाकथित व्यवसायी अपने तयशुदा नियमों से अपेक्षाओं को, थोड़ा सा भी इधर-उधर होता देख कर

घबरा जाते हैं। स्वभाव से ही चिंतक होने के नाते, उनमें से अधिकतर को लीक से हट कर सोचने के लिए संघर्ष करना पड़ता है। अभी तो हम वित्तीय प्रचुरता का आनंद उठा रहे हैं, किंतु तब भी, जब मैं अपनी वर्तमान आय का दसवाँ भाग कमा रहा था, अम्मा ने परिवार की माँगों को बख़ूबी निभाया और उन्हीं सीमित साधनों में सबकी आवश्यकताएँ पूरी कीं। परियोजना प्रबंधन की दक्षता इसी में होती है कि उपलब्ध संसाधनों से, अधिकतम परिणाम कैसे पाए जाएँ, अम्मा ने हमेशा यही किया। हाँ, मैं तथाकथित व्यवसायियों को देखता हूँ, वे हमेशा, हमेशा संसाधनों के अधूरे होने का रोना रोते रहते हैं। अचानक ही कोई महामारी या बीमारी आ जाती और हममें से कुछ बीमार पड़ जाते हैं। अम्मा बिना किसी प्रयत्न के, अपनी दिनचर्या को उसी के अनुसार बदलती हैं और हमारी सेवा करने के लिए समय निकाल लेती हैं। वे कभी समय की कमी का रोना नहीं रोतीं। कुछ रिश्तेदार बिना किसी पूर्व सूचना के आ जाते हैं और एक ही घंटे में, उनके लिए भी खाना तैयार होता है। वे कभी ज़्यादा काम को देख कर बड़बड़ाती नहीं और न ही अतिरिक्त ज़िम्मेदारियों से घबराती हैं।"

वेद की आँखें नम हो चली थीं। अक्सर हम अपनी आँखों के सामने दिख रही बातों को अनुभव नहीं कर पाते। अक्सर हम लोगों के जाने के बाद ही उनका मोल जान पाते हैं। वेद पूजा के कमरे में जा कर, माँ के गले लगना चाहता था, पर वह नहीं चाहता था कि अप्पा की बातों के प्रवाह में बाधा आए। इसलिए उसने अपने आँसू पोंछे और उनकी बात ध्यान से सुनने लगा।

अव्यक्त ने अपनी बात जारी रखी, "एक माँ के रूप में, तुम्हारे प्रति और तुम्हारे भाई के प्रति उसकी पहल में ज़मीन–आसमान का अंतर था। तुम दोनों के स्वभाव में इतना अंतर है इसलिए इस पहल में अंतर होना ही था। तभी तो अम्मा हमेशा कहती है कि एक अच्छी माँ, अपने सभी बच्चों के लिए वही माँ नहीं हो सकती। तुम्हें पता होना चाहिए

कि कब एक चट्टान की तरह अडिग खड़े होना है और कब नदी की तरह प्रवाहित होना है। ऐसे समय भी आते हैं, जब आपको दूसरों को, उनकी छोटी-छोटी जीत का श्रेय देना होता है और कुछ ऐसे पल भी आते हैं, जब आपको जीत का सेहरा अपने सिर लेना होता है। कुल मिलाकर, अम्मा के लिए ऐसे कोई पल नहीं थे, जहाँ 'कोई हल न हो।' परंतु, अधिकतर व्यवसायियों के लिए ऐसे कोई पल नहीं होते, जहाँ 'कोई समस्या न हो।'"

अव्यक्त ने बात को स्पष्ट करते हुए कहा, 'परिस्थिति-आधारित लीडरशिप' के लिए तुम अम्मा से बेहतर रोल मॉडल नहीं पा सकते। तुम्हारी अम्मा जो कुछ सूक्ष्म स्तर पर कर सकती थीं, मैं तुमसे, वह सब विशाल स्तर पर करने की अपेक्षा रखता हूँ क्योंकि तुमने बड़े-बड़े संस्थानों से शिक्षा ग्रहण की है। परिस्थिति-आधारित लीडरशिप का अर्थ है, "समस्याओं को कहीं से भी, किसी भी समय आने दो। मैं हर बार इसके लिए हल निकाल लूँगा।" किसी भी परिस्थिति या हालात पर कैसे काबू पाना है, यही परिस्थिति-आधारित लीडरशिप है। हालात या परिस्थितियों को अपने अनुकूल बनाने की अपेक्षा करने की बजाय, उन हालात के लिए अपनी पहल में बदलाव लाना ही परिस्थिति-आधारित लीडरशिप है। आवश्यकता पड़ने पर, अपनी प्रतिभा का प्रदर्शन ही परिस्थिति-आधारित लीडरशिप है। जो कुछ भी है, उससे सबसे बेहतर नतीजे पाना ही परिस्थिति-आधारित लीडरशिप कहलाता है। शिक्षा आपके करियर को एक शुरूआत दे सकती है, परंतु जो नेता इस दर्शन के साथ नेतृत्व करता है कि ऐसी कोई समस्या नहीं होती जिसका 'समाधान नहीं' होता, वही आने वाले कल का नेता कहलाता है।

अव्यक्त ने पूछा, "वेद क्या तुम जानते हो? अगर तुम बाज़ को, ऊपर से खुले, आठ वर्ग फ़ीट के चौरस दड़बे में डाल दो, तो वह अपनी उड़ने की क्षमता के बावजूद, सारी ज़िंदगी उस खुले मुंह वाले बाड़े

में कैदी बन कर ही काट देता है। इसका कारण यह है कि एक बाज़, ज़मीन पर दस से बारह फ़ीट दौड़ने के बाद ही उड़ान भरता है। अगर उसे आदतन, भागने के लिए जगह न मिले तो वह उड़ने की कोशिश भी नहीं करेगा, वह सारी ज़िंदगी उस बिना छत की जेल में ही काट देगा। ठीक इसी तरह, रात को उड़ने वाला सामान्य चमगादड़, हवा में उड़ने वाला छोटा-सा फुर्तीला जीव, ज़मीन की सतह से उड़ान नहीं भर सकता। यदि इसे फर्श या किसी समतल सतह पर रखा जाए, तो यह बेचारगी व दर्दनाक तरीक़े से, तब तक पंख फड़फड़ाता रहेगा, जब तक इसे थोड़ी ऊँचाई नहीं मिल जाती, जहाँ से यह खुद को हवा में ले जा कर उड़ सके। और फिर, उसे वहाँ से उड़ान भरने में देर नहीं लगेगी। यहाँ तक कि एक भौंरे को भी, खुले मुँह वाले गिलास में डाल दिया जाए, तो वह दम तोड़ने तक या निकाले जाने तक, वहीं पंख फड़फड़ाता रहेगा। यह कभी भी बाहर निकलने के लिए ऊपर की ओर नहीं ताकता, सतह के आसपास के किनारों से ही माथापच्ची करता रहेगा। यह जब तक अपने-आप को पूरी तरह ख़त्म नहीं कर लेता, तब तक उसी जगह रास्ता खोजता रहेगा, जहाँ कोई रास्ता है ही नहीं।"

अव्यक्त ने बात को संक्षेप में समझाया, "अलग-अलग तरह से, बहुत से लोग ऐसे होते हैं, जिन्हें हम बाज़, चमगादड़ और भौंरे की श्रेणी में रख सकते हैं। वे अपनी समस्याओं व कुंठाओं से जूझ रहे हैं क्योंकि वे नहीं जानते कि हालात की माँग के हिसाब से सोच को कैसे बदला जाता है। परिस्थिति-आधारित लीडरशिप, मेरे बच्चे, परिस्थिति-आधारित लीडरशिप... यही तो सबसे बड़ा अंतर ले आती है।"

अव्यक्त उठा, वेद को गले से लगाकर माथा चूमा और अपने शयनकक्ष में चला गया। वेद नहाने चला गया। अभी वह नहा ही रहा था कि अचानक पानी बंद हो गया। उसके पूरे शरीर में साबुन लगा था, वह गुस्से से, खीझ कर ये चिल्लाने जा ही रहा था, "तुम लोग घर

में करते क्या रहते हो? क्या तुम लोग पानी की टंकी भर नहीं सकते? काम का पहला दिन और...।" 'परिस्थिति-आधारित लीडरशिप' का मंत्र उसके दिमाग़ में गूँजने लगा। उसने अपने विचारों को एक नई दिशा दी। "अगर अम्मा होतीं, तो वे इन हालात में क्या करतीं?" उसने सोचा। अचानक ही उसके सामने असीम संभावनाएँ आ गईं। उसका अगला विचार था, "मैं अपने करियर के आरंभ में इससे बेहतर भविष्यवाणी नहीं पा सकता था। धन्यवाद अप्पा!"

परिस्थिति-आधारित लीडरशिप का अर्थ है,
"समस्याओं को कहीं से भी, किसी भी समय आने दो।
मैं हर बार इसके लिए हल निकाल लूँगा।"
हालात या परिस्थितियों को अपने अनुकूल बनाने की
अपेक्षा करने की बजाय, उन हालात के लिए
अपनी पहल में बदलाव लाना ही
परिस्थिति-आधारित लीडरशिप है।
आवश्यकता पड़ने पर, अपनी प्रतिभा का
प्रदर्शन ही परिस्थिति-आधारित लीडरशिप है।

यह सब एक क्षण में घटता है

जीवन के प्रत्येक क्षण में, अनंत काल का सामर्थ्य व सार उपस्थित होता है। प्रत्येक बीज में, एक वन के निर्माण का वचन छिपा है। जीवन के प्रत्येक क्षण में, एक ऐसा वादा छिपा है, जो किसी मनुष्य को बना सकता है, और उस मनुष्य से एक समाज का जन्म हो सकता है। इस संसार का इतिहास कुछ नहीं, केवल महत्त्वपूर्ण क्षणों का इतिहास है। प्रत्येक सुबह एक–सी जान पड़ती है, पर सभी सुबहें एक–सी नहीं होतीं। ख़रबों ज्ञात, अज्ञात व अज्ञेय बल, जीवन के इस एक क्षण पर काम कर रहे हैं। आप कभी नहीं जान सकते कि कौन–सा दिन। आप नहीं जान सकते कि किस क्षण में। परंतु ये घटित होगा। यह जब भी घटेगा, एक ही क्षण में घटेगा। यह सदा एक क्षण में ही घटता है...

समग्र जीवन

सफलता बड़ी चीज़ों में है।
खुशी छोटी चीज़ों में है।
ध्यान शून्य में है।
और, ईश्वर हर चीज़ में है।

दीपक को एक बहुत बड़ा निर्णय लेना था। उसके लिए इस आध्यात्मिक प्रसंग में भाग लेना, उसके धर्म से भी कहीं अधिक महत्त्व रखता था। जब से उसने इस आध्यात्मिक कार्यक्रम में पहली बार भाग लिया था, तभी से उसके जीवन में सब कुछ बदल गया था। यही वह स्थान था, जहाँ उसने अपने बचपन से साथ चल रहे 'विभिन्न डरों' से मुक्ति पाई। यही वह स्थान था, जहाँ वह पहली बार, कृतज्ञता प्रकट करते हुए, दिल खोलकर रोया था। यही वह स्थान था, जहाँ उसमें नए युग के संगीत के प्रति रुचि विकसित हुई। उसने यहीं आकर जाना कि तन्मयावस्था में आकर नृत्य करना किसे कहते हैं। यही वह स्थान था, जहाँ उसने आध्यात्मिकता की दीक्षा पाई। यही वह स्थान था, जहाँ उसने अपने मौन का पहला अनुभव पाया। इसी स्थान पर उसने, गुरू व शिष्य के संबंध की पवित्रता का अनुभव किया। यह स्थान उसके लिए सब कुछ था।

उसे एक बहुत बड़ा निर्णय लेना था। उसकी संतान का जन्म किसी भी समय हो सकता था और अगले ही दिन से आध्यात्मिक एकातंवास

आरंभ होने वाला था। उसका हृदय, दो समान रूप से महत्त्वपूर्ण व निर्धारक क्षणों के बीच झूल रहा था। दरअसल, कई व्यक्ति यह जानने को उत्सुक थे कि दीपक इस दुविधा को कैसे हल कर पाएगा।

यद्यपि उसकी पत्नी उसकी भावनाओं को समझ सकती थी, किंतु वह भी स्वयं को यह पूछने से रोक नहीं सकी, "यदि तुम्हारे घर आने वाला नन्हा मेहमान आज नहीं आया तो तुम क्या करोगे?" दीपक ने उत्तर दिया, "डार्लिंग, हो सकता है कि मेरे विश्वास की परख हो, परंतु यह कभी टूट नहीं सकता। मैंने तुमसे पहले भी कई बार कहा है कि जहाँ विश्वास होता है, वहाँ जो कुछ ग़लत लगता है, वह भी धीरे-धीरे सही लगने लगता है। विश्वास से सब कुछ संभव होता है। इस आध्यात्मिक एकातंवास के लिए मेरा विश्वास अखंड है। वह इसके लिए मेरा समाधान कर देगा। मैं अपने बच्चे के आगमन के क्षणों का भी आनंद लूँगा और एकातंवास भी जाऊँगा ताकि अपने आध्यात्मिक कार्य के लिए प्रस्तुत हो सकूँ। उसके घर में देर है पर अंधेर नहीं।"

वे दोनों दिल खोलकर हँसे और बस बात बन गई। खुलकर ठहाका लगाने से, दीपक की पत्नी के पेट में ऐंठन होने लगी। उसकी प्रसव पीड़ा आरंभ हो गई। इसके बाद तो जैसे गतिविधियों का ताँता सा बँध गया और दिन के अंत तक, शिशु के रोने का स्वर सुनाई दे गया। दीपक के विश्वास के कारण यह चमत्कार घटा था।

अगली सुबह, बस उन घने वनों की ओर चल दी, जहाँ आध्यात्मिक एकातंवास होने जा रहा था। दीपक अव्यक्त के साथ वाली सीट पर आ बैठा। अक्सर किस तरह अगला उपाय, अगला विचार, अगला दिन, अगला अनुभव, आपके जीवन की हर बात को बदल सकता है, अक्सर आप जिस अगले व्यक्ति से मिलते हैं, वह आपके जीवन के महत्त्वपूर्ण संबंधों में से एक हो जाता है? दीपक की अव्यक्त से भेंट, एक ऐसे ही निर्धारक संबंध के रूप में सामने आई।

चूँकि दीपक जानता था कि अव्यक्त का एकातंवास आरंभ होने के बाद, उसे भी मौन धारण करना होगा इसलिए उसने तय किया कि वह बस यात्रा के दौरान, अव्यक्त के साथ अपनी भावनाएँ बाँटेगा। अव्यक्त ने महसूस किया कि दीपक उससे खुलकर बात करना चाहता है इसलिए अपनी ओर से उसकी झिझक मिटाने के लिए उसने कहा, "इस शहर के सबसे नए पिता, ज़रा बताओ तो कैसा महसूस कर रहे हो?"

एक हल्की-सी मुस्कान, नम आँखें, अधूरी-सी गलबाँही और फिर ये शब्द, "बेशक, मैं अपने-आप को दुनिया में सबसे ऊँचा पा रहा हूँ! मुझे सफलता व उपलब्धियों के असीम क्षण मिले हैं। मैं खेलों में, मार्शल आर्ट्स में, अपने करियर के मोर्चे पर अच्छा प्रदर्शन देता रहा हूँ... दरअसल, सफलता मेरे लिए एक आदत बन गई है। परंतु किसी भी चीज़ ने मेरे दिल को इस क़दर नहीं छुआ। जब मैंने अपने शिशु को बाँहों में लिया, तो मुझे ठीक वही अनुभव हुआ, जो विलियम ब्लेक ने कहा है,

रेत के एक कण में संसार को देखने के लिए,
किसी वनफूल में स्वर्ग को देखने के लिए,
अपने हाथ की हथेली में अनंत को थामो,
और कुछ क्षणों में अनंतकाल को पा लो।

मैंने अपने-आप को पहले कभी इतना भरा-पूरा नहीं पाया। मेरा बच्चा, मेरे जीवन में पहले से ही एक वरदान बनकर आया है। उसने मेरे विश्वास को बरकरार रखा है। उसने अपने पिता को एक दुविधा में पड़ने से बचा लिया। वह अपने आने के सही समय पर ही आया। उसने किसी तरह, मुझे यह विश्वास दिला दिया है कि एक बार फिर, मेरे जीवन में सब कुछ बदलने वाला है।"

एक लंबी चुप्पी छाई रही। जब आप आध्यात्मिक रूप से समृद्ध किसी

आत्मा के साथ बैठते हैं, तो मौन भी संप्रेषण करता है। कुछ समय बाद, अव्यक्त ने दीपक से कहा, "जीवन की बड़ी बातों में सफलता छिपी है। छोटी बातों में प्रसन्नता छिपी है। जीवन में बड़ी चीज़ों की आकांक्षा करते हुए, तथा अपनी योग्यताओं को उनकी पूर्णता के लिए निर्देशित करते हुए, आप सफलता का अनुभव करते हैं। हालाँकि, हममें से कई, जीवन की बड़ी बातों से इतना घिर जाते हैं कि बड़े ही सुविधाजनक तरीके से, जीवन की छोटी-छोटी बातों व आनंद को उपेक्षित करने लगते हैं। यह एक तथाकथित सफल व्यक्ति के दुखदायी जीवन की दास्तां है। वहीं दूसरी ओर, ऐसे लोग भी हैं, जो जीवन की छोटी-छोटी बातों और खुशियों में इतने मग्न हैं कि वे अपनी योग्यताओं को जीवन की बड़ी बातों के लिए निर्देशित ही नहीं करते। यह उन तथाकथित खुश रहने वालों की दास्तां है, जो एक अनुपयोगी व बहुत कम उपयोग में लाया गया जीवन जी रहे हैं। जीवन की छोटी बातों से समझौता किए बिना, जीवन की बड़ी बातों का पीछा करते हुए ही मनुष्य, सफलता व प्रसन्नता का रहस्यमयी एकीकरण पा सकता है।"

अगले आठ दिनों का अनुभव कुछ ऐसा था, मानो कोई दूसरी ही दुनिया में जी रहा हो। यदि उनका वर्णन करने का प्रयास किया जाए, तो शब्द भी इस अनुभव को प्रकट नहीं कर सकते। वहाँ शुद्धिकरण, पवित्रीकरण, उत्कृष्टता, परमानंद, प्रेम व प्रबोध से जुड़ी अनेक प्रक्रियाएँ शामिल थीं। ऐसा जान पड़ता था मानो देवदूत, देवों के बीच निवास कर रहे थे। प्रसन्नता के क्षणों के साथ समय पंख लगाकर उड़ जाता है। मौन के मध्य, समय कहीं थम सा जाता है। एक ही घंटे में अनंत काल - यह सब कुछ ऐसा ही जान पड़ता था। आठ दिन ऐसे बीत गए थे मानो आठ घंटे हों। एकातंवास का अंत भी उन सबके लिए कुछ ऐसा था मानो उनके लिए एक नए जीवन का आरंभ हो।

बस की यात्रा और कॉन्क्रीट से बने जंगल की ओर, यात्रा का आरंभ

हुआ। दीपक ने एक बार फिर, अव्यक्त के साथ वाला स्थान ग्रहण किया। एक बार फिर, वहाँ एक लंबी चुप्पी छा गई। फिर से, कुछ देर बाद दीपक बोला, "आपने मुझे एकातंवास से पहले कहा था, 'जीवन की बड़ी बातों में सफलता छिपी है। छोटी बातों में प्रसन्नता छिपी है। एकातंवास में और वहाँ मेरा मार्गदर्शन करने वाले स्वर की उपस्थिति में, मुझे एहसास हुआ, 'ध्यान शून्य में है और ईश्वर प्रत्येक चीज़ में है।' यह एकातंवास आपकी ओर से मेरे लिए उपहार था और अब मैं जैसा जीवन व्यतीत करूँगा, वह मेरी ओर से आपके लिए उपहार होगा। आपने जिन शब्दों से एकातंवास का समापन किया, वे अब भी मेरे मस्तिष्क में गूँज रहे हैं... 'मैं न केवल तुमसे प्रेम करता हूँ बल्कि मुझे पूरा विश्वास है कि मेरा स्नेह तुम्हें रचेगा।' मैं आपके स्नेह को नीचा नहीं देखने दूँगा और मैं जानता हूँ कि मेरा विश्वास मुझे कभी नीचा नहीं देखने देगा। मैं वादा करता हूँ, मैं अपने-आप को ऊँचा उठाऊँगा और अपने पास से गुज़रने वाले हर जीवन के लिए भी ऐसा ही करूँगा।"

वे शहर में पहुँचे। ऐसा लगा कि वे भविष्य में लौट आए थे। दीपक और अव्यक्त ने एक भरपूर आलिंगन के साथ विदा ली – इस बार यह अधूरी गलबाँही नहीं थी। जब अव्यक्त जाने लगा तो दीपक ने कहा, "आप यहाँ से जाने के बाद भी, मेरे साथ रहेंगे।" अव्यक्त ने प्रत्युत्तर दिया, "मैं कोई व्यक्ति नहीं, एक उपस्थिति हूँ। तुम्हारे साथ हूँ और हमेशा रहूँगा। तुम्हारे लिए सबसे अधिक और उससे भी अधिक की शुभकामनाओं के साथ..." एक बार फिर से मुस्कराहटों का आदान-प्रदान हुआ। यह दीपक, उसके वयस्क प्रियजन तथा नन्हे-से दुलारे के बीच पुनर्मिलन था। दीपक का जीवन, एक सुनहरे क्षण से दूसरे सुनहरे क्षण की ओर पूरी तरह से प्रवाहित था। ख़ास लोगों के लिए यह जीवन हमेशा ख़ास कैसे हो जाता है!

कुछ ही दिन बाद, बड़े कमरे की पूर्वी दीवार पर, उसके नन्हे-मुन्ने का

चित्र टँगा पाया गया, जिस पर निम्नलिखित शब्द अंकित थे :

"तुम्हारे आगमन के साथ ही मैंने अपना मंत्र पा लिया...
जीवन की बड़ी बातों में सफलता छिपी है।
छोटी बातों में खुशी छिपी है।
ध्यान शून्य में है
और, ईश्वर प्रत्येक चीज़ में है।"

अक्सर किस तरह अगला उपाय,
अगला विचार, अगला दिन, अगला अनुभव,
आपके जीवन की हर बात को बदल सकता है!
अक्सर आप जिस अगले व्यक्ति से मिलते हैं,
वह आपके जीवन के महत्त्वपूर्ण संबंधों में से
एक हो जाता है!

• • •

नेकनामी! किसी क़ीमत पर?

आप सबको सामाजिक तौर पर किए जाने वाले कार्यों की एक सूची दी गई है और आप सबसे, उस सूची के अनुसार कार्य करने की अपेक्षा की जाती है। जब आप इस सामाजिक अपेक्षा सूची से परे जाकर जीना चाहेंगे, तो आप पर स्वार्थी होने का ठप्पा लगाया जाएगा। परंतु जब आप किसी चीज़ को परिभाषित करते हैं, तो आप उसे सीमित कर देते हैं। इस सामाजिक अपेक्षा सूची को फाड़ कर टुकड़े-टुकड़े कर दें। सामाजिक परिभाषाओं की कैद से ऊपर उठें। अपने जीवन की परिभाषा का विस्तार करें। भीड़ से परे हट कर खड़े हों। एक औसत आदमी से परे हट कर जिएँ। अपनी जीवनशैली से आने वाली पीढ़ियों को प्रेरित करें। आपका जीवन ऐसा होना चाहिए, जो आने वाली पीढ़ियों के लिए एक संदेश बन सके। जागो!

"अच्छा नाम कमाने के साथ बुरा जीवन जीने से कहीं बेहतर होगा कि आप बदनाम हों और एक अच्छा जीवन जिएँ।" अव्यक्त ने कहा।

अधिकतर लड़कियों ने एक-दूसरे को कौतुक से देखा। इसके बाद लंबी चुप्पी छाई रही। किसी भी संप्रेषक गुरू की योग्यता इस बात में नहीं होती कि वह अपनी बात को शब्दों से लाद दे, अपनी बात के बीच उचित समय का अंतराल भी, उसके शब्दों की सुंदरता में चार

चाँद लगाता है। शब्दों के इस संप्रेषण को ग्रहण कर रहे व्यक्ति को भी इस अंतराल की आवश्यकता होती है ताकि वह उनमें छिपे भावों को अपना सके, अपने भीतर संजो सके। जब आप अपनी बात कहने के दौरान, कुछ पलों के लिए ठहरते हैं तो उस समय आप 'विचार के क्षण' निर्मित कर रहे होते हैं। विडंबना यह भी है, अगर ये आध्यात्मिक रूप से संबद्ध दर्शकों का, कोई आध्यात्मिक प्रवचन न हो तो बहुत से अंतराल, एकाग्रता को भंग करने का कारण बन जाएँगे। दर्शकों का ध्यान कहीं दूसरी ओर चला जाएगा। हालाँकि कुछ अंतरालों के माध्यम से, दर्शकों के मन को संदर्भ से भटकने से बचाया जा सकता है। शब्दों व उनके बीच के अंतराल के मध्य, एक संपूर्ण एकीकरण होना चाहिए। तभी तो संप्रेषण को एक कला के साथ-साथ विज्ञान भी कहा जाता है।

अव्यक्त ने अपनी बात जारी रखी, "पता नहीं कैसे, आरंभ से ही, आपमें से अधिकतर लोगों के मस्तिष्क में, प्रतिष्ठा को चरित्र से ऊपर स्थान दिया जाता है। 'आप कौन हैं,' यह चरित्र है और 'संसार आपके बारे में क्या सोचता है,' यह प्रतिष्ठा है। आप लोगों को बार-बार इस विषय में कहा जाता है कि आपको स्कूल में अच्छा नाम कमाना है, अपने अध्यापकों के बीच अच्छा नाम कमाना है, अपने पड़ोस में अच्छा नाम कमाना है, अपने रिश्तेदारों के बीच अच्छा नाम कमाना है, हर जगह आपको अपनी नेकनामी बरकरार रखनी है। अच्छा नाम कमाने या लोगों के बीच अच्छा कहलाने पर इतना ज़ोर दिया जाता है कि आप सबमें से अधिकतर की पहली सोच यही होती है, 'अगर मैंने यह काम किया या नहीं किया तो लोग मेरे बारे में क्या सोचेंगे।' आप यह नहीं सोचते 'मैं इस काम को करने से क्या बनूँगा/बनूँगी और क्या नहीं बनूँगा/बनूँगी।" आपमें से अधिकतर लोग, 'दूसरे लोगों के बारे में' कुछ ज़्यादा ही सजग होते हैं। आप अपने जीवन को अपने नज़रिए से नहीं जीते, आप अपने जीवन को दूसरों के नज़रिए से

जीते हैं। 'दुनिया मुझे किस रूप में देखती है?' इस प्रश्न का उत्तर ही, आपके जीवन के संदर्भ को परिभाषित करता है। कभी-कभी, अपने लिए अच्छा नाम कमाना इतना अनिवार्य नहीं होता, यह कई बार आपके परिवार या माता-पिता की इज़्ज़त का भी सवाल होता है। इस पूरी प्रक्रिया में, आपमें से अधिकतर लोग एक सार्वजनिक कठपुतली बनकर रह जाते हैं। आप कामों को इसलिए नहीं करते कि आप उन्हें करना चाहते हैं, इसलिए भी नहीं करते कि आप उनके विषय में आश्वस्त होते हैं, यहाँ तक कि इसलिए भी नहीं करते कि आप उन्हें उचित मानते हैं, परंतु इसलिए करते हैं क्योंकि वे आपकी प्रतिष्ठा में वृद्धि करते हैं। अच्छे नाम की संभावना बहुत ऊँची है। आप अच्छा नाम या नेकनामी पाने की जितनी अधिक इच्छा रखते हैं, बदनामी होने का भय, जीवन पर उतना ही हावी होता चला जाता है।"

अव्यक्त ने बड़े ही ज़ोरदार शब्दों में अपनी बात कही। उसके शब्दों से सामाजिक रोष प्रकट हो रहा था। उसके भाषण के दौरान, उसकी आँखों से एक सशक्त जुनून इस तरह झलक रहा था कि उसने पलकें तक नहीं झपकाईं। उसके सुर में जो ताकत थी, वह किसी ऐसे हृदय से ही निकल सकती थी, जो इस सामाजिक दासता पर रो रहा हो। जब इंसान यह सोचने लगता है, 'दूसरे मेरे बारे में क्या सोचेंगे' तो वह अपना ही दुश्मन हो जाता है। अब उसका केंद्र बिंदु यह नहीं रह जाता कि 'वह कौन है' या 'वह क्या बनना चाहता है,' बस वह दूसरों की नज़रों में अच्छा बना रहने के लिए नंबर बनाने में ही लगा रहता है। उसे हमेशा 'अच्छा' समझे जाने की चिंता लगी रहती है। वह अच्छा बनने की बजाय, अच्छा दिखने के लिए प्रयास करता रहता है। अव्यक्त के शब्द आग उगल रहे थे। "मेरे भीतर ही भीतर हूक-सी उठती है..." उसने ज़ोर दे कर कहा।

अव्यक्त एक महिला कॉलेज में, 600 छात्राओं के दल को संबोधित कर रहा था। उसे पूरा यक़ीन था कि जब तक हम औसत मध्यमवर्गीय

लोगों की मानसिकता में बदलाव नहीं लाते, तब तक हम मानवता को जागृत नहीं कर सकते। जब आप किसी चीज़ को परिभाषित करते हैं, तो आप उसे सीमित कर देते हैं। एक औसत आदमी को जीने के लिए निश्चित परिभाषा दे दी गई है, और निश्चित तौर पर उसने स्वयं को इस सामाजिक परिभाषा में सीमित कर लिया है। 'पुरुष' के लिए एक परिभाषा, 'महिला' के लिए एक परिभाषा, 'पुत्र' के लिए एक परिभाषा, 'पुत्री' के लिए एक परिभाषा, 'उत्तर भारतीयों' के लिए एक परिभाषा, 'दक्षिण भारतीयों' के लिए एक परिभाषा, 'ब्राह्मणों' के लिए एक परिभाषा, 'मारवाड़ियों' के लिए एक परिभाषा... परिभाषाएँ, एक के बाद एक परिभाषाएँ...

अव्यक्त ने अपने शब्दों पर बल देते हुए कहा, "आप सबको सामाजिक तौर पर किए जाने वाले कामों की एक सूची दी गई है और आप सबसे उस सूची के अनुसार कार्य करने की अपेक्षा की जाती है। आपके दादा-दादी ने यही किया, आपके माता-पिता ने यही किया, तो आप इसके विरुद्ध आवाज़ क्यों उठाएँगे - यह सामाजिक अपेक्षा है। आपमें से प्रत्येक को इसी अपेक्षा के साथ जीना सिखाया गया है। इस अपेक्षा से ज़रा-सा भी परे होते ही, सामाजिक रूप से हलचल मच जाएगी। जब आप इस सामाजिक अपेक्षा सूची से परे जा कर जीना चाहेंगे, तो आप पर स्वार्थी होने का ठप्पा लगाया जाएगा। अपनी सामाजिक परिभाषाओं की कैद से परे जा कर जीने के अभियोग में आपको समाज से बहिष्कृत कर दिया जाएगा। सुनो लड़कियों, तुम एक ऐसी सभ्यता में जन्मी हो, जहाँ यही माना जाता है कि लड़कियों का जन्म केवल इसी उद्देश्य से होता है कि वे बड़ी होकर विवाह करें और परिवार संभालें। इसका मतलब यह नहीं होता कि आप आँसुओं से परे, एक जीवन जिएँ, इसका अर्थ होता है कि आप दूसरों की मुस्कान देखने के लिए जिएँ। ऐसा जीवन जीने में कोई हर्ज़ नहीं, जहाँ आप दूसरों के चेहरों पर मुस्कान लाने की अपेक्षा करते हुए जीते हैं,

परंतु आपके पास अपने आँसुओं की कद्र क्यों नहीं है? लड़कियों, तुम्हें स्वयं ही अपने-आप को ऊँचा उठाना होगा। आज़ादी दी नहीं जाती, इसे लेना पड़ता है। आप सबको जीने का केवल एक ही मौका मिलता है, अगर आप ये मौका खो देते हैं, तो आपको फिर कभी अपने मनपसंद तरीक़े से जीने का अवसर नहीं मिलेगा। कृपया, अपने-आप से दूर न जाएँ। इस हाथ आए मौके को हाथ से न जाने दें। इस सामाजिक अपेक्षा सूची को फाड़ कर टुकड़े-टुकड़े कर दें। सामाजिक परिभाषाओं की कैद से ऊपर उठें। जो लोग नए रास्ते बनाते हैं, उन्हें पुराने रास्तों को तोड़ना ही होता है। अपने जीवन की परिभाषा का विस्तार करें। भीड़ से परे हटकर खड़े हों। एक औसत आदमी से परे हटकर जिएँ। अपनी जीवनशैली से आने वाली पीढ़ियों को प्रेरित करें। आपका जीवन ऐसा होना चाहिए, जो आने वाली पीढ़ियों के लिए एक संदेश बन सके। जागो!"

अव्यक्त यह नहीं कह रहा था उन्हें अकारण ही विद्रोही बन जाना चाहिए। वह यह भी नहीं कह रहा था कि हमें गैर-ज़िम्मेदार बनते हुए 'मुझे कोई परवाह नहीं' वाला रवैया अपना लेना चाहिए। वह यह नहीं कह रहा था कि इंसान को अपने परिवार की भावनाओं व भावों के प्रति समानुभूति दर्शाना बंद कर देना चाहिए। वह यह भी नहीं कह रहा था कि इंसान को सामाजिक अपेक्षा की सूची को फाड़ कर, चरित्रहीन जीवन जीना चाहिए। वह 'मैं, मेरा और मेरे बारे में,' पूरी तरह से स्वार्थी - जीवन जीने की हिमायत नहीं कर रहा।

अव्यक्त ने बात को स्पष्ट करते हुए कहा, "यहाँ तक कि करुणा के प्रतीक, भगवान महावीर ने भी कहा है, 'जियो और जीने दो,' उन्होंने यह नहीं कहा 'दूसरों को जीने दो और जियो।' जो भी हो, अगर आप स्वयं नहीं जानते कि कैसे जीना चाहिए, तो आप दूसरों को कैसे जीने दे सकते हैं? प्रेम के मसीहा, ईसा मसीह ने प्रवचन दिया था, 'अपने पड़ोसी से उसी तरह स्नेह रखें, जिस तरह आप स्वयं से प्रेम करते

हैं।' यहाँ तक कि उन्होंने भी आपको आपके पड़ोसी से आगे रखा है। क्यों? चाहे जो भी हो, अगर आप स्वयं से स्नेह रखना नहीं जानते, तो आप अपने पड़ोसी को स्नेह कैसे दे सकेंगे? भला एक भिखारी दूसरों को अमीर बनने में मदद कैसे कर सकता है? ऐसे कौन से दास या गुलाम हैं, जो दूसरों को मुक्त कर सकते हैं? आप संसार को ऐसा कुछ कैसे दे सकते हैं, जो अभी तक आपके पास भी नहीं है? जब तक आप दूसरों के कल्याण के लिए भी प्रयासरत हैं, तब तक निजी कल्याण भी आपको स्वार्थी की श्रेणी में नहीं लाएगा। आपको इस ग्रह पर अपनी लड़ाई लड़ने का पूरा अधिकार है। यह धरती आपकी अपनी भी है। यह जीवन आपका अपना भी है। इसका उपयोग करें। इसका दुरुपयोग न करें।"

फिर, अव्यक्त ने अपने स्वर में भरसक करुणा घोलते हुए सुझाव दिया, "यदि आप संसार में 100 कार्य करते हैं, तो उनमें से 80 कार्य इस संसार के लिए करें, अपने परिवार की प्रसन्नता के लिए करें, अपने माता–पिता की संतुष्टि के लिए करें, सामाजिक बहुलता व अपने वातावरण को बेहतर बनाने के लिए करें। जीवन में कम से कम 20 कार्य अपने लिए भी करें। अपने जीवन के उन सभी पहलुओं पर ध्यान दें, जो आपके जीवन को प्रभावित करेंगे – जैसे कि आप कैसी शिक्षा पाना चाहती हैं, आप किस करियर के लिए दीवानगी महसूस करती हैं, आप किसके साथ विवाह रचाना चाहती हैं, आप किस शहर में रहना चाहती हैं – यह सब कुछ इन 20 कार्यों की सूची में ही आता है। जीवन के इन सभी संगत पहलुओं में, स्वयं को सामाजिक परिभाषाओं की सीमा में सीमित न करें। अपने जीवन की परिभाषा स्वयं लिखें। अपने द्वारा किए जाने वाले कार्यों की सूची स्वयं तैयार करें। सामाजिक मान्यताओं के अनुसार न जिएँ। अपने लिए खुद आलेख तैयार करें। अपने जीवन के अन्य 80 असंगत पहलुओं में, संसार के साथ चलें, संसार के लिए चलें। यदि आप संसार के लिए

80 कार्य करने के बाद, अपने लिए 20 कार्य करते हैं और संसार आपको स्वार्थी कहता है – तो उसे ऐसा कहने दें। ऐसा लगता है कि आप एक नाजायज़ दुनिया में जी रहे हैं। यदि वे आपके द्वारा किए जाने वाले 80 कार्यों से भी संतुष्ट नहीं हैं, तो आपके द्वारा किया गया, कोई भी कार्य उन्हें संतुष्टि नहीं दे सकेगा। ऐसी परिस्थिति में, कम से कम, अपनी शर्तों पर 20 कार्य करते हुए, अपने-आप को तो संतुष्ट करें।"

अव्यक्त ने बात का सार रखते हुए कहा, "मैं बात को वहीं पर ख़त्म करना चाहूँगा, जहाँ से मैंने आरंभ किया था – अच्छा नाम कमाने के साथ बुरा जीवन जीने से कहीं बेहतर होगा कि आप बदनाम हों और एक अच्छा जीवन जिएँ। आपमें से प्रत्येक के लिए अधिकतम से भी अधिक पाने की शुभकामनाओं सहित...।"

अव्यक्त ने अपना भाषण समाप्त किया। सभा कक्ष में सन्नाटा छाया हुआ था। ऐसा जान पड़ रहा था मानो लड़कियाँ एक ज़ेन भाव के बीच मग्न हो गई हों – तभी बोलें, जब आपको ऐसा लगे कि आप उस मौन में कोई सुधार ला सकते हैं। यह शब्दों के प्रति आभार प्रकट करने का समय नहीं था। वे आने वाले समय में जैसा जीवन जीने वाली हैं, वही अव्यक्त के प्रति उनका आभार होगा। नई नस्ल का अनुभव पाने के लिए तैयार हो जाएँ, आगे ही आगे रहने वालों की नई पीढ़ी। उनका नया जीवन दर्शन, "जियो – 20 और जीने दो – 80।"

प्रसन्नतापूर्वक सफल होना

'अधिक' को जितनी बार भी पढ़ेंगे, वह हमेशा 'अधिक' ही पढ़ा जाएगा, और इस तरह आप कभी भी इस तक नहीं पहुँचते। इससे यह सिद्ध होता है, 'सफलता' एक आजीवन बनी रहने वाली प्यास है। 'पर्याप्त' को जितनी बार भी पढ़ेंगे, वह 'पर्याप्त' ही पढ़ा जाएगा, और इस तरह आपको उसका अनुभव पाने के लिए एक भी पल की प्रतीक्षा करने की आवश्यकता नहीं है। इसी तरह, 'प्रसन्नता' भी केवल एक आभास का ही विषय है। वे व्यक्ति बुद्धिमान हैं, जो 'पर्याप्त से अधिक' की आकांक्षा रखते हैं, उन्हें इस बात का बोध होता है कि उनके पास सब कुछ 'पर्याप्त मात्रा में है' और फिर भी वे 'और अधिक' पाना चाहते हैं। यही प्रसन्नतापूर्वक सफल होने का मार्ग है और सफलतापूर्वक प्रसन्न रहने का मार्ग है।

ट्रैफ़िक जाम से परे

भले ही कितना भी बुरा ट्रैफ़िक जाम क्यों न हो, हम सभी अंततः घर पहुँच ही जाएँगे। यह इंच दर इंच सरक सकता है; यह कुछ समय के लिए थम सकता है; यह फिर से इंच दर इंच सरक सकता है, परंतु अंततः हम सभी घर पहुँच ही जाएँगे। जब हम यह जानते हैं कि हम अंततः घर पहुँच ही जाएँगे, तो ऐसे में हो सकता है कि हम उस ट्रैफ़िक जाम को देख कर तनावग्रस्त न हों। यदि आप अपने उत्तरदायित्वों के कारण तनावग्रस्त हो जाएँगे, तो पूरी योग्यता के साथ कार्य नहीं कर सकते। अपने पर भरोसा रखो; यदि नहीं रख सकते, तो उन लोगों पर भरोसा रखो, जो आप पर भरोसा रखते हों। अंधकार के क्षणों में ही हम सितारों को खोज लेते हैं। एक सितारा बनो।

सारा वातावरण अप्रसन्नता से प्रदूषित था। हवा दमघोंटू हो रही थी। यह तनाव और दबाव से ग्रस्त थी। आप प्रत्येक व्यक्ति के चेहरे पर आकुलता के चिन्ह देख सकते थे। ऐसा जान पड़ता था मानो वे सब कष्ट व पीड़ा से दो-चार हो रहे हों।

दो बढ़ई एक-दूसरे से जूझ रहे थे, दोनों ही एक-दूसरे को ग़लत साबित करने पर तुले थे। सुपरवाइज़र चेहरे पर, भयंकर गुस्से के भाव लिए, एक कर्मचारी पर चिल्ला रहा था, जो छत पर पॉलिश कर रहा था। बिजली का काम करने वाला व्यक्ति अपने सहायक पर

चिल्ला रहा था कि उसने फ़िटिंग सही तरह से नहीं की। उस जगह रखी सभी मशीनों के मुकाबले लोगों के बोलने का शोर व कोलाहल कहीं अधिक था। जिस भी जगह पर लोग, बीते हुए कल में ही आने वाले कल तक पहुँचना चाहते हैं, वहाँ ऐसा ही होता है।

केवल सात दिन ही रह गए थे। निमंत्रण-पत्र पहले ही छप चुके थे और प्रोजेक्ट को एक सप्ताह के भीतर ही आरंभ किया जाना था। यह एक बहुत बड़ा सार्वजनिक प्रसंग होने वाला था और जैसा कि तकरीबन सभी परियोजनाओं में होता है, 30 प्रतिशत कार्य, 70 प्रतिशत समय में किया गया था और 70 प्रतिशत कार्य, बाक़ी बचे हुए 30 प्रतिशत समय में किया जा रहा था। प्रत्येक व्यक्ति अपनी गति से कहीं अधिक तेज़ी से भागने की कोशिश में था; प्रत्येक व्यक्ति अपनी सामर्थ्य से अधिक करने की कोशिश कर रहा था। अगर आप आख़िरी कुछ छलाँगें अच्छी तरह से नहीं लगाते, तो आरंभ में लगाई गई छलाँगें भी किसी गिनती में नहीं आतीं। ये अंतिम छलाँग थी और यहीं से सारा अंतर पड़ने वाला था।

इन सारे कामों को प्रणव संभाल रहा था, वह कैलेंडर को घूरते हुए मन ही मन सोच रहा था कि काश उसके पन्नों को एक सप्ताह पीछे किया जा सकता। अव्यक्त रास्ते में था और किसी भी समय पहुँच सकता था। प्रणव, अपने नाखून चबाते हुए अव्यक्त का ही इंतज़ार कर रहा था; दरअसल वह नाखूनों के आसपास की चमड़ी भी चबा रहा था, उसका दिमाग़ बुरी तरह से उलझा हुआ था।

अचानक वहाँ चारों ओर सन्नाटा छा गया। जैसे ही आसपास का माहौल शांत हुआ, वह शांति भी संगीत की तरह लगने लगी। चारों ओर चुप्पी छाई थी। सब कुछ अचानक ही शांत हो गया था। अचानक ही ऐसा लगने लगा मानो दीवारें शांति से नहा गई हों और हवा में ताज़गी आ गई हो। काम अब भी जारी था, परंतु कलह का स्थान

आपसी तालमेल ने ले लिया था। जाने कहाँ से, अनेक चेहरों पर मुस्कान खिल गई थी। उनके लिए समाधान तलाशने वाला आ पहुँचा था। अव्यक्त कार से उतर ही रहा था। जाने क्या बात थी, अव्यक्त की उपस्थिति में प्रत्येक व्यक्ति, समस्याओं की बात करने की बजाय समाधानों के बारे में विचार करने लगता था।

अव्यक्त ने बिखरे बालों, टी–शर्ट व जीन्स और सैंडिल में क़दम रखा, जिस इंसान को इतने लोगों द्वारा एक मार्गदर्शक के रूप में देखा जाता हो, उससे ऐसी वेशभूषा की उम्मीद नहीं की जा सकती, परंतु अव्यक्त ऐसा ही था। देखिए, जब आपके पास एक व्यक्तित्व होता है, तो आपको कोई व्यक्तित्व ओढ़ना नहीं पड़ता। इससे पहले कि वे अपना मुँह खोल पाते, अव्यक्त ने दरवाज़े पर खड़े गार्ड से लेकर, मिस्त्री और सफ़ाई कर्मचारी को अभिवादन किया और कुछ ही पलों में वह स्थान ऐसी जगह में बदल गया, जहाँ गरिमा का ही साम्राज्य था, अब इस बात से कोई अंतर नहीं पड़ता था कि वे लोग कौन थे और क्या कर रहे थे।

किसी विद्वान ने एक बार कहा था, "तुम जहाँ भी जाओगे, दुःख ही पाओगे क्योंकि तुम अब भी वहीं हो।" अव्यक्त के साथ इससे विपरीत सत्य था। वह जहाँ भी जाता, वहाँ खुशी ही होती क्योंकि वह वहाँ था।

अव्यक्त जैसे ही तनावग्रस्त सुपरवाइज़र के पास से गुज़रा, उसने उसके गले में बाँहें डाल दीं और कहा, "शुभ प्रभात! मैं चाहता हूँ कि इस परियोजना से जुड़ा प्रत्येक व्यक्ति, स्वयं को 'दुनिया में सबसे ऊपर' महसूस करे, उसे ऐसा महसूस न हो कि 'दुनिया उसके सिर पर' मंडरा रही है। जो चीज़ प्रसन्नता के साथ नहीं पाई जा सकती, उसे अप्रसन्नता से भी, कभी नहीं पाया जा सकता। अगर आप अपनी ज़िम्मेदारियों के कारण तनावग्रस्त हैं, तो आप पूरी योग्यता के साथ जवाबदेह नहीं हो सकते। स्वयं पर विश्वास रखें; यदि नहीं रख

सकते, तो उन लोगों में विश्वास रखें, जो आप पर विश्वास रखते हैं। मैं तुम पर पूरा विश्वास रखता हूँ। अपना चेहरा ठंडे पानी से धो लो। कुछ गहरी साँसें लो। तनाव-मुक्त होकर। मुस्कराओ। समाधानों से भरी साँस को भीतर ले जाओ। परियोजना निर्धारित कार्यक्रम के अनुसार ही होगी। मुझे तो हर जगह से हरी झंडी ही दिख रही है।"

अक्सर लोग आने वाले साल, आने वाले महीनों और आने वाले सप्ताहों से जुड़ी समस्याओं पर माथापच्ची करते हुए, वह सब करने में असफल रहते हैं, जो उस दिन किया जा सकता था। अव्यक्त की शब्दावली में 'समस्या' शब्द पर रोक लगा दी गई थी। वह प्रायः कहता, "कार को स्टीयरिंग वील के बिना ट्रैफ़िक में से निकालना, बेशक एक समस्या हो सकता है; परंतु, स्टीयरिंग वील के साथ तो यह एक चुनौती भर है। यदि हममें से प्रत्येक के भीतर छिपी असीम मानव क्षमता से तुलना की जाए, तो क्या जीवन से जुड़े कोई भी हालात, समस्या की श्रेणी में आ सकते हैं?" अपने वर्तमान को आने वाले कल की चुनौतियों के भार तले दबाने का क्या तुक बनता है? जो भी हो, जो कुछ आने वाले कल में हो सकता है, उसे केवल आने वाले कल में ही किया जा सकता है! अपने-आप को भारमुक्त करने का यही तरीक़ा हो सकता है कि आप अपने 'वर्तमान' को सही कर लें। अपने आज को आने वाले कल का दुश्मन न बनने दें। अप्रसन्नता से किया गया कोई भी कार्य, कई गुना अप्रसन्नता का ही संदेश लाता है।

जब अव्यक्त ने सुपरवाइज़र से अपनी बात ख़त्म की, तो वह प्रणव की ओर मुड़ा, जो उसे देखकर मुस्कराने की कोशिश कर रहा था, परंतु शरीर के हाव-भाव कभी झूठ नहीं बोलते। वह जिस तनाव के बोझ तले दबा था, वह साफ़ दिख रहा था; उसकी मुस्कान ऐसी दिख रही थी मानो किसी मृत शरीर पर फूल रखे हों। प्रणव के दोनों कानों के बीच एक रुकावट थी, और जब ऐसा होता है, तो आप जो भी सुनते हैं, वह भीतर जाने की बजाय, चारों ओर फैल जाता है। हमारी

अधिकतर चुनौतियों में से, असली चुनौती इस दुनिया की नहीं होती बल्कि, हमारे दोनों कानों के बीच की होती है। कुछ लोग समस्याओं की खोज में निकलते हैं और निश्चित रूप से, वे इसे पा भी लेते हैं। दूसरे लोग समस्या से तब तक नहीं उलझते, जब तक वह उन्हें स्वयं आकर नहीं उलझाती। जो हथौड़ा काँच को चकनाचूर कर देता है, वही लोहे को भी गढ़ता है। तो मुसीबतें और चुनौतियाँ आपके साथ क्या करती हैं, यह इस बात पर निर्भर करता है कि आप कौन हैं और उन्हें किस रूप में लेते हैं। दो लोग जेल की सलाखों से बाहर देखते हैं, एक को कीचड़ दिखता है और दूसरा सितारों को देखता है। जीवन की कठिन परीक्षाएँ हमें तोड़ती नहीं, बनाती हैं। सभी समस्याएँ और परेशानियाँ धीरे-धीरे समाप्त हो जाती हैं तो इनके कारण इतना परेशान क्यों हुआ जाए?

एक कोने में, किराए की मेज़ और चार कुर्सियों के साथ अस्थायी प्रबंध किया गया था ताकि वहाँ बैठकर आपसी बातचीत की जा सके। वहाँ से दस फ़ीट की दूरी पर ही, एक बढ़ई अपने औज़ारों के साथ काम कर रहा था, जिससे बेहद शोर हो रहा था। प्रणव पहले ही अपनी कुर्सी के पास पहुँच चुका था। बढ़ई के पास से निकलते समय, अव्यक्त ने एक प्यारी सी मुस्कान दी और उसे देखकर गर्दन हिलाई। बढ़ई ने मुस्कराते हुए काम रोक दिया और यह कहकर वहाँ से चला गया कि वह पंद्रह मिनट बाद काम पर लौटेगा।

यह बिल्कुल सच है कि होठों से निकले शब्दों की तुलना में, स्नेह और प्रसन्नता से लबालब छलकते हृदय के हाव-भाव कहीं ज़्यादा गहरा असर रखते हैं! प्रणव बड़ी बेचैनी से किए जाने वाले कामों की सूची पर नज़र मार रहा था। वह एक के बाद एक, इस तरह पन्ने पलट रहा था मानो कोई बेचैन तितली हो, जो यह तय न कर पा रही हो कि उसे किस फूल पर बैठना चाहिए।

अव्यक्त ने मित्रवत् भाव से उसका सिर थपथपाया और कुर्सी लेकर बैठ गया। प्रणव जल्दी से शुरू हो गया, "अगर स्वागत कक्ष की बात करें..." अव्यक्त ने बात को बीच में काटते हुए, दृढ शब्दों में कहा, "प्रणव! पहले मैं तुमसे बात करना चाहता हूँ। मैं तुम्हारी बात बाद में सुनूँगा। क्या मैं अपनी बात कह सकता हूँ?" प्रणव ने काग़ज़ पीछे रख दिए और अपनी पीठ सीधी रखते हुए हामी दी।

अव्यक्त ने अपनी बात जारी रखी, "मैं अपने संगठन में ऐसी कोई सफलता नहीं चाहता, जो दूसरों की प्रसन्नता की क़ीमत पर हासिल हो। क्या तुम्हें एहसास है कि तुम अपनी अप्रसन्नता से जो ऊर्जा प्रकट करते हो, वह तुम पर हानिकारक प्रभाव डालने के साथ-साथ, तुम्हारे आसपास के वातावरण को भी संक्रमित करती है? हम एक परियोजना की तैयारी कर रहे हैं, कोई जंग नहीं लड़ने जा रहे। मैं सबके चेहरों पर तनाव और चिंताओं की इबारत देख सकता हूँ। उन्हें यह एहसास क्यों नहीं होता कि वे जो नकारात्मक कंपन उत्पन्न कर रहे हैं, वे ही हमारी परियोजना की सफलता की राह में सबसे बड़ी बाधा बनने जा रहे हैं? हम यहाँ अस्त-व्यस्तता को दूर करने के लिए बैठे हैं, अस्त-व्यस्तता फैलाने नहीं आए। यदि तुम केंद्रित और प्रसन्न हो तो कठिन से कठिन दौर से भी गुज़रना आसान हो जाता है। मैं अपनी बात दोहराना चाहता हूँ, जो चीज़ प्रसन्नता से नहीं पाई जा सकती, वह अप्रसन्नता से तो कभी भी नहीं पाई जा सकती। सब कुछ अपने तरीक़े से आने-जाने दो... इन बातों से प्रसन्नता के प्रवाह में बाधा नहीं आनी चाहिए। एक प्रसन्न हृदय ऐसे सकारात्मक कंपन उत्पन्न करता है, जिनमें तुम्हारे द्वार तक दिव्यता को निमंत्रित करने की भी शक्ति समाई होती है। मैं एक ऐसा संगठन चाहता हूँ, जो सफल होने के साथ-साथ प्रसन्न भी हो।

प्रणव के चेहरे पर गंभीरता छाई थी। वह अपने ही तरीक़ों पर काम करते हुए असफल होने के की बजाय, अपने तौर-तरीक़ों और प्रगति

में बदलाव लाने के लिए प्रस्तुत था। भले ही वह अव्यक्त जैसा नहीं हो सकता, परंतु वह निश्चित तौर पर अव्यक्त की तरह जीना चाहता था। उसकी आँखों से यही भाव संप्रेषित हो रहा था, "मैं वही हृदय बनना चाहता हूँ, जो सदैव प्रसन्नता व प्रेम पर केंद्रित रहता है, परंतु यह कैसे संभव है?"

अव्यक्त ने अपनी बात को जारी रखते हुए कहा, "जब तक तुम अपने भीतर सब कुछ ठीक व व्यवस्थित नहीं कर लेते, तब तक बाहर भी सब कुछ ठीक नहीं होगा, इसलिए अपने-आप से निरंतर यही सवाल करते रहो, "क्या मैं इस पल के साथ सहज हूँ?" जिस तरह तुम्हारा दिल अपने-आप निरंतर धड़कता रहता है, जिस तरह तुम अपने-आप साँस लेते रहते हो, उसी तरह अपने-आप से यह सवाल भी लगातार पूछने की आदत डाल लो, "क्या मैं इस पल के साथ सहज हूँ?" यदि तुम सहज नहीं हो, तो तुम्हें, 'जो कर रहे हो,' उसे बदलने की ज़रूरत नहीं है; बस उसे 'कैसे करना है,' यह तरीक़ा बदलना ही पर्याप्त होगा। जब भी कोई पल आपको असहज कर दे, तो सबसे पहले इसे स्वीकार करें और फिर बुद्धिमता से इसका पालन करें : *यदि इसे बदला जा सकता हो, तो बदल दें, अन्यथा अपने-आप को इससे दूर कर लें।*"

अव्यक्त ने पूछा, "प्रणव, बात समझ आई?" जब वह बोल रहा था, तो प्रणव ने फ़ाइल बंद कर दी, जिसमें सारे काग़ज़ थे। तब अव्यक्त ने कहा, "अब हम वह चर्चा करेंगे, जो तुम मुझसे करना चाहते हो। मैं सुनने के लिए तैयार हूँ। बोलो।"

प्रणव मुस्कराया, घड़ी पर एक नज़र मारी और बोला, "गुड आफ़्टरनून, चीफ़! मुझे आपसे कोई चर्चा नहीं करनी। मैं सब कुछ अपने-आप संभाल सकता हूँ। दरअसल, मैं सब कुछ अपने-आप संभालना चाहता हूँ। सारी परियोजना अपने समय पर आरंभ होगी।

आप यही समझ लें कि काम हो गया। चीफ़! आप दूसरी व्यवस्थाओं पर ध्यान दे सकते हैं। इस परियोजना से, खुद को पीछे हटा लें, मेरा कहने का मतलब है कि इसके काम की ओर से निश्चिंत हो जाएँ। मैं खुशी–खुशी सब कुछ संभाल लूँगा। अब मैं समझ गया हूँ कि एक प्रसन्न हृदय ऐसे सकारात्मक कंपन उत्पन्न करता है, जिनमें हमारे द्वार तक दिव्यता को निमंत्रित करने की भी शक्ति समाई होती है। मैं अपने द्वार पर आपके अक्सर आने की अपेक्षा रखूँगा।"

अव्यक्त उठा और प्रणव को गले से लगा कर कहा, "अंधकार के इन क्षणों में ही, हम सितारों को पा लेते हैं। यहाँ तुम्हारे पास एक अवसर मौजूद है। मैंने तुमसे जो कुछ भी कहा, उनमें से इन शब्दों को विशेष रूप से याद रखना," और अव्यक्त ने आगे कहा, "भले ही कितना भी बुरा ट्रैफ़िक जाम क्यों न हो, हम सभी अंततः घर पहुँच ही जाएँगे। यह इंच दर इंच सरक सकता है; यह कुछ समय के लिए थम सकता है; यह फिर से इंच दर इंच सरक सकता है, परंतु अंततः हम सभी घर पहुँच ही जाएँगे। जब हम यह जानते हैं कि हम अंततः घर पहुँच ही जाएँगे, तो ऐसे में हो सकता है कि हम उस ट्रैफ़िक जाम को देखकर तनावग्रस्त न हों। मैं तुमसे ट्रैफ़िक जाम के परे मिलता हूँ यानि औपचारिक कार्यक्रम के बाद भेंट होगी।" अव्यक्त के जाने से पहले प्रणव एक बार फिर उसके गले लगा।

एक सप्ताह बाद, हज़ारों लोगों ने उस औपचारिक कार्यक्रम में हिस्सा लिया। जब तालियों की गड़गड़ाहट के बीच रिबन कटा, तो अव्यक्त और प्रणव ने एक शरारती मुस्कान के साथ आँखों से इशारा किया। आप अव्यक्त के स्वभाव वाले व्यक्ति से ऐसी अपेक्षा नहीं कर सकते, परंतु वह तो अव्यक्त ही है न, हर चीज़ के साथ थोड़ी सी शरारत का पुट ले आता है। प्रणव ने अव्यक्त को बड़े ही करीने से पैक किया गया एक उपहार दिया और आश्चर्यचकित भाव के साथ अव्यक्त ने भी रंगीन कागज़ में लिपटा एक उपहार प्रणव के सामने रख दिया।

अव्यक्त ने अपने उपहार को इतनी गरिमा व कोमलता के साथ खोला मानो किसी नवजात शिशु को गोद में ले रहा हो। उसे मेज़ पर रखने वाला एक शोपीस मिला, जिस पर विशेष रूप से लिखवाया गया था 'भले ही कितना भी बुरा ट्रैफ़िक जाम क्यों न हो, हम सभी अंततः घर पहुँच ही जाएँगे।" जब प्रणव ने अपना उपहार खोला तो वह भी देख कर हैरान हो गया कि उसे भी मेज़ पर रखने वाला एक शोपीस मिला था, जिस पर विशेष रूप से लिखवाया गया था, "अंधकार से भरे क्षणों में ही हम सितारों को खोज लेते हैं। अधिकतम से भी अधिक पा लेने की शुभकामनाओं सहित..."

प्रणव ने कहा, "चीफ़, क्या ये सच है कि मूर्ख सदा एक-सा सोचते हैं?" अव्यक्त ने असहमति में अपनी गर्दन हिलाते हुए कहा, "बुद्धिमान व्यक्ति बिरले ही अलग-अलग सोचते हैं।"

कुछ लोग कभी नहीं बदलते... मैं अव्यक्त के बारे में कह रहा हूँ।

जब तक आप अपने भीतर सब कुछ ठीक व व्यवस्थित नहीं कर लेते, तब तक बाहर भी सब कुछ ठीक नहीं होगा इसलिए अपने-आप से निरंतर यही सवाल करते रहो, "क्या मैं इस पल के साथ सहज हूँ?" यदि आप सहज नहीं हो, तो आपको, 'जो कर रहे हो,' उसे बदलने की ज़रूरत नहीं है; बस उसे 'कैसे करना है,' यह तरीक़ा बदलना ही पर्याप्त होगा।

इसका उपयोग करें अथवा इसे खो दें

जो धन उपयोग में नहीं लाया जाता, वह अपना मूल्य खो देता है। जिस प्रतिभा का पूरा उपयोग नहीं हो पाता, वह ओझल हो जाती है। प्रयोग में न लाई गई संभावना का क्षय हो जाता है। प्रयोग में न लाई गई मशीनरी किसी काम की नहीं रहती। जिस समय का सदुपयोग नहीं होता, वह हाथ से निकल जाता है। जिस ज्ञान का उपयोग नहीं होता, वह भार बन जाता है। जिस भी वस्तु का उपयोग नहीं होता, वह नष्ट हो जाती है। अंततः मृत्यु को प्राप्त होना ही जीवन की त्रासदी नहीं है, आपके जीवित रहने के दौरान ही, आपके भीतर के संसाधनों की मृत्यु हो जाना ही सबसे बड़ी त्रासदी है। इनका प्रयोग करें अन्यथा आप इन्हें खो देंगे।

अपेक्षा प्रबंधन

आप आम के वृक्ष के नीचे खड़े होकर, संतरे खाने की अपेक्षा नहीं रख सकते। यह तो और भी मूर्खतापूर्ण होगा कि आप आम के वृक्ष पर दोषारोपण करो कि वह आपकी अपेक्षा पूरी नहीं कर रहा। इसलिए, या तो वृक्ष के अनुसार अपनी अपेक्षाएँ बदल डालो अथवा ऐसा वृक्ष खोज लो, जो आपकी अपेक्षाओं पर खरा उतर सके। संसार से जो भी अपेक्षाएँ रखते हो, उन्हें अपनी ओर मोड़ दो। यही जीवन में शांतिपूर्ण प्रगति का मार्ग है।

"मुझे नहीं लगता कि इस संगठन में मेरा कोई भविष्य है। मैं तो हर रोज़ सुबह जैसे खुद को काम पर घसीट कर ले जा रहा हूँ। मेरे पास अब लंबे समय तक काम करने के लिए कोई प्रेरणा नहीं रही। अगर मैं इसी स्थान पर काम करता रहा, तो एक वक़्त ऐसा आएगा जब मैं बहुत कम प्रदर्शन या फिर कोई प्रदर्शन न करने वाली श्रेणी में आ जाऊँगा। ये सब मुझे बेहद कुंठित कर रहा है। मैंने कितनी उम्मीदों के साथ इस संस्था में क़दम रखा था, और आज छह महीने बाद, मैं खुद को किन हालात में पा रहा हूँ! मैं नहीं जानता कि क्यों, परंतु आपके साथ पहली नौकरी के अलावा, मैं कभी इतना किस्मतवाला नहीं रहा कि मुझे कहीं काम करने का सही माहौल मिला हो।" संजय ने अव्यक्त के आगे अपनी भड़ास निकाली।

जब ज़रूरतें पूरी होती हैं, तो वे व्यक्ति को प्रेरित नहीं करतीं। पश्चिम

वाले पूर्व की आध्यात्मिक जड़ों से ईर्ष्या करते हैं और पूर्व को पश्चिम के भौतिकवाद की चाह है। हम सभी हमेशा दूसरों से अपनी जगह बदलना चाहते हैं। युवक कहता है, "काश! मुझे आपका अनुभव मिल पाता।" वहीं अनुभवी कहता है, "काश! मुझे तुम्हारे जैसी जवानी फिर से मिल जाती।" प्रत्येक व्यक्ति के करियर में, ऐसे दौर आते हैं, जब उसकी आय उसकी विद्या या शिक्षा पर वरीयता पा लेती है, और ऐसे भी दौर आते हैं, जब आय पर शिक्षा की प्राथमिकता हो जाती है। यद्यपि, हृदय के आवेगों पर कोई तर्क काम नहीं करता। हृदय को किस चीज़ से संतुष्टि मिलती है, यह किस बात से असुंतष्ट होता है, यह स्तंभित क्यों हो जाता है, यह किसी चीज़ को त्याग कर आगे क्यों चल देता है, यह हार क्यों जाता है? यह ऐसा चुनाव क्यों करता है... इन सब बातों के लिए कोई तर्क नहीं दे सकते। जो भी हो, मनुष्य ऐसा जीव नहीं जिसे तर्कों में बाँधा जा सके, यह तो भावों के बल पर जीने वाला जीव है। इसी में तो इस सृजन का अनूठापन व जीवन की सुंदरता छिपी है। यहाँ तक कि मनुष्य स्वयं नहीं जानता कि उसके भीतर से क्या बाहर आ रहा है!

अव्यक्त का मार्गदर्शन पाना तो किसी भी प्रबंधन स्नातक के लिए सपने के साकार होने जैसा ही था। संजय ने एम.बी.ए. करने के बाद, अव्यक्त की सलाहकार फ़र्म में, एक मैनेजमेंट प्रशिक्षु के रूप में क़दम रखा। अव्यक्त ने उसे दो वर्ष तक व्यावसायिक मार्गदर्शन दिया। एक बहुराष्ट्रीय कंपनी की ओर से दिए गए पद के लोभ में आकर, संजय ने यह जगह छोड़ दी। अगले चार वर्षों के दौरान, उसने पाँच जगह नौकरी की। एक छात्र भले ही अपने अध्यापक से निराश हो सकता है, परंतु एक अध्यापक को अपने छात्र से निराश नहीं होना चाहिए यदि वह ऐसा करता है तो भले ही उसका पेशा अध्यापन का हो, उसके पास एक अध्यापक का हृदय नहीं होता। संजय के करियर की अस्थिरता से आकुल अव्यक्त ने उसे चर्चा के लिए बुलवाया। जिस

व्यक्ति ने आरंभ में बहुत ही अच्छा प्रदर्शन किया हो, ऐसे व्यक्ति को भी साधारण कोटि में शामिल होता देख बहुत निराशा होती है। अव्यक्त उसके लिए चिंतित था।

निःसंदेह, संजय की प्रतिभा अतुलनीय थी; उसका मस्तिष्क हमेशा कुछ ऐसा सोच सकता था, जो दूसरे नहीं सोच पाते थे। यद्यपि, संजय की अपनी सीमा थी – वह किसी भी चीज़ या व्यक्ति से संतुष्ट नहीं होता था। वह ऐसे लोगों में से था, जो निरंतर व्याकुल बने रहते हैं। कोई भी चीज़ या घटना, उसे लंबे समय तक अपने साथ बाँध कर नहीं रख सकती थी। वह हर वस्तु और व्यक्ति से कुछ ही समय में ऊब जाता था। उसने कुछ समय पहले, भले ही अव्यक्त की शरण ली थी, परंतु वह दो वर्ष से अधिक उसके पास भी नहीं टिक सका। हालाँकि इस बुरे कथानक में एक अच्छी ख़बर यह थी कि अभी संजय का विवाह नहीं हुआ था। ईश्वर उस युवती का भला करे, जिसे संजय के लिए बनाया गया होगा!

अव्यक्त ने संजय को पूरा मौका दिया कि वह अपने मन की भड़ास निकालकर अपना मन हल्का कर ले। जब आपके पास कहने के लिए कुछ नहीं होता, तो आप कहीं बेहतर तरीक़े से सुनते हैं। बिना किसी बोझ के हल्का मन ही अधिक ग्रहणशील होता है। संजय की आँखें इस बात की गवाही दे रही थीं कि वह अव्यक्त की बातों को अपने भीतर संजोने के लिए तैयार था, और वह जानता था कि उसके भीतर किसी चीज़ के सुधार की आवश्यकता थी। उसे एहसास हो गया था कि यदि कोई संगठन उसकी व्यक्तिगत माँगों व आवश्यकताओं के अनुकूल नहीं जान पड़ता, तो इसी वजह से उसे ग़लत नहीं ठहराया जा सकता। यहाँ आपसी तालमेल का मसला है, चर्चा का विषय यह नहीं कि कौन सही है अथवा कौन ग़लत! वह परिवर्तन के लिए प्रस्तुत था। अव्यक्त के अतिरिक्त यह कार्य कौन कर सकता था कि संजय को संजय का प्रतिबिंब दिखा सके और

सुधार के लिए सुझाव भी दे सके?

अव्यक्त ने कहा, "तुम आम के वृक्ष के नीचे खड़े होकर, संतरे खाने की अपेक्षा नहीं रख सकते। यह तो और भी मूर्खतापूर्ण होगा कि तुम आम के वृक्ष पर दोषारोपण करो कि वह तुम्हारी अपेक्षा पूरी नहीं कर रहा। इसलिए, या तो वृक्ष के अनुसार अपनी अपेक्षाएँ बदल डालो अथवा ऐसा वृक्ष खोज लो, जो तुम्हारी अपेक्षाओं पर खरा उतर सके। आम के पेड़ के नीचे खड़े होकर, यह कुंठा न महसूस करो कि तुम्हें संतरे नहीं मिल रहे और न ही इसके लिए आम के पेड़ को दोषी ठहराओ। मूर्ख मत बनो।"

अव्यक्त ने अपनी बात जारी रखी, "ऐसा केवल तुम्हारे साथ ही नहीं हो रहा; ऐसा जान पड़ता है कि ये तो पूरी मानवजाति की दुर्दशा है। नियोक्ता-कर्मचारी संबंधों में, ग्राहक-उपभोक्ता संबंधों में, माता-पिता व संतान के संबंधों में, स्त्री-पुरुष संबंधों में, मनुष्य 'अव्यवस्थित अपेक्षाओं' के असमंजस में ही उलझा रहता है। मैं बुद्ध की भाँति बोलते हुए, तुम्हें यह नहीं कहना चाहता कि तुम अपनी सारी अपेक्षाएँ त्याग दो, परंतु मैं व्यवहारिक पहल अपनाते हुए, तुम्हें यह कहना चाह रहा हूँ कि अपनी अपेक्षाओं का प्रबंधन बेहतर तरीक़े से करो।"

अव्यक्त बोला, "सबसे पहले तो ख़ास बात यह है, तुम्हें एहसास होना चाहिए कि एक आम का वृक्ष, आम का ही वृक्ष है; यह आम का ही वृक्ष रहेगा, और तुम इससे केवल आम का ही फल पा सकते हो। भले ही तुम इससे जो भी उम्मीद रखो, इस पर आम ही लगेंगे। लोग जो हैं, वे वही रहेंगे। एक संगठन जो है, वही रहेगा। जीवन जो है, वही है। लोग जो भी हैं, जब तुम उनसे कुछ और होने की अपेक्षा रखते हो, तो तुम उनके प्रति कुंठित हो जाते हो। तुम एक संगठन को उसके वर्तमान रूप से किसी और रूप में होने की अपेक्षा रखते हो और उसके प्रति कुंठा पाल लेते हो। एक आम के वृक्ष से तुम्हारी संतरे की

अपेक्षाएँ पूरी नहीं हो रहीं, इसमें आम के वृक्ष का क्या दोष है? इसे ही मैं अव्यवस्थित या कुप्रबंध से ग्रस्त अपेक्षाएँ कहता हूँ। अगर तुम्हें लगता है कि कोई भी संगठन, तुम्हें काम करने का सही माहौल नहीं दे पा रहा, तो तुम अपना संगठन खोलकर उसे अपनी शर्तों पर क्यों नहीं चलाते? काम करने का वही माहौल क्यों तैयार नहीं करते, जो तुम अपने लिए चाहते हो? जब मैं कहता हूँ कि ऐसा वृक्ष खोजो, जो तुम्हारी अपेक्षाओं के अनुकूल हो, तो उससे मेरा अभिप्राय यही होता है; अपने लिए वृक्ष स्वयं उगा लो।"

अव्यक्त ने कहा, "संजय, यदि तुम जीवन में शांतिपूर्ण प्रगति चाहते हो, तो इन निर्देशों का पालन करो। सबसे पहले, अपनी अपेक्षाओं को परिभाषित करो। प्रायः ऐसा होता है, हम स्वयं इस विषय में आश्वस्त नहीं होते कि हम क्या अपेक्षा या उम्मीद रखते हैं। हम खाने की मेज़ पर पड़े मेन्यू कार्ड से पढ़ कर, अपने लिए कुछ मँगवाते हैं और जब पास वाली मेज़ पर नज़र जाती है तो उस व्यक्ति का व्यंजन देख कर लगता है, 'मुझे तो खाने के लिए ये मँगवाना चाहिए था।' इसलिए, सबसे पहले तो ऐसा भ्रमित व्यक्ति बनना बंद करो, अन्यथा तुम अपने आसपास की दुनिया को भी भ्रमित कर दोगे। दूसरे, अपनी अपेक्षाओं को सूक्ष्मता से स्पष्ट करो। अक्सर, दूसरे व्यक्ति तो यह भी नहीं जानते कि तुम उनसे क्या अपेक्षा रख रहे हो; ऐसे में वे तुम्हारी अपेक्षा या उम्मीद पूरी कैसे कर सकते हैं? जीवन तो पहले से ही बहुत जटिल है। इसे और जटिल मत बनाओ। कृपया अपनी अपेक्षाओं को सूक्ष्मता से स्पष्ट करो ताकि दूसरों के लिए भी जीवन सरल हो सके। तीसरे, यदि तुम्हारी अपेक्षाएँ या उम्मीदें पूरी नहीं होतीं, तो यह जाँचो कि कहीं तुम आम के वृक्ष से संतरे का फल पाने की अपेक्षा तो नहीं कर रहे। यदि तुम देखो कि तुम आम के वृक्ष से आम पाने की ही अपेक्षा रख रहे हो, तो लंबे समय तक संप्रेषण बनाए रखो; पूरे धैर्य के साथ अपनी अपेक्षाओं को स्पष्ट करते रहो। यह तो सुनिश्चित है

कि धैर्य व दृढ़ता अंततः प्रभावी होंगे। यदि ऐसा नहीं है, उदाहरण के लिए, कुछ ख़ास संबंधों के लिए, जहाँ तुम वृक्ष को नहीं बदल सकते, तो तुम्हें यह स्वीकार करना सीखना होगा कि वह एक आम का वृक्ष है, और तुम्हें आम के वृक्ष के अनुसार ही अपनी अपेक्षाओं में बदलाव लाना होगा। इस तरह तुम शांति से जी सकोगे। अपने लिए, आम के स्वाद को विकसित करो। जहाँ तक संगठनों का प्रश्न है, जहाँ परिवर्तन संभव है, अपनी अपेक्षाओं के अनुसार वृक्ष तलाश लो। सारे संसार में परिवर्तन लाने का प्रयास करने की बजाय, उन चीज़ों में परिवर्तन लाओ, जो तुम्हारे नियंत्रण में हैं, जो तुम्हारे अपने भीतर हैं। तभी तुम प्रगति के मार्ग पर अग्रसर हो सकते हो।"

अंत में अव्यक्त ने दृढ़ता से कहा, "संजय, सभी बातों से ऊपर, अपेक्षा प्रबंधन की सबसे बड़ी सीख यही है : 'संसार से जो भी अपेक्षाएँ रखते हो, उन्हें अपनी ओर मोड़ दो।' जब अपेक्षाएँ संसार की ओर निर्देशित होती हैं, तो तुम्हारी शांति व प्रगति दुनिया के रहमो-करम पर होती है। उन्हें अपनी ओर मोड़ दो, और तुम्हारे जीवन का नियंत्रण तुम्हारे हाथों में आ जाएगा। तभी तो मैं तुमसे कह रहा हूँ, अपनी ज़रूरत के अनुसार अपने लिए पेड़ स्वयं उगाओ। अपनी आवश्यकता के अनुसार, इस भौतिक जगत में अपनी एक निजी दुनिया बसाओ, वह तुम्हारा अपना जगत होगा, जिसमें तुम अपनी शर्तों के अनुसार जी सकोगे।"

अव्यक्त ने संजय को गले से लगा लिया व उसके कान में हौले से कहा, "काश हम सभी को जीवन के प्रारंभिक वर्षों में यह सीख दी गई होती; 'न तो तुम्हारी सभी अपेक्षाएँ पूरी होंगी, और न ही तुम्हारी सभी अपेक्षाएँ अधूरी रहेंगीं।' प्रायः, ईश्वर तुम्हारे लिए बनाई गई योजनाओं की पूर्ति के लिए, तुम्हारी बनाई योजनाओं में बाधा डाल देता है। तुम संतरों के पीछे जाओगे और मैं आमों के पीछे भागूँगा, हम यह याद रखेंगे कि यह हमारी इच्छा नहीं बल्कि उसकी ही इच्छा है, जो पूरी

होगी। तुम्हारे लिए अधिकतम से भी अधिक पाने की शुभकामनाओं सहित... और यह तुम्हारे जीवन की शांतिपूर्ण प्रगति का आरंभ होना चाहिए।"

जब संजय अव्यक्त के साथ काम करता था तो उसने उसके मुँह से कई बार सुना था, "कुछ भाषण कुछ जीवनियों से निकल कर आते हैं। और कुछ जीवन, कुछ भाषणों पर आधारित होते हैं।" संजय मन ही मन जानता था कि जब भी उसे अव्यक्त की कही बातें सुनने का सौभाग्य प्राप्त हुआ था, उसके जीवन में कुछ न कुछ हमेशा के लिए बदला था... उसके जीवन का पुनर्जन्म हो रहा था।

सबसे पहले, अपनी अपेक्षाओं को परिभाषित करो।
प्रायः ऐसा होता है, हम स्वयं इस विषय में आश्वस्त नहीं होते
कि हम क्या अपेक्षा या उम्मीद रखते हैं।
दूसरे, अपनी अपेक्षाओं को सूक्ष्मता से स्पष्ट करो।
अक्सर, दूसरे व्यक्ति तो यह भी नहीं जानते कि आप उनसे क्या
अपेक्षा रख रहे हो; ऐसे में वे आपकी अपेक्षा या
उम्मीद पूरी कैसे कर सकते हैं? तीसरे, यदि आपकी अपेक्षाएँ
या उम्मीदें पूरी नहीं होतीं, सारे संसार में परिवर्तन लाने का
प्रयास करने की बजाय, उन चीज़ों में परिवर्तन लाओ,
जो आपके नियंत्रण में हैं, जो कि आपके अपने भीतर हैं।
तभी आप प्रगति के मार्ग पर अग्रसर हो सकते हो।"
काश हम सभी को जीवन के प्रारंभिक वर्षों में यह सीख दी गई
होती; 'न तो तुम्हारी सभी अपेक्षाएँ पूरी होंगी,
और न ही तुम्हारी सभी अपेक्षाएँ अधूरी रहेंगी।'

महानता की विशिष्टता

निरंतरता ही महानता की विशिष्टता है। कोई भी व्यक्ति यदा-कदा महानता का कार्य कर सकता है। सही मायनों में उन व्यक्तियों को महान कहते हैं, जो निरंतर महान कार्य कर सकते हैं। आपने कोई एक काम किया या कर रहे हैं, आपको उसके लिए याद नहीं किया जाएगा, लेकिन आपको उन कामों के लिए याद किया जाएगा जो आप हमेशा करते हैं।

• • •

नेता के नेतृत्व के लिए

वकील और जज दोनों, एक जैसे नहीं हो सकते। आप क्या करते हैं या क्या नहीं करते, यह जानने के लिए आपको अपने से अलग, किसी ऐसे व्यक्ति की ज़रूरत होगी, जो एक तटस्थ नज़रिए से सब कुछ देख सके। एक प्रशिक्षक तीसरी आँख की तरह होता है। एक छोटा-सा अंतर ही अच्छे और महान खिलाड़ी के बीच निर्धारक मापदंड बन सकता है, और यहीं से प्रशिक्षक की भूमिका आरंभ होती है।

जब कोई इच्छा मन में पनपने के बावजूद पूरी नहीं हो पाती, तो वह एक अधूरा चक्र बन जाती है। प्रत्येक अधूरा चक्र, किसी न किसी रूप में, लगातार आपको भीतर ही भीतर सताता रहता है। लगातार एक अधूरेपन का एहसास बना रहता है। सच कहें तो, यह एक तरह की मानसिक यातना बन जाता है। या तो इस इच्छा को त्याग दें या पूरा कर दें। इसे बीच में यूँ ही न छोड़ें। प्रत्येक अधूरा चक्र आपकी ऊर्जा को सोखता है, आपको बुरी तरह से क्षीण और पस्त कर देता है। यही कारण है कि जिस दिन आप ज़्यादा काम करते हैं, उस दिन उतनी थकान नहीं होती, बल्कि जिस दिन ज़्यादा काम अधूरे रह जाते हैं, उस दिन ज़्यादा थकान महसूस होती है।

तैराकी अव्यक्त के लिए एक अधूरा चक्र था। वह हमेशा से ही तैरना सीखना चाहता था, पर यह अव्यक्त के लिए उन बातों में से एक रही, जो कभी हो ही नहीं सकी। जब उसके पास समय था, तो उसके पास

पैसा नहीं था, और जब उसके पास पैसा था, तो उसके पास समय नहीं था। जब उसे दोनों – समय व पैसे का, भरपूर आनंद लेने का अवसर मिला, तो जीवन इतना उद्देश्यपूर्ण हो गया कि व्यक्तिगत आकांक्षाओं के लिए कोई स्थान ही नहीं रहा। पर फिर भी, एक अधूरा चक्र, अधूरा ही होता है। दिमाग़ सारे कारण जानता है, परंतु दिल को इसकी परवाह नहीं होती। जेम्स ए. लवेल ने कहा है "कुछ लोग ऐसे होते हैं जो काम करते हैं, कुछ ऐसे लोग होते हैं जो कामों को होते देखते हैं और कुछ ऐसे लोग होते हैं, जो यह सोचते हैं कि क्या हुआ। सफल होने के लिए आपको ऐसा व्यक्ति बनना होगा, जो घटनाओं के घटने का कारण बनता है। और यही कारण है कि अव्यक्त का नाम भी सफल लोगों की सूची में आता था।

अव्यक्त हेनरी डेविड थॉरो के शब्दों का प्रतीक था : "यदि कोई व्यक्ति पूरे आत्मविश्वास के साथ अपने सपनों की दिशा में क़दम बढ़ाता है, और ऐसा जीवन जीने का प्रयत्न करता है जिसकी उसने कल्पना की है, तो वह सामान्य तरह से रहते हुए, अनपेक्षित रूप से सफलता का सामना करेगा।" इस बारे में वास्तव में कुछ किया जा सकता था, इसलिए वह इस अधूरे चक्र का बोझ नहीं ढोना चाहता था। तो, अव्यक्त ने तैराकी कक्षा के लिए अपना नाम लिखवा लिया, और वेल उसका निजी कोच बना। अव्यक्त ने दूसरों को कई बार कहा था, "अपने भीतर के छात्र को हमेशा जीवित रखो," अब उसकी बारी थी कि वह इन शब्दों पर अमल करे। जब आप कुछ सीखने की इच्छा रखते हैं, तो उस समय यह दिखाने का अवसर नहीं होता कि आप क्या जानते हैं। यहाँ अव्यक्त, कई दशकों के बाद, एक बार फिर से छात्र के रूप में था, वह फ़्लटर किक का अभ्यास कर रहा था और उसे सही तरह से नहीं कर पा रहा था। तैराकी का यह अभ्यास करने के बाद वह सफल व्यक्ति अपने कोच को आशा भरी निगाहों से ताकता, और उसे सुनने को मिलता, "पाँव नीचे हैं, घुटने

मुड़े हुए हैं या बाईं टाँग सही तरह से नहीं चल रही, आदि।" जब अव्यक्त पहली बार, तरणताल के एक कोने से दूसरे कोने तक जाने में सफल रहा तो उसके चेहरे की खुशी देखते ही बनती थी, हालाँकि अब भी उसके अभ्यास में इतनी निपुणता नहीं थी। सफलता भूमिका पर निर्भर करती है। सफलता कार्य पर निर्भर करती है। जब किसी फ़ॉरच्यून 500 कंपनी का सी.ई.ओ., पहली बार कॉफ़ी बनाता है, तो यह उसके लिए सफलता का क्षण होता है, अगर वह स्वादिष्ट भी हो तो सोने पर सुहागा हो जाता है। जब कोई वक्ता पहली बार सार्वजनिक रूप से गाता है या कोई गायक पहली बार सार्वजनिक रूप से लोगों के बीच कुछ बोलता है, तो वह सफलता का क्षण होता है। इससे क्या अंतर पड़ता है कि अव्यक्त ने सब कुछ देख लिया है – वह जीवन के सभी मोड़ और घुमाव देख चुका है... परंतु तरणताल में तो, वह अभी एक नौसिखिया ही था। कोच वेल ने फिर उसे हाथों का संचालन सिखाया और श्वास तकनीकें भी शामिल कीं। हर छलांग के बाद, अव्यक्त को लगता कि उसने कमाल कर दिखाया है और वह यही भाव पाने के लिए अपने कोच को निहारता। वेल हमेशा की तरह जवाब देता, "तुम्हारी कोहनी नहीं उठ रही, जब तुम साँस लेते हो तो टाँगें नीचे जा रही हैं, या शरीर को इतना कड़ा मत रखो, शरीर को आराम दो, वगैरह...।" इससे क्या अंतर पड़ता है कि अव्यक्त के घर में कई तरह के पुरस्कार व उपाधियों के अंबार लगे हैं, यहाँ वह अपने तैराकी कोच से यह सुनने के लिए तरस रहा था, 'बहुत ख़ूब' परंतु यही चीज़ उसे लगातार छल रही थी।

एक दिन, जब अव्यक्त तैराकी सत्र के बाद पार्किंग लॉट की ओर जा रहा था, तो उसके दिमाग़ में ताज़ा विचारों की लड़ी का ताँता बँध गया। "मेरा कोच मुझसे 100 का आँकड़ा चाहता है। मेरी कमियों के बारे में उसकी राय इस नज़रिए से आ रही है कि मैं 100 अंकों से पीछे हूँ। मैं अपने वर्तमान प्रदर्शन और पिछले प्रदर्शन का मूल्यांकन

कर रहा हूँ। मेरी खुशी का ठिकाना नहीं क्योंकि मुझे लगता है कि मैं 61 से 64 पर आ गया हूँ और आज मुझे लग रहा है कि मैं 65 पर आ गया हूँ। मैं अपनी प्रगति का जश्न मना रहा हूँ। मेरा कोच संपूर्णता के लिए दावा कर रहा है। यदि वह भी प्रगति से संतुष्ट हो कर इसका जश्न मनाने लगेगा, अगर वह भी 65 सुनकर उछल पड़ेगा, तो इसमें नुक़सान मेरा ही होगा। हालाँकि कोई खिलाड़ी अपनी प्रगति के आधार पर स्वयं को प्रेरित कर सकता है, परंतु उसे निश्चित रूप से एक ऐसे कोच की आवश्यकता होती है, जो उसके लिए 100 से कम पर किसी भी तरह संतुष्ट ही न हो। 100 से कम के लिए हामी न देने वाला कोच, किसी खिलाड़ी के लिए वरदान से कम नहीं होता।"

अव्यक्त के मन में वेल के लिए श्रद्धा उमड़ आई। अव्यक्त कोच के संदर्भ को समझ गया। वेल का असंतोष अव्यक्त के लिए प्रेरणा बन गया। अव्यक्त अपनी ओर से सबसे बेहतर प्रयास करने लगा और हर बार का वह थोड़ा-थोड़ा प्रयास ही उसे ताल के दूसरी ओर ले आया। सफलता का हर स्वाद, आपको और सफलता पाने के लिए दबाव डालता है क्योंकि सफलता ही सफलता को अपनी ओर खींचती है। अव्यक्त प्रगति करता गया - 68,72,77... पर वेल 100 से कम पर किसी भी तरह राजी होने वालों में से नहीं था।

अव्यक्त कोच की भूमिका को लेकर और भी गहरा मनन करने लगा। वकील और जज दोनों, एक जैसे नहीं हो सकते। आप क्या करते हैं या क्या नहीं करते, यह जानने के लिए आपको अपने से अलग, किसी ऐसे व्यक्ति की ज़रूरत होगी, जो एक तटस्थ नज़रिए से सब कुछ देख सके। वह पूरी तरह से आश्वस्त था कि प्रशिक्षक एक तीसरी आँख की तरह होता है। सारी तकनीक के बावजूद, खिलाड़ी अपने ही खेल को निष्पक्ष भाव से नहीं देख सकता। कभी-कभी, थोड़ा सा समायोजन, घुटनों का हल्का सा मोड़, रैकेट का कोण, कंधे की मुद्रा, सिर का हल्का झुकाव - यह छोटा-सा अंतर भी, एक अच्छे और एक

महान खिलाड़ी के बीच निर्धारक मापदंड बन सकता है, और यहीं से प्रशिक्षक की भूमिका आरंभ होती है।

अव्यक्त का मनन और भी विकसित होता गया। एक अंकेक्षक (ऑडिटर) को क्यों रखा जाए? किसी अंकेक्षण फर्म के लिए अंकेक्षक क्यों हों? परीक्षक क्यों हों? उन परीक्षकों का निरीक्षण क्यों हो? निदेशकों का बोर्ड क्यों हो? यहाँ तक कि महानतम चैंपियनों को भी कोच की आवश्यकता क्यों होती है? एक कोच किसी विश्व चैंपियन को महानतम कैसे बना सकता है? इन सभी प्रश्नों का उत्तर अव्यक्त को एक ही उत्तर की ओर ले गया – तुमसे परे, किसी दूसरे व्यक्ति को तुम्हारा निरीक्षण करना चाहिए और तुम्हें तुम्हारे बारे में बताना चाहिए। लेकिन क्यों?

जब आप लंबे समय तक, किसी व्यस्त सड़क के किनारे रहते हैं, तो आप यातायात की ध्वनियों को नहीं सुनते। यहाँ तक कि अधिकतर निष्पक्ष लोग जब अपने निश्चित उद्‌देश्यों के साथ लंबे समय तक रहते हैं, तो उनके वे उद्‌देश्य भी व्यक्तिपरक हो जाते हैं। हम जिस वस्तु के साथ बहुत गहराई से जुड़े होते हैं, उसके प्रति पूर्वाग्रही हो जाते हैं। तब निष्पक्षता का प्रश्न ही नहीं रहता। यहीं से तीसरे नेत्र का प्रवेश होता है। यहीं से एक निरीक्षक का नज़रिया महत्त्वपूर्ण हो जाता है। यही वह बिंदु है जहाँ से कोई 100 के आँकड़े पर आपका मूल्यांकन कर सकता है, और आपको बता सकता है कि आपके प्रदर्शन में कहाँ कमी रही, यहीं से यह सारा अंतर आता है।

किसी अच्छे कोच की सबसे अनिवार्य विशेषता यह नहीं होती कि उसे आपसे बेहतर होना चाहिए, उसे एक अच्छा निरीक्षक होना चाहिए ताकि वह आपके हाव-भावों व आपके प्रदर्शन को अच्छी तरह पढ़ सके, परख सके। हो सकता है कि वह उतना सब पाने में सक्षम न हो, जितना आप पा सकते हों, परंतु उसकी उपलब्धि इसी में है कि वह आपको एक उपलब्धिकर्ता बना दे। जो भी हो, मुझे किसी बैल

को प्रशिक्षित करने के लिए, एक बैल होने की आवश्यकता तो कतई नहीं है; मुझे तो बस इतना पता होना चाहिए कि किसी बैल को कैसे साधा जाता है।

अव्यक्त ने एक राजा के ऐसे दरबार का मानसिक चित्रण किया जिसमें सभी मंत्री भी विराजे हों; एक सभा कक्ष का पारंपरिक संस्करण! राजा अपने मंत्रियों की सहायता से प्रशासन व राज-काज चलाता। दरबार में एक *राज-गुरू* होता – एक राजसी गुरू। जब राजा अपने राज्य की देखरेख करता, तो राज-गुरू राजा की देखरेख करता। सारा राज्य अपने राजा को निहारता और राजा अपने *राज-गुरू* से सहायता की अपेक्षा रखता।

अव्यक्त को ऐसा लगा कि उसे भी एक *राज-गुरू* की आवश्यकता है, अपने जीवन में एक लाइफ़-कोच चाहिए। उसे पूरा विश्वास था कि इसी से सारा अंतर आ जाएगा। वह सोचने लगा, "मेरा तीसरा नेत्र कौन बनेगा?"

कुछ समय बाद, वह फिर से तरणताल में था, और बैकस्ट्रोक लगाने के लिए अपना पहला सबक ले रहा था। हमेशा जवान बने रहने के रहस्यों में से एक यह भी है कि आप अपने भीतर के छात्र या जिज्ञासु को हमेशा जीवित रखें... और, यह बात भी अकारण नहीं है कि अव्यक्त, अव्यक्त है।

किसी अच्छे कोच की सबसे अनिवार्य विशेषता यह नहीं होती कि उसे आपसे बेहतर होना चाहिए, उसे एक अच्छा निरीक्षक होना चाहिए। मुझे किसी बैल को प्रशिक्षित करने के लिए, एक बैल होने की आवश्यकता तो कतई नहीं है; मुझे तो बस इतना पता होना चाहिए कि किसी बैल को कैसे साधा जाता है।

अपनी विरासत छोड़ना

केवल मनुष्य ही एक ऐसी रचना है, जो अपनी विरासत छोड़कर, अपने जीवनकाल से भी परे जाकर जीने की योग्यता रखता है। यह केवल एक संभावना नहीं है, नेतृत्वकर्ताओं का यह उत्तरदायित्व भी बनता है कि वे अधिक से अधिक नेतृत्वकर्ता तैयार करते हुए, एक विरासत छोड़ें।

"भले ही मैं यहाँ अंदर रहूँ, पर मुझे ऐसा लगना चाहिए कि मैं बाहर ही हूँ।" अव्यक्त ने जब अपने ऑफ़िस का नमूना तैयार करने की परियोजना अपने वास्तुकारों को सौंपी थी, तो उसने यही निर्देश दिए थे। वास्तुकारों ने नमूना तैयार किया और एक ऐसा शानदार व 'अपने-आप में अनूठा' ऑफ़िस तैयार किया, जिसमें प्रकृति के पाँचों तत्वों – अग्नि, जल, धरती, वायु व आकाश को सम्मिलत किया गया था। पूरे संसार में, जिन स्थानों पर सर्वाधिक लोग जाते हैं, वे वही हैं जो इन पाँचों तत्वों से परिपूर्ण हैं। यहाँ तक कि काम करने की मेज़ व बैठने के स्थान भी प्राकृतिक पत्थरों से गढ़े गए थे। ऑफ़िस में कहीं भी कोई कृत्रिम स्पर्श देखने को नहीं मिलता था। यहाँ तक कि दरवाज़े व खिड़कियों के पल्ले भी अपरिष्कृत व अनगढ़ लकड़ी से बने थे। वास्तुकारों का श्रेय इसी तथ्य में छिपा था कि उनकी उपस्थिति एक-एक इंच में अनुभव की जा सकती थी और फिर भी, कुछ भी स्पष्ट नहीं था। यह सब गूढ़ रूप में था। भले ही मैं यहाँ अंदर रहूँ, पर मुझे ऐसा लगना चाहिए कि मैं बाहर ही हूँ – अब

इस आभास ने यथार्थ का रूप ले लिया था।

अव्यक्त के ऑफ़िस के बाहर, प्रवेश द्वार के समीप ही एक ग्रेनाइट का पत्थर खड़ा किया गया था और उस पर कुछ शब्द अंकित थे। यह सब नमूने में शामिल था। यह जान-बूझकर उस स्थान पर रखा गया था ताकि जो भी अव्यक्त के ऑफ़िस में आए, वह उन शब्दों को पढ़ सके। इस पर विख्यात जॉर्ज बर्नाड शॉ के शब्द अंकित थे। ये शब्द अव्यक्त को विशेष रूप से प्रिय थे। दरअसल उसके संगठन का लोगो भी इन्हीं शब्दों से रचा गया था।

***द स्प्लेन्डिड टॉर्च* (भव्य मशाल)** – जॉर्ज बर्नाड शॉ

"यही जीवन का वास्तविक आनंद है, आप अपने जीवन में किसी
उद्देश्य को महती रूप में पहचान लें और उसके लिए आपका
उपयोग हो। मेरा तो यह मानना है कि मेरा जीवन पूरे समुदाय से
संबंध रखता है, और जब तक मैं जीवित रहता हूँ, मैं उसके लिए
जो भी कर सकता हूँ, वह मेरे लिए सौभाग्य की बात होगी। मैं
चाहता हूँ कि जब मेरी मृत्यु हो तो
मेरा भरपूर उपयोग हो चुका हो, क्योंकि मैं जितने अधिक परिश्रम
से कार्य करूँगा, उतना अधिक जीवित रहूँगा।
मैं जीवन के लिए ही इसका भरपूर आनंद लेता हूँ।
जीवन मेरे लिए किसी 'छोटी मोमबत्ती' के समान नहीं है।
यह तो अपने-आप में एक भव्य मशाल की तरह है,
जो कुछ क्षण के लिए मेरे हाथों में थमाई गई है। मैं इसे भावी
पीढ़ियों को सौंपने से पूर्व इतना प्रकाशित करना चाहता हूँ,
जितना मुझसे अधिक से अधिक संभव हो सके।"

अव्यक्त प्रतिदिन उस ग्रेनाइट पत्थर पर अंकित शब्दों के आगे खड़े होकर, उन्हें इस तरह पढ़ता मानो वह कोई शपथ ले रहा हो और इसके बाद ही अपना कार्य आरंभ करता। आज की पहली मीटिंग

वास्तुकारों के साथ होने वाली थी। इस मीटिंग के माध्यम से अव्यक्त उन्हें धन्यवाद देना चाहता था और वास्तुकार उस अनुभव के लिए आभार प्रकट करना चाहते थे, जो उन्हें अव्यक्त के साथ काम करने के दौरान मिला था। सभी वास्तुकार समय पर आ गए; यह एक ऐसी संस्कृति थी, जिसे अव्यक्त ने अपने आसपास रचा था - समय की पाबंदी। आभार, प्रशंसा व निरीक्षण के निजी अनुभव आपस में बाँटे गए।

एक वास्तुकार ने कहा, "मैं जानता हूँ कि ये शब्द जीवन में एक विरासत रचने और अपने पीछे एक विरासत छोड़ जाने की बात करते हैं। मैं यह भी समझता हूँ कि एक विरासत छोड़कर जाने की माँग, हमारी आध्यात्मिक ज़रूरत है। यद्यपि, मैं आपके भीतर इन शब्दों के लिए जो निष्ठा पाता हूँ, वह मेरे लिए सही मायनों में अद्भुत है।"

अव्यक्त ने मुस्करा कर कहा, "हम अपने जीवनकाल में जो भी एकत्र कर पाते हैं, हम उसका आनंद उठाते हैं, परंतु संसार उसका आनंद उठाता है, जिसे हम रचते हैं और एक विरासत के रूप में छोड़ जाते हैं। संसार में रचे गए सभी जीवों में से मनुष्य ही ऐसा जीव है, जिसे अपनी मृत्यु का बोध होता है। केवल मनुष्य ही यह तथ्य जानता है कि उसके जीवन की अवधि सीमित है। मृत्यु का संदर्भ जीवन को अधिक मूल्य प्रदान करता है। मृत्यु की पृष्ठभूमि, व्यक्ति से उसके जीवन में एक उद्देश्य व अर्थ की माँग करती है। मैं इस बात को दर्ज़ करना चाहता हूँ कि मैं जिया। मैं अपना अस्तित्व आँकड़ों में नहीं चाहता, आँकड़ों में छिपे लोगों का आना, जीना और चले जाना, सब कुछ दुनिया की नज़रों से छिपा रह जाता है। मैं जो भी करता हूँ, वह केवल व्यक्तिगत लाभ के लिए नहीं है; मैं इस माध्यम से यह स्वीकार करना चाहता हूँ कि जब ईश्वर ने मेरे नथुनों को श्वास दी और जीवन दिया, तो उसका आशय था कि मुझे इसका सदुपयोग करना होगा।"

इसके बाद लंबे समय तक चुप्पी छाई रही। उस वास्तुकार ने थोड़ा

पानी गटका। अव्यक्त ने आगे कहा, "जब मेरी मृत्यु होगी तो संसार मेरी कब्र के पत्थर पर एक छोटे से विराम चिन्ह के साथ मेरे जन्म व मृत्यु का वर्ष (1965–20??) अंकित कर देगा। वह विराम चिन्ह् ही मेरा जीवन है। मैंने क्या किया, कैसा जीवन जीया, किन ज़िंदगियों को छुआ, मैंने क्या रचा, मैंने अपने पीछे क्या विरासत छोड़ी... वह विराम चिन्ह, उन सभी का प्रतिनिधित्व करेगा। मेरे जीवन का उद्देश्य यही है कि जहाँ तक संभव हो सके, उस विराम चिन्ह को सार्थक व यादगार बना सकूँ। बेहतर विरासत वही होती है, जो बेहतर तरीक़े से जिए गए जीवन का सह–उत्पाद होती है। मैं मर जाऊँगा किंतु जो विरासत रचूँगा और अपने पीछे छोड़ जाऊँगा, वह कभी नहीं मरेगी।"

अव्यक्त उस वास्तुकार के समीप चला गया और उसके कंधों पर अपनी बाँहें टिका कर बोला, "जब मैं केवल अपने आज के लिए जीता हूँ, तो मुझे भला लगता है – दैनिक वेतन वाला जीवन। जब मैं अपने आने वाले कल के लिए जीता हूँ, तो मुझे अच्छा लगता है – मासिक वेतन की श्रेणी। जब मैं कुछ ऐसा रचने के लिए जीता हूँ, जो आने वाली पीढ़ियों के भी काम आ सकता है, तभी मैं अपने–आपको महान और बेहतर महसूस कर सकता हूँ। जब केंद्र बिंदु यही होता है कि मशाल को जीवित रखना है और आने वाली पीढ़ियों को सौंपना है, तो प्रेरणा के स्तर सही मायनों में महान हो जाते हैं।"

तभी उन्हें फलों के सलाद से भरे कटोरे परोसे गए। अव्यक्त ने अपने काँटे से सेब का एक टुकड़ा उठाया और उसे सबको कुछ इस तरह दिखाया मानो कोई बड़ी चीज़ हो। उसने कहा, "हम भी किसी के द्वारा रची गई विरासत का ही आनंद उठा रहे हैं। हमने सेब का बीज नहीं बोया, और न ही हमने सेब के उस वृक्ष को बड़ा किया है; परंतु हम किसी दूसरे के परिश्रम से उगाए गए फलों का स्वाद ले रहे हैं। असीम बुद्धिमता से ले कर आधुनिक तकनीक तक, हम जिस प्रत्येक वस्तु का आनंद व लाभ लेते हैं, वह किसी दूसरे की ही

विरासत है। यदि हमें इन विरासतों से आनंद पाने का अधिकार है, तो हमारा उत्तरदायित्व भी बनता है कि एक विरासत रचें और उसे अपने जाने के बाद इस संसार में छोड़ जाएँ। उत्तरदायित्वों के बिना कोई 'अधिकार' नहीं होते। यह हम पर ही निर्भर करता है कि हम अपने लिए छोड़ी गई विरासत के साथ जिएँ, और उन लोगों के लिए विरासत छोड़ जाएँ, जो हमारे बाद आएँगे।"

एक मनन में डूबी चुप्पी छाई रही परंतु कटोरों से फलों का समाप्त होना जारी रहा। अव्यक्त ने कहा, "मैं कम से कम इतना ही कर सकता हूँ कि कुछ पौधे लगाऊँ और उनका पालन-पोषण करूँ, ताकि आने वाली पीढ़ियाँ उसके फलों का स्वाद चख सकें और उसकी छाया में सुस्ता सकें। प्रत्येक व्यक्ति का यह उत्तरदायित्व बनता है कि वह यह सवाल पूछे, "मैं इस संसार को ऐसा क्या दे सकता हूँ, जो मेरे जन्म के समय अस्तित्व में नहीं था?' यह किसी पुस्तक का लेखन हो सकता है, नए तंत्रों का निर्माण हो सकता है, किसी नए बिज़नेस मॉडल का गठन हो सकता है, एक नई संस्कृति का जन्म हो सकता है – एक नई मानसिकता का जन्म, किसी गाँव के जीवन का रूपांतरण, जनसमूह को शिक्षित करना... यह कुछ भी हो सकता है। एक वास्तुकार होने के नाते तुम्हें ऐसा ढाँचा तैयार करना चाहिए, जो तुम्हारे जीवनकाल में तो टिका ही रहे, बल्कि भावी पीढ़ियों के लिए भी संभालकर रखने योग्य भवन बन जाए। क्या तुम्हें कभी एहसास हुआ कि अधिकतर शहरों व देशों का आइकॉन (चिन्ह) एक वास्तुविद् का सृजन है? इस प्रकार एक प्रतिष्ठित वस्तु तैयार करके, तुम अपने लिए एक विरासत रच सकते हो।"

अव्यक्त ने कहा, "लोगों के मस्तिष्कों पर काम करते हुए, एक व्यक्ति के रूप में मैं यह भी चाहता हूँ कि कुछ और भी प्राप्त करूँ। उत्तरोतर महानता में ही पौराणिक व परंपरागत सफलता का रहस्य छिपा है। भले ही राजनीतिक क्षेत्र हो या आध्यात्मिक, औद्योगिक हो अथवा

कला का क्षेत्र, उत्तरोतर महानता व नेतृत्व की निरंतरता ही सभी पौराणिक व प्रसिद्ध परिणामों का एकमात्र रहस्य रहा है। किसी भी पौराणिक सफलता से जुड़े इतिहास का अध्ययन करो और तुम निरंतर बढ़ती महानता को ही पाओगे। तो विरासत रचते समय, प्रत्येक नेता के उत्तरदायित्वों में से एक यह भी बनता है कि वह केवल अनुयायी बनाने की अपेक्षा, और अधिक नेता तैयार करे। लोगों के दिलोदिमाग़ पर काम करते हुए, हम उन्हें वहाँ से आरंभ करने के योग्य बना सकते हैं, जहाँ से हमने काम को छोड़ा। हमारे अंत उनके लिए आरंभ बन सकते हैं। केवल इसी निरंतरता के बल पर ही, मानवता एक उभरने वाली चेतना बनी रहेगी। ईश्वर ने मुझे रचने के लिए ही रचा है। ईश्वर ने मुझे सबसे अधिक और उससे भी अधिक दिया है... मैं एक विरासत रचूँगा। जब मैं इस संसार से विदा लूँगा, तो अपने पीछे एक विरासत छोड़ जाऊँगा।"

अंत में सभी वास्तुकार जाने के लिए खड़े हुए तो वे थोड़े व्याकुल दिख रहे थे। और वे क्यों न होते, यह सोच निरंतर उनका पीछा करती रहेगी : "मैं ऐसा क्या रच सकता हूँ, जो मेरे पूरे जीवनकाल तक टिका रहे?" मीटिंग के बाद, अव्यक्त को अपने ऑफ़िस के उत्तर-पूर्वी कोने में केले का पौधा रोपते देखा गया।

मुनष्य जो कुछ भी रचता है और अपने पीछे छोड़ जाता है, केवल वही उसके माध्यम से अपने-आप को अमर कर सकता है। मेरे और आपके, भौतिक रूप से यह जगत छोड़ कर जाने के बाद भी, मैं और आप, अपने पीछे छोड़ी गई विरासत के बल पर, आध्यात्मिक रूप से निरंतर जीवित रह सकते हैं। इस प्रकार, मैं और आप कभी नहीं मरेंगे, हम सदा के लिए अमर हो जाएँगे।"

जब मैं वहाँ पहुँचा, तो 'वहाँ' था ही नहीं

हमारा जन्म केवल मरने के लिए नहीं हुआ, हमारा जन्म सेवा करने के लिए भी हुआ है। यह सब न तो इसके लिए है, और न ही उसके लिए है... न तो स्वर्ग में आपका स्थान आरक्षित करने के लिए है, और न ही किसी इच्छित पुरस्कार के लिए है, जिसे आपको दिया जा सके – यह केवल उपयोगी होने का आनंद पाने के लिए है – जो भी हो, इसके बाद एकमात्र विकल्प तो यही बचता है कि आप अनुपयोगी हो जाएँ, आपका बहुत कम उपयोग हो।

क्या वह अकेलापन महसूस कर रहा था या वह अकेला रहना चाहता था? अकेलापन एक परिणाम है। आप अपने आसपास लोगों को चाहते हैं, पर आपके आसपास कोई नहीं होता। एकाकीपन एक चुनाव है। लोग आपके साथ होना चाहते हैं, परंतु आप अपने आसपास किसी को नहीं चाहते। वह एक ऐसा व्यक्ति है, जो चुनाव करता है। वह निश्चित रूप से एकाकी रहना चाहता होगा। वह अकेला गाड़ी चला रहा था और बिना किसी उद्देश्य के निकल पड़ा था। वह कहीं नहीं जा रहा था। बस बह रहा था, किसी सड़क के किनारे बहती नदी की तरह!

सड़क और नदी थोड़ी सी दूरी के साथ समानांतर चल रह थे। उसने अपनी गाड़ी रोकी। उस जगह में ऐसी कोई ख़ासियत नहीं थी। नदी

अपने उद्गम स्थल से लेकर सागर में विलीन होने तक, सैकड़ों हज़ारों किलोमीटर चलती है। यही जगह क्यों? काश जीवन के बारे में हर चीज़ की व्याख्या की जा सकती!! तभी तो रहस्यवादियों ने जीवन को उद्देश्यहीन महत्त्व का सूचक कहा है, परंतु यह अनिवार्य नहीं कि हर बात के पीछे कोई उद्देश्य ही हो। जीवन को तभी बेहतर तरीक़े से जिया जा सकता है, जब आप जीवन से जुड़ी हर बात के रहस्य को खोलने की कोशिश नहीं करते।

निश्चित रूप से उस स्थान से ही पुकार आई होगी। दिल अक्सर ऐसी आवाज़ें सुन लेता है, जिन्हें दिमाग़ समझ ही नहीं पाता। अव्यक्त नदी के पथरीले किनारे की ओर बढ़ता चला गया। वह एक चट्टान पर बैठकर, बहती नदी को घूरने लगा। अक्सर पात्र या कर्ता किसी वस्तु से इतना जुड़ाव महसूस करता है कि कर्ता वास्तव में वह वस्तु ही बन जाता है। अव्यक्त नदी के साथ ही मग्न हो गया था।

उसने सोचा, "हालाँकि ऐसा जान पड़ता है कि नदी दो किनारों के बीच बहती जा रही है। फिर भी, नदी के नीचे दोनों किनारे आपस में मिले हुए हैं। भीतर कहीं गहराई तक, कोई भी दो किनारे नहीं हैं – केवल एक निरंतर प्रवाह है, जो नदी की ऊपरी सतह पर अलग जान पड़ता है। यद्यपि, ये किनारे नदी से ही अपनी पहचान पाते हैं। वे उसी के नाम से जाने जाते हैं, जैसे गंगा का किनारा या सिंधु का किनारा... हालाँकि, सारा कीचड़ और सारी रेत केवल एक निरंतर प्रवाह है।"

अव्यक्त ने अपनी ही सोच पर हामी भरते हुए सोचा, "आध्यात्मिक रूप से, जीवन की जो चिंगारी मुझमें प्राणों का संचार करती है, वही बाकी सभी जीवनों में प्राणों का संचार करती है तथा एक-सी है। आध्यात्मिक रूप से, हम सभी नदी के किनारों की तरह मिले हुए हैं। भीतर कहीं गहराई तक, कोई अलगाव नहीं है। यद्यपि, भौतिक रूप

से मैं अनूठा हूँ और एक विशिष्ट व्यक्तित्व रखता हूँ। मैं दुनिया के किसी भी मनुष्य से, किसी भी रूप में, पूरी तरह से अलग हूँ। जिस प्रकार गंगा व सिंधु अपने-अपने रास्ते पर चलती हैं और अपना एक अस्तित्व रखती हैं।"

अव्यक्त ने सोचा, "अरे वाह! मैं जान गया। अब मैं जान गया कि कभी-कभी मैं अपने लिए पूरी दुनिया का साथ क्यों चाहता हूँ और कभी-कभी मुझे किसी का भी साथ क्यों नहीं भाता। जब भी मेरे भीतर की आध्यात्मिक माँग स्वयं को प्रकट करती है और चूँकि सभी मनुष्य और मैं, एक जैसे ही हैं, मैं उन सबके साथ जुड़ाव को पसंद करता हूँ। मुझे लगता है कि मैं उन सबका साथ चाहता हूँ। जुड़ाव की यह माँग, अपने-आपको स्वयं ही प्रकट करती है और मैं एक भीड़, एक बिरादरी और एक सोहबत का हिस्सा बनना चाहता हूँ। मैं अपने-आप को 'हम' के रूप में देखना चाहता हूँ! हालाँकि, जब भी मेरे अस्तित्व की भौतिकता हावी होती है, तो विशिष्टता की भौतिक माँग भी हावी हो जाती है और मैं अपनी पहचान, अपने अस्तित्व के लिए तरसने लगता हूँ – मैं दूसरों से अलग होना चाहता हूँ। मैं दूसरों से ऊपर होना चाहता हूँ। मैं दूसरों से आगे होना चाहता हूँ। मैं उस समय सही मायनों में 'मैं' होना चाहता हूँ।

अव्यक्त ने अपने विचारों के इस प्रवाह का निष्कर्ष निकाला, "इस तरह, मैं हमेशा इन दो विरोधाभासी माँगों के बीच उलझा रहूँगा – जुड़ाव के लिए आध्यात्मिक माँग और सबसे संबंध रखने की इच्छा, तथा विशिष्टता की भौतिक माँग और इस तरह व्यक्तिगत अस्तित्व की माँग। इस प्रकार, कभी-कभी मैं दूसरों का पूरक बनते हुए, उन्हें संपूर्ण बनाऊँगा। और कभी-कभी, मैं उनसे प्रतियोगिता करते हुए, उन्हें अधूरेपन का एहसास दिलाऊँगा। जब मेरे पास यह होगा तब मैं वह चाहूँगा, जब मेरे पास वह होगा तो मैं यह चाहूँगा। इस तरह, इसी बुद्धिमता के माध्यम से जीवन का नमूना तैयार होता है ताकि मैं इन

दो, पूरी तरह से अलग दिखने वाली माँगों व आवश्यकताओं के बीच प्रवाहित हो सकूँ, हालाँकि भीतर कहीं गहराई तक वे एक ही सिक्के के दो पहलू हैं।"

शाम धुंधलाने लगी थी। अव्यक्त अपनी कार के पास वापिस लौट आया। उसने इंजन चालू नहीं किया। उसका दिमाग़ बहुत गहराई से विचार कर रहा था। उसका मस्तिष्क मनन करते हुए, अपने ही विरुद्ध दौड़ रहा था। उसने सोचा, "अरे वाह! मैं तो फिर से जान गया! इसी तरह, जीवन की ज्यामिति का नमूना भी इस तरह से तैयार किया गया है कि हमें निश्चितता और अनिश्चितता, व्यवस्था व अराजकता के बीच, अधिकतम तनाव बिंदु पर रखा जा सके। अस्तित्व में आई प्रत्येक वस्तु के लिए एक व्यवस्था है और जब यह व्यवस्था मनुष्य के माध्यम से स्वयं को प्रकट करती है, तो वह निश्चितता चाहता है। वह सुनिश्चित, आत्मविश्वास से भरपूर, स्पष्ट, आश्वस्त, व सुरक्षित होना चाहता है। यद्यपि, इस क्रमबद्धता के पीछे भी कलहपूर्ण अस्त-व्यस्तता छिपी होती है। यही कारण है कि अस्तित्व में कुछ भी अपने-आप को नहीं दोहराता। और जब ये मनुष्य के माध्यम से प्रकट होती है तो वह अनिश्चितता की चाह रखने लगता है। वह रोमांच, ख़तरा, कौतुक, रहस्य, अन्वेषण, ताज़गी व नएपन का एहसास चाहता है। एक बार फिर से, मनुष्य दो विरोधाभासी माँगों के जोड़े में घिर जाता है – निश्चितता की चाह और अनिश्चितता की चाह। एक बार फिर, अस्तित्वपरक बुद्धिमता द्वारा जीवन का नमूना ही इस तरह तैयार किया गया है कि मनुष्य निश्चितता के माध्यम से क्रमबद्धता पा सकता है तथा अनिश्चतता के माध्यम से वृद्धि पा सकता है। मनुष्य को अपने अस्तित्व के लिए इन दोनों की ही आवश्यकता होती है – क्रमबद्धता तथा वृद्धि।"

अव्यक्त ने स्वयं ही सोचते हुए कहा, "अब मैं जीवन के चक्र को समझ गया। सब कुछ एक धारा में प्रवाहित होता है। सब कुछ एक

निरंतर प्रवाह में गतिशील है। यहाँ से वहाँ और फिर वहाँ से यहाँ, यही तो जीवन है। जल भाप बनकर उड़ता है और ऊपर जाता है ताकि फिर से नीचे आ सके। हम पढ़ना सीखते हैं और फिर सीखने के लिए पढ़ते हैं। प्रत्येक बालक एक मनुष्य का पिता बनता है। बीज से एक वृक्ष, वृक्ष से एक फल, और एक फल से पुनः बीज बनता है। अब मैं जानता हूँ कि यह धरती क्यों गोल है! अब मैं समझता हूँ कि ग्रह अपनी कक्षा में ही क्यों चक्कर लगाते हैं। अब मैं रीसाइकल को समझ गया। अब मैं अस्तित्व को समझ गया। अब मैं उद्‌भव और इस उद्‌भव के पीछे छिपे आमूल परिवर्तनों को समझ गया।"

अव्यक्त फिर से मुस्कराया और हौले से बोला, "यहाँ एक बार फिर से विरोधाभासी माँगें सामने आ खड़ी होती हैं – 'पाने' की आवश्यकता तथा 'देने' की आवश्यकता। जब कुछ 'पाने' की आवश्यकता अपने-आप को प्रकट करती है, तो मनुष्य हर वस्तु पर अपना अधिकार जताना चाहता है – उसके भीतर का स्वार्थ उभर कर सामने आ जाता है। जब कुछ 'देने' की आवश्यकता अपने-आप को प्रकट करती है, तो मनुष्य सब कुछ बाँटने की इच्छा रखता है – उसके भीतर का निःस्वार्थ भाव उभर कर सामने आ जाता है। जो भी हो, मैं तो वही दे सकता हूँ, जो मेरे पास है। तो पाने की आवश्यकता, कुछ देने की आवश्यकता से पहले ही आती है। पहले व्यक्ति किसी वस्तु पर अधिकार जमाने की इच्छा प्रकट करता है और फिर उसके मन में बाँटने की इच्छा उत्पन्न होती है। प्रत्येक स्वार्थी मनुष्य कहीं न कहीं, किसी न किसी अवसर पर किसी न किसी व्यक्ति के साथ निःस्वार्थी भी रहा होगा।"

अव्यक्त अक्सर सोचता, "भले ही हम कितना भी क्यों न पा लें, एक बिंदु ऐसा अवश्य आता है, जहाँ आकर हम एक बार फिर से अपने-आपको असफल मानने लगते हैं। तुम जीवन की दौड़ को छलांगें भरते हुए पूरा करते हो पर हर अंतिम रेखा पर आकर पता चलता है कि वही तो आरंभिक रेखा भी है। तुम भागते-भागते अंततः

वहीं आकर विश्राम लेते हो, जहाँ से चले थे। जीवन में जैसे-जैसे सफलता का ग्राफ़ ऊँचा होता जाता है, तभी तुम्हें भी साल दर साल एहसास होता है कि अंत का शेष ही प्रारंभिक शेष है, और तुम एक बार फिर, नए सिरे से सब कुछ शुरू कर देते हो। धुरी हमेशा नए सिरे से टिकाई जाती है और तुम खुद को जीवन के ग्राफ़ पर '0, 0' पर ही पाते हो, इससे कोई अंतर नहीं पड़ता कि तुमने कितनी प्रगति की या क्या कुछ हासिल किया। यह सब कुछ तुम्हें अंततः एक प्रश्न के बीच छोड़ जाता है – 'क्या यह सब सार्थक है?' तो ऐसे में जीवन का उद्देश्य क्या है?"

अव्यक्त अब ऐसे प्रश्न अधिक नहीं पूछेगा। आज उसे अपने सभी प्रश्नों के उत्तर मिल गए हैं। उसने चालक की सीट पर बैठे-बैठे, नदी की ओर एक बार फिर से निहारा और स्वयं से कहा, "बहो, एक नदी की तरह बहो। बिना किसी चुनाव के जन्म लो, प्रसन्नतापूर्वक प्रवाहित रहो और सागर में विलीन हो जाओ। इस दौरान, तुम्हारे प्रवाह की प्राकृतिक अवधि के दौरान ही, सबके लिए जितने अधिक उपयोगी हो सकते हो उतने उपयोगी बनो। उस नदी की तरह बहो, जो दो किनारों के बीच नृत्य करती आगे बढ़ती जाती है। तुम भी उसी तरह छह स्वाभाविक विरोधाभासी माँगों के बीच हो, जिनके द्वारा मनुष्य को रचा गया है – जुड़ाव व वैयक्तिकता, निश्चितता व अनिश्चितता, 'पाना' व 'देना,' – फलते-फूलते रहो, देते रहो और जीते रहो। यह आवश्यक नहीं कि आपके पास कोई उद्देश्य ही हो, पर इतना अवश्य सुनिश्चित करें कि आप जीवन की इस राह में जिस भी व्यक्ति या वस्तु से जुड़ें, उसे एक अर्थ व प्रतिष्ठा देते चलें। हमारा जन्म केवल मरने के लिए नहीं हुआ, हमारा जन्म सेवा करने के लिए भी हुआ है। यह सब न तो इसके लिए है, और न ही उसके लिए है... न तो स्वर्ग में आपका स्थान आरक्षित करने के लिए है, और न ही किसी इच्छित पुरस्कार के लिए है, जिसे आपको दिया जा सके – यह केवल उपयोगी होने का आनंद

पाने के लिए है – जो भी हो, इसके बाद एकमात्र विकल्प तो यही बचता है कि आप अनुपयोगी हो जाएँ, आपका बहुत कम उपयोग हो।"

भले ही आप उपयोगी हैं या अनुपयोगी, छह फ़ीट नीचे की ज़मीन हम सभी के लिए रखी गई है। एक इतालवी कहावत के अनुसार, "खेल के बाद तो राजा और प्यादे एक ही डिब्बे में जाते हैं।" बात तो सच्ची है, पर अगर आप राजा बन सकते हैं तो प्यादे का जीवन क्यों जिया जाए? एक राजा के रूप में, आप अनेक व्यक्तियों की सेवा कर सकते हैं, अनेक व्यक्तियों के लिए उपयोगी हो सकते हैं। याद रखें, "मानवता की सेवा ही वह किराया है, जो हम इस ग्रह पर रहने के लिए अदा करते हैं।" हम अपने लिए जो भी करते हैं, वह हमारे साथ ही नष्ट हो जाएगा; हम संसार व दूसरों के लिए जो कुछ भी करते हैं, वही पीछे रहेगा और हमेशा-हमेशा के लिए अमर हो जाएगा।

अव्यक्त के दिमाग़ ने निष्कर्ष निकालते हुए सोचा, "कहीं पहुँचने के लिए कोई स्थान नहीं होता। कोई अंत नहीं होता। कोई आरंभ नहीं होता। बस एक प्रवाह है... एक उपयोगी बारहमासी प्रवाह।"

भले ही हम कितना भी क्यों न पा लें, एक बिंदु ऐसा अवश्य आता है, जहाँ आकर हम एक बार फिर से अपने-आपको असफल मानने लगते हैं। आप जीवन की दौड़ को छलांगें भरते हुए पूरा करते हो पर हर अंतिम रेखा पर आकर पता चलता है कि वही तो आरंभिक रेखा भी है। आपको साल दर साल एहसास होता है कि अंत का शेष ही प्रारंभिक शेष है, और आप एक बार फिर नए सिरे से सब कुछ शुरू कर देते हो।

जीवन एक खेल है

प्रगति की इस दुनिया में कुछ भी मिडास टच (किसी चीज़ को छूकर सोना बनाने की कला) नहीं होता। ऐसा कोई व्यक्ति नहीं होता जिसके लिए 'सब कुछ हमेशा सही' घटित होता हो। कोई भी हमेशा सफल नहीं होता। इसी तरह कोई भी व्यक्ति हमेशा के लिए अपनी किस्मत में असफलता लिखवा कर नहीं लाया। सफलता और असफलता, इन दोनों में से कोई भी अंतिम या स्थायी नहीं है। आज की सफलताएँ व आज की असफलताएँ, जीवन की इस लंबी यात्रा में एक क़दम भर हैं। जीवन एक खेल है। अगर आप लंबे समय तक इस खेल को खेलते हैं, तो आप इसमें जीत पाएँगे। खेल को बीच में ही न छोड़ें। खेलें। अंत तक खेलें। इसे लंबे समय तक खेलें। धीरे-धीरे, आप अंतिम रेखा पार कर लेंगे।

• • •

मेरा जीवन ही मेरी प्रार्थना है

यद्यपि मेरे जीवन के सभी संसाधन मुझे ईश्वर द्वारा उपहार-स्वरूप दिए गए हैं, ऐसे में उन संसाधनों के माध्यम से किया गया कर्म ही वास्तव में मेरी रचना है। यह सत्य है, ये फूल, ये फल, ये वायु तथा मेरी प्रार्थना में गुँथे शब्द भी उसी ईश्वर के हैं। यहाँ तक कि मैं स्वयं भी प्रभु का ही हूँ। परंतु इन सभी संसाधनों से मैं जो भी कर्म करता हूँ, वह मेरी रचना है। यदि मेरे द्वारा किया गया प्रत्येक कार्य मेरे प्रभु के लिए अर्पित होगा, तो मेरा पूरा जीवन ही प्रभु के लिए एक प्रार्थना बन जाएगा।

उसके जीवन में सब कुछ ठीक चल रहा था, बिल्कुल अच्छी तरह! उसके जीवन में सेहत, संपदा, प्रेम व आनंद की वर्षा ही वर्षा थी... उसका पूरा जीवन उसके नियंत्रण में था। दरअसल, जब भी कोई उससे पूछता, "आप कैसे हैं," तो वह सहज भाव से उत्तर देता, "बस जीवन के साथ बहता जा रहा हूँ।"

अव्यक्त का जीवन संपूर्ण रूप से आध्यात्मिक दृष्टि से भरपूर था। उसकी प्रार्थनाएँ, कभी भी प्रभु की अदालत में अर्ज़ी नहीं लगाती थीं। उसने जीवन में कभी और अधिक पाने या जीवन में कोई सुधार लाने की प्रार्थना कभी नहीं की। वह प्रायः यही कहता, "मैं अपने भगवान को यह नहीं बताता कि उसे क्या करना चाहिए और क्या नहीं करना चाहिए। ईश्वर के बिना मैं कुछ नहीं कर सकता। और मेरे बिना, ईश्वर

नहीं करेंगे। सबसे बेहतर करना ही मेरा काम है और बाकी काम करना ही उसका काम है। बेशक, अगर मैं अपना सर्वोत्तम नहीं दूँगा तो वह भी मुझे उतना ही देगा।"

हालाँकि, उस शाम उसने एक मंदिर में जाने का फ़ैसला लिया। अपने प्रभु की प्रतिमा के आगे, आँसुओं से भरी आँखों के साथ खड़े, अव्यक्त के मन में चल रहे विचारों का प्रवाह कुछ ऐसा था : "आपने मुझे सब कुछ दिया है और मैं बदले में आपको कुछ देना चाहता हूँ। मैंने सोचा कि मैं आपको पुष्प अर्पित करता, पर ये पुष्प तो पहले से ही आपके हैं। मैं किसके पुष्प, किसे अर्पित कर रहा हूँ? मैंने सोचा कि आपको फल अर्पित करता पर ये फल भी तो पहले से ही आपके हैं। हे ईश्वर! आपने मुझे सब कुछ दिया है और मैं बदले में आपको कुछ देना चाहता हूँ, परंतु प्रत्येक वस्तु तो पहले से ही आपकी है। आपने मुझे इतना असहाय क्यों बनाया है कि मैं चाह कर भी आपको कुछ अर्पित नहीं कर सकता? मैंने सोचा कि मैं अपने शब्दों से आपकी प्रार्थना ही करता, पर मैं तो जिस वायु में साँस ले रहा हूँ, वह भी आपकी ही दी हुई है। हे प्रभु! आपने मुझे सब कुछ दिया है और मेरे पास बदले में आपको देने के लिए कुछ नहीं है। संपूर्ण कृतज्ञता व असहाय अवस्था में, जब मेरे पास आपको देने के लिए कुछ नहीं बचा, तो मैं अपना यह शरीर आपके चरणों में अर्पित करता हूँ।" यह कहकर अव्यक्त प्रभु की प्रतिमा के आगे नतमस्तक हो गया।

भावुकता व आभार से परिपूर्ण अश्रु अब भी चेहरे को भिगो रहे थे, मंदिर के एकांत कोने में वह चुपचाप बैठा रहा। इंद्रियाँ भीतर की ओर उन्मुख हो गई थीं और ऐसा जान पड़ता था कि वह ध्यानावस्था में हो; परंतु वह नहीं था। उसका हृदय परस्पर वार्तालाप की अवस्था में था और उसका मन अपने-आप से ही संप्रेषण कर रहा था।

वह अपने एकांत क्षणों में, मनन में खोया था। उसके मन में विचारों का ताँता बँधा था, परंतु इसके बावजूद विचारों के प्रवाह में गहन स्पष्टता विद्यमान थी। अव्यक्त के विचार पूरी तरह से उसके नियंत्रण में थे। वह जानता था कि वह क्या विचार कर रहा था।

अव्यक्त सोच रहा था : "एक निश्चित क्रिया करने के लिए, संसाधनों का एक निश्चित क्रम में संयोजन ही काम करना कहलाता है। हाथों की अँगुलियों को एक निश्चित क्रम में मोड़ना ताकि वे कलम थाम सकें और फिर हाथ को एक निश्चित क्रम में हिलाना 'लिखना' कहलाता है। अपने मन को एक निश्चित क्रम में निर्देशित करना 'चिंतन करना' कहलाता है। अपनी जीभ को एक निश्चित तरीक़े से हिलाना 'बोलना' कहलाता है। अपने शरीर, मन तथा भावों का एक निश्चित क्रम में किया गया संयोजन एक 'क्रिया' कहलाता है। किसी निर्धारित उद्देश्य की पूर्ति के लिए क्रिया का संयोजन ही 'कर्म' है। इस प्रकार, संसाधनों का निश्चित क्रम में प्रभावी प्रबंधन ही कार्य कहलाता है, ताकि एक सुनिश्चित व कार्यकारी उद्देश्य की प्राप्ति हो सके।"

अव्यक्त ने स्वयं से कहा, "यद्यपि मेरे जीवन के सभी संसाधन मुझे ईश्वर द्वारा उपहार स्वरूप दिए गए हैं, ऐसे में उन संसाधनों के माध्यम से किया गया कर्म ही वास्तव में मेरी रचना है। यह सत्य है, ये फूल, ये फल, ये वायु तथा मेरी प्रार्थना में गुँथे शब्द भी उसी ईश्वर के हैं। यहाँ तक कि मैं स्वयं भी प्रभु का ही हूँ। परंतु इन सभी संसाधनों से मैं जो भी कर्म करता हूँ, वह मेरी रचना है।"

तब तक उसके गालों पर बहते आँसू सूख चुके थे। उसने हौले से अपनी आँखें खोलीं और अपने प्रभु की प्रतिमा के समीप आ गया। उसने प्रार्थना की, "हे प्रभु! मैं जो भी कार्य करता हूँ, वह मेरा ही सृजन है। यद्यपि यह सब कुछ आपके द्वारा दिए गए संसाधनों के कारण

है किंतु फिर भी यह मेरी रचना है। अब से, मैं शब्दों के माध्यम से आपकी प्रार्थना नहीं करूँगा, और न ही किसी प्रकार के अनुष्ठान करूँगा। मैं आपको पुष्प या फल भी अर्पित नहीं करूँगा। हालाँकि, अब से मैं जो भी कार्य करूँगा, वही मेरी ओर से आपके चरणों में श्रद्धा सुमन होंगे। प्रभु! चूँकि मैं आपको श्रेष्ठ से अतिरिक्त कुछ और अर्पित नहीं करता, इसलिए मैं अब से जो भी कार्य करूँगा, वह श्रेष्ठ ही होगा। मेरे जीवन में जो कुछ भी है, वह आपकी ओर से ही उपहार स्वरूप मिला है। मेरे प्रभु! मैं अपने जीवन में जो भी करूँगा, वह मेरी ओर से उपहार, मेरी भेंट तथा आपके प्रति मेरे आभार व कृतज्ञता को प्रकट करने का एक माध्यम होगा।"

फिर अव्यक्त ने धीरे से आँखें बंद कीं व कहा, "यदि मेरे द्वारा किया गया प्रत्येक कार्य आपके लिए अर्पित होगा, तो मेरा पूरा जीवन ही आपके लिए एक प्रार्थना बन जाएगा। मेरे प्रभु! मेरा जीवन ही मेरी प्रार्थना होगा।"

इतिहास की चर्चा करते समय, प्रायः बार-बार इस वाक्य को दोहराया जाता है, "और एक दिन सब बदल गया।" उस रूप में, अव्यक्त के लिए भी यह एक ऐतिहासिक दिन था। उस दिन से, उन कुछ क्षणों में ही, उसके जीवन में सब कुछ बदल गया था।

शिष्य ने अपने गुरू से पूछा, "अब आप अपने जीवन में प्रबुद्ध हो चुके हैं, अब आप क्या करते हैं?" गुरू ने उत्तर दिया, "मैं कुएँ से पानी निकालता हूँ और लकड़ी काटता हूँ।" शिष्य ने फिर से पूछा, "प्रबुद्ध होने से पूर्व, आप क्या कर रहे थे?" गुरू ने पुनः उत्तर दिया, "मैं कुएँ से पानी निकालता था और लकड़ी काटता था।" शिष्य ने भ्रमित होते हुए कहा, "ऐसा जान पड़ता है कि प्रबोध पाने से पहले और बाद में, आपके जीवन में तो कोई अंतर नहीं आया।" गुरू ने मुस्करा कर प्रत्युत्तर दिया, "भले ही मेरे कर्मों में कोई अंतर न आया हो, परंतु

मैं जिस गुणवत्ता के साथ वे कर्म किया करता था, वह पूरी तरह से बदल गई है।"

बिल्कुल ठीक! अगर देखा जाए, तो अव्यक्त के जीवन में कुछ नहीं बदला था। पर एक तरीक़े से देखा जाए तो उसके जीवन में जैसे सब कुछ बदल गया था। वह जिस गुणवत्ता के साथ अपने कार्य कर रहा था, और उसके परिणामस्वरूप, वह जिस गुणवत्ता का जीवन व्यतीत कर रहा था, उससे सब कुछ बदल गया था।

कुछ लोग जीवन में ध्यान रमाते हैं। कुछ लोगों के लिए, जीवन ही ध्यान बन जाता है। कुछ लोग जीवन में प्रार्थना करते हैं। अव्यक्त के लिए उसका जीवन ही प्रार्थना बन गया था।

आपने मुझे सब कुछ दिया है और मैं बदले में
आपको कुछ देना चाहता हूँ। मैंने सोचा कि मैं आपको
पुष्प अर्पित करता, पर ये पुष्प तो पहले से ही आपके हैं।
मैं किसके पुष्प, किसे अर्पित कर रहा हूँ?
मैंने सोचा कि मैं अपने शब्दों से आपकी प्रार्थना ही कर लेता,
परंतु मैं तो जिस वायु में साँस ले रहा हूँ,
वह भी आपकी ही दी हुई है।
हे प्रभु! आपने मुझे सब कुछ दिया है और
मेरे पास बदले में आपको देने के लिए कुछ नहीं है।
संपूर्ण कृतज्ञता व असहाय अवस्था में,
जब मेरे पास आपको देने के लिए कुछ नहीं बचा,
तो मैं अपना यह शरीर आपके चरणों में अर्पित करता हूँ।

प्रसन्नता ही मार्ग है

जब आप स्वेच्छा से कोई काम करते हैं, तो आप जो भी करते हैं उसका भरपूर आनंद पाते हैं, और जब यह पूरा होता है तो आपको संपूर्णता का अनुभव होता है। जब काम को विवशता के साथ स्वीकारा जाता है, तो आप जो भी करते हैं उसके साथ संघर्ष करना पड़ता है, और जब यह पूरा हो जाता है तो आप चैन की साँस लेते हैं। हमें अपनी पहल को 'मुझे इसे अवश्य करना चाहिए' से हटा कर 'मैं इसे करना चाहता हूँ' पर ले आना चाहिए। अगर किसी न किसी तरह, हमें कोई काम करना ही पड़े, तो हमें उसे करते समय भरपूर आनंद भी उठाना चाहिए। जो भी हो, प्रसन्नता की ओर जाने का कोई मार्ग नहीं होता। प्रसन्नता ही मार्ग है।

• • •

ताज महल क्षण

आपके जीवन में महिमामयी क्षणों की रचना ही पर्याप्त नहीं है, बल्कि यह भी सुनिश्चित करें कि आप उनका भरपूर आनंद उठा सकें। हमेशा अपनी जीत का उत्सव मनाएँ। अपने दिल से उठते 'अहा' के स्वर को सुनें। विजय की अपेक्षा विजय का आनंद कहीं अधिक महत्त्व रखता है। जीवन को प्रतीक्षा करने दो... अगले अनुभव को प्रतीक्षा करने दो... अपने उत्सव के क्षणों को लंबे समय तक बनाए रखो। अपने जीवन को कभी समाप्त न होने वाले उत्सव में बदल दो।

उनमें से अधिकतर लोग अपने आँसू नहीं रोक सके। यदि निरंतर बहते आँसुओं को सबसे ईमानदार मानवीय भाव माना जाए, तो वह सारा वातावरण एक अनकही ईमानदारी से भरा था। हाँ, उन्हें अनासक्त मोह के विषय में सिखाया गया था और ऐसा जान पड़ता था कि उन्होंने उसे भली-भाँति सीख भी लिया था। वे तो यही सोचते थे। परंतु यह जानकर कि आपकी आँखें उस रूप को पुनः नहीं देख सकेंगी, आपके कान उस स्वर को कभी नहीं सुन सकेंगे और सबसे अहम बात, आप फिर कभी उस आलिंगन का अनुभव नहीं पा सकेंगे – लोग इन्हीं बातों के लिए अपने मन को राज़ी नहीं कर पा रहे थे। क्या जीवन आपकी भावनाओं की परवाह करता है? आप भावुक हैं, केवल यही जानकर क्या ज़िंदगी के लेखे-जोखे में कोई बदलाव कर दिया जाएगा? जो भी होना होता है, वह होता है

और ज़िंदगी यूँ ही आगे चलती रहती है...

चेहरों पर कृतज्ञता के भाव भी थे। कई प्रकार से, उनका एक हिस्सा सही मायनों में, वह व्यक्ति ही था। कहीं न कहीं, जिस तरह वे सोचते थे, जिस तरह वे पेश आते थे... यहाँ तक कि उनके शारीरिक हाव-भावों पर भी उसका प्रभाव था। उसने अपने-आपको उन्हें पूरी संपूर्णता के साथ सौंपा और इस प्रक्रिया में वह उन्हीं का एक अंग बन गया। उनके मानसिक चित्रपटल पर वे सभी वर्ष किसी रील की तरह घूम रहे थे, जो उन्होंने उसकी संगति में बिताए थे, अनेक ख़ास क्षण और उनमें से कई तो जीवन को बदल देने वाले रहे थे। उनमें से एक ने उसका हाथ थामते हुए कहा, "मैं आपको कभी जाने नहीं दूँगा।" अव्यक्त ने एक कमज़ोर सी मुस्कान के साथ कहा, " मेरा हाथ थाम सकते हो, पर तुम मुझे नहीं रोक सकते।"

बिस्तर पर पड़े अव्यक्त ने, स्वयं ही यह चुनाव किया था कि वह आई.सी.यू. के बंधन की बजाय अपने प्रियजनों के बीच अपने शरीर का त्याग करने की आज़ादी चाहेगा। मृत्यु कोई अंत नहीं, यदि कोई व्यक्ति उद्देश्यपूर्ण तरीक़े से जिया है तो यह तो जीवन की चरम सीमा है। यदि कोई व्यक्ति अपनी पूरी गतिशीलता व ओजस्विता के साथ जिया है, जो मृत्यु जीवन का उत्कर्ष है। उसकी हमेशा से ही यह इच्छा रही थी कि वह अपने जीवन के आखिरी दिन तक काम करता रहे। उस गुरूवार तक, वह पूरी तरह से सक्रिय था और लोगों के बीच अपनी पहुँच बरकरार रखे हुए था। दो दिन की थकान और फिर जब वह रविवार के सूर्योदय के साथ उठा, तो उसने कहा, "मेरा दिल चाहता है कि सो जाऊँ। मुझे लगता है कि बस बहुत हो गया।" वह बिस्तर पर लेट गया और उठा ही नहीं। उसे पानी या भोजन जो भी दिया गया, सब चीज़ों के लिए उसने एक ही उत्तर दिया, "मुझे लगता है कि बस बहुत हो गया।"

उनमें से एक ने बड़े ही संकोच के साथ साहस करते हुए, वही करने का निश्चय किया, जो उन्होंने अव्यक्त से सीखा था – अपनी सहज प्रवृत्ति पर विश्वास रखो और अपने दिल की बात को दबा कर मत रखो, उसने पूछा, "आपके जीवन का संदेश क्या है?" सभी सिर सवाल करने वाले की ओर घूम गए। कुछ चेहरों पर विरोध के भाव थे, कुछ ने स्वीकृति जताई, पर उनमें से अधिकतर यह जानना चाह रहे थे, "अव्यक्त क्या उत्तर देगा?"

लंबे समय तक चुप्पी छाई रही। फिर कुछ मुस्कानें और गहरी साँसें ली गईं। उस आवाज़ ने धीमे किंतु स्पष्ट सुर में कहा, "दरअसल, मेरे जीवन में कोई भी राज़ नहीं है। मेरा जीवन एक खुली किताब है। मैं हमेशा सबके सामने खुलकर जीता आया हूँ। मैं तुम लोगों के बीच जिया हूँ। मैं पूरी तरह से पारदर्शी था। कोई भी व्यक्ति मेरे जीवन को भली-भाँति देख सकता था। दरअसल कोई राज़ थे ही नहीं।"

यद्यपि अव्यक्त बोल रहा था, उसके बावजूद वहाँ चारों ओर सन्नाटा छाया था। एक बार एक शिष्य ने अपने गुरू से पूछा, "आपके और हमारे बीच क्या अंतर है?" गुरू ने उत्तर दिया, "मैं बोल रहा हूँ, उसके बावजूद पूरी तरह से चुप्पी छाई है और तुम शांत भी होते हो, तो चारों ओर शोर होता है।" यहाँ भी कुछ ऐसा ही था। उस एक पल में ध्यान का प्रभाव छलक रहा था।

कुछ और गहरी साँसें और अव्यक्त ने अपनी बात आगे बढ़ाई, "आप सभी जानते हैं कि मैं फ़ोटोग्राफ़ी के लिए कितना जुनून रखता आया हूँ। कुछ समय बाद, कुछ सालों बाद, जब आप कुछ तस्वीरों को देखेंगे तो दरअसल याद तक नहीं कर सकेंगे कि वे कहाँ ली गई थीं और उनमें कौन दिखाई दे रहा है। कुछ तस्वीरें ऐसी भी होंगी, जिनके पीछे तुमने भाग्यवश कुछ न कुछ लिखा होगा और उसे देखते ही पुरानी यादें ताज़ा हो जाएँगी, आप उस इंसान या उस जगह को

आसानी से पहचान लेंगे। बेशक, उनमें कुछ ऐसी तस्वीरें भी होंगी, कि जब भी आप उन्हें देखेंगे तो पूरा अनुभव एक बार फिर से आँखों के आगे जीवंत हो उठेगा।"

चूँकि आवाज़ थोड़ी क्षीण थी इसलिए सभी बिस्तर के पास सरक आए। उनमें से एक ने पानी देना चाहा तो अव्यक्त ने अपनी वही बात दोहरा दी, "मुझे लगता है कि बस बहुत हो गया।" फिर उसने आगे कहा, "भले ही यह बात सात दशक पुरानी है, पर मैं आज भी अपने पहले आगरा दौरे को बहुत अच्छी तरह से याद कर सकता हूँ। जैसे ही मैंने आगरा शहर में क़दम रखा, तो मैं वहाँ की गंदगी, खुली नालियों, गर्द व धूल भरी हवाओं तथा हवा में उठती अप्रिय गंध से सामना होते ही झटका खा गया। मैं वहाँ ऐसे समय में गया था, जब वहाँ मौसम का मिज़ाज इतना गर्म था कि पूरा शहर एक फ़्राइंग पैन की तरह महसूस हो रहा था। यह वह समय था, जब मैंने अपने आसपास की परिस्थितियों के बावजूद, केंद्रित व प्रसन्न रहना नहीं सीखा था। उन दिनों मैं प्रसन्न रहने के लिए कारण तलाशा करता था और आगरा में मुझे वे कारण नहीं मिल रहे थे। मैं बेमन से गाइड के पीछे चलता रहा, और वह मुझे एक प्रवेश द्वार के पास ले गया; अचानक, पल भर के लिए, मानो मेरी साँस थम सी गई... वहाँ, मेरे ठीक सामने, सफ़ेद जादू खड़ा था... संगमरमर का जादू... मानवता का गर्व और ईश्वर के मन में भी ईर्ष्या भाव जगा देने वाला... ताज महल। इस समय भी, जब मैं आप लोगों से बात कर रहा हूँ, तो मैं ताज महल को देख सकता हूँ। एक ऐसी छाप अंकित हुई, जिसे केवल मौत ही मिटा सकती है। मुझे अपने ताज महल क्षण को याद करने के लिए किसी भी तरह की तस्वीरों या किसी पत्रिका में दिए गए आलेख की आवश्यकता नहीं है। मैं वहीं ताज के सामने उकडू होकर बैठ गया। कुछ पल के लिए, मैं यह तक नहीं जानता था कि मैं साँस भी ले रहा था या नहीं? मैंने पलकें तक नहीं झपकाईं थीं। आह!

"तुम मुझसे पूछ रहे हो कि मेरे जीवन का संदेश क्या है?" अव्यक्त ने बात को स्पष्ट करते हुए कहा, "मैंने अपने जीवन में, न केवल महिमामयी क्षण रचे हैं, बल्कि उनका भरपूर आनंद उठाने के लिए वक़्त भी निकाला है। मैंने उन ताज महल क्षणों को अपने भीतर पूरी तरह से बस जाने के लिए वक़्त दिया। मैंने जीवन में आगे बढ़ने और अपने काम में मग्न हो जाने से पहले, अपनी भावनाओं को ताज महल क्षणों के साथ एकाकार होने का पूरा अवसर दिया। मैंने अपने जीवन को, एक के बाद एक, अनुभव के साथ क़दमताल करने के लिए विवश नहीं किया, मैं अपने जीवन में कई बार ठहरा हूँ ताकि अपने जीवन के ताज महल क्षणों का आनंद ले सकूँ। मेरे लिए जीवन केवल सफलता नहीं थी, इसके बाद क्या, फिर से सफलता और इसके बाद क्या; यह कोई अच्छे क्षणों की क़दमताल नहीं थी, भले ही वे भौतिक तल पर हों या आध्यात्मिक तल पर, मैं अपने जीवन के हर गरिमामयी, हर आलीशान क्षण के बाद ठहरा, मैंने उत्सव मनाया, मैंने जीवन के अनुभवों का पूरा नशा लिया। मुझे कभी शराब पीने की ज़रूरत महसूस नहीं हुई, क्योंकि मैंने जीवन को भरपूर पिया और वही मेरे लिए पर्याप्त था।

मैंने इसमें अपने आपको तब तक सराबोर रखा, जब तक मेरे दिल से 'अहा' नहीं निकला, और इसके बाद ही मैं जीवन में आगे बढ़ा। तो मेरी ओर से एक संदेश यह है कि अपने जीवन में पर्याप्त ताज महल क्षण पैदा करो और उन ताज महल क्षणों के अनुभव के लिए भी पूरा समय दो। मैंने जीवन को कभी हड़बड़ाहट में नहीं जिया। इसका अर्थ यह नहीं था कि मैं जीवन में गतिशील नहीं था। दरअसल, मैं जितने लोगों को जानता हूँ, उनसे कहीं अधिक गतिशील रहा हूँ परंतु मैं निश्चित रूप से, पागलों की तरह अंधी दौड़ में शामिल नहीं था, जिसमें केवल भागना ही भागना होता है। यदि आप सफलता के आसपास उत्साह के क्षण नहीं रचते, तो ऐसी सफलता, खोखली सफलता कहलाती है।"

अव्यक्त ने कहा, "आप अपने सपनों में बसी कार पाने की इच्छा रखते हैं; अब जब कार सामने है तो मूर्ख मन अगले लक्ष्य की तैयारी में लीन है। आप उस स्त्री का हाथ थामते हैं जिसे आप हमेशा से पाना चाहते थे, और अब आपके पास उसके साथ हनीमून मनाने का वक़्त नहीं है। आप अंततः उस घर में आ गए हैं, जिसके लिए आपने इतना परिश्रम किया, और अब आपके पास उस घर का आनंद उठाने के लिए समय नहीं है। आप जीवन में जिस संतान की कामना रखते थे, वह आपके जीवन में आ गई है, और आप दिन में चौदह घंटे काम पर हैं। वर्तमान पीढ़ी का श्राप यही है कि उनके पास अपनी जीत की दौड़ लगाने का वक़्त नहीं है। सही मायनों में वे मूर्ख हैं!"

अव्यक्त ने अधखुली व बंद आँखों से अपने आसपास खड़े लोगों को देखकर कहा, "आपने चार वर्षों तक उस पल के लिए प्रशिक्षण प्राप्त किया। और फिर आपको एहसास होता है कि आपके चार वर्षों के प्रशिक्षण का फल, 100 मीटर की ओलंपिक दौड़ में, 10 सेकेंड में ही सामने आ गया। आपने वहाँ सबसे पहले सीमा रेखा पार कर ली है। स्टेडियम में जमा सारी भीड़ खड़ी हो गई है। लाखों लोग अपने घरों में टी.वी. के माध्यम से आपको देखकर, इन क्षणों का आनंद ले रहे हैं। अब भागो, अपने विजय के इस उल्लास को प्रकट करो, एक चक्कर लगाओ। एक बार क्यों, दो बार... तीन बार...! अपने आनंद व उत्साह का प्याला छलकने दो। यह क्षण आपके जीवन में चार वर्ष तक दोबारा नहीं आने वाला। यह आपका क्षण है। यह आपका ताज महल क्षण है। अपने विजय के उल्लास के बीच मग्न हो जाओ। अपने दिल से उठते 'अहा' स्वर को सुनो। हम विजय की नहीं, बल्कि विजय से मिलने वाले उल्लास व आनंद की प्रतीक्षा कर रहे थे... अब जबकि वह क्षण आ गया है, इसे एक ही झटके में हाथ से मत जाने दो। अपने ताज महल क्षण के इस

अनुभव को दीर्घजीवी बना दो। जीवन को प्रतीक्षा करने दो... अगले अनुभव को भी प्रतीक्षा करने दो... तस्वीरें खींचने वालों को प्रतीक्षा करने दो... टी.वी. के लिए इंटरव्यू तो बाद में भी दिया जा सकता है... इस क्षण को जितना हो सके, उतना लंबा बना दो, इसका भरपूर आनंद लो। अपने जीवन को एक कभी न समाप्त होने वाला समारोह बना दो।"

अव्यक्त ने अपनी बंद आँखों के साथ हौले से कहा, "मैं एक व्यक्ति नहीं बल्कि एक उपस्थिति हूँ। मैं हमेशा आपके साथ हूँ। हमेशा आपके साथ ही रहूँगा। आप सबके जीवन में अधिकतम से भी अधिक पाने की शुभकामनाओं सहित...।" और फिर एक लंबी चुप्पी के बाद, उन्होंने सुना, "मुझे लगता है कि बहुत हुआ। अब मैं सोना चाहता हूँ।" वह स्वर जो हमेशा उनसे कहता आया था, "बहुत धीरे-धीरे अपनी आँखें खोलिए।" आज उसी ने अपनी आँखें मूँद ली थीं। अव्यक्त ने अपने नाम को सार्थक कर दिया था... वह फिर से निराकार हो गया था।

उन लोगों में से एक महिला आगे आई व अपने हाथों से अव्यक्त के चरणों को स्पर्श करते हुए अश्रुसिक्त स्वर में बोली, "आपके साथ, आपके साथ। आपके साथ के बिना भी आपके साथ।

आपकी उपस्थिति को अनुभव कर रही हूँ। आपकी अनुकंपा को अनुभव कर रही हूँ। आपकी तेजस्विता को अनुभव कर रही हूँ। हमेशा आपके साथ जुड़ी रहूँगी। हमें अपने साथ...।"

जाने उस दिन कैसे, आम दिनों से तो बहुत अधिक समय हो गया था पर सूरज अभी तक नहीं डूबा था। जो भी हो, जहाँ प्रकाश हो, वहाँ अंधकार हो ही नहीं सकता। कुछ मोमबत्तियाँ मोम के पूरी तरह से गल जाने के बाद भी जलती रहती हैं।

आपने चार वर्षों तक उस पल के लिए प्रशिक्षण प्राप्त किया।
और फिर आपको एहसास होता है कि आपके चार वर्षों के
प्रशिक्षण का फल, 100 मीटर की ओलंपिक दौड़ में,
10 सेकेंड में ही सामने आ गया। आपने वहाँ सबसे पहले
सीमा रेखा पार कर ली है। स्टेडियम में जमा सारी भीड़ खड़ी हो
गई है। लाखों लोग अपने घरों में टी.वी. के माध्यम से आपको
देखकर, इन क्षणों का आनंद ले रहे हैं।
अब भागो, अपने विजय के इस उल्लास को प्रकट करो, एक
चक्कर लगाओ। एक बार क्यों,
दो बार... तीन बार...! अपने आनंद व उत्साह का
प्याला छलकने दो। यह क्षण आपके जीवन में चार वर्ष तक
दोबारा नहीं आने वाला। यह आपका क्षण है।
अपने विजय के उल्लास के बीच मग्न हो जाओ।
अपने दिल से उठते 'अहा' स्वर को सुनो।
हम विजय की नहीं, बल्कि विजय से मिलने वाले उल्लास व
आनंद की प्रतीक्षा कर रहे थे... अब जबकि वह क्षण आ गया है,
इसे एक ही झटके में हाथ से मत जाने दो।
जीवन को प्रतीक्षा करने दो... अगले अनुभव को भी प्रतीक्षा
करने दो। इस क्षण को जितना हो सके,
उतना लंबा बना दो, इसका भरपूर आनंद लो।
अपने जीवन को एक कभी न समाप्त होने वाला
समारोह बना दो।

आपका जन्म नेतृत्व करने के लिए हुआ था

दूसरों से प्रेरणा पाने के लिए उन्हें देखना एक सकारात्मक लक्षण है, किंतु जब यह आपको अधीनता की ओर ले जाने लगता है, तो दुर्बलता बन जाता है। स्वयं को उनके अधीन किए बिना, उनकी ओर देखें। आप अपने बॉस से भी बेहतर बन सकते हैं। एक व्यक्ति के लिए जो संभव हो सकता है, वह प्रत्येक व्यक्ति के लिए संभव हो सकता है। एक व्यक्ति जो कर सकता है, सभी व्यक्ति उसे कर सकते हैं, बल्कि कहीं बेहतर तरीक़े से कर सकते हैं। आपका जन्म किसी का अनुयायी बनने के लिए नहीं हुआ। याद रखें, आपमें भी नेतृत्व का बीज मौजूद है। एक बीज या वीर्य के रूप में भी, आप एक अनुयायी नहीं थे। आपका जन्म नेतृत्व करने के लिए हुआ था। अपनी विरासत के अनुसार जिएँ।